# 视听文化传播

主　编 ◎ 李简瑗
副主编 ◎ 黄昕恺　林　静

西南交通大学出版社
·成　都·

**图书在版编目（CIP）数据**

视听文化传播 / 李简瑗主编. -- 成都 ：西南交通
大学出版社，2024. 9. -- ISBN 978-7-5774-0077-8

Ⅰ．G206.2

中国国家版本馆 CIP 数据核字第 2024EA2318 号

-------------------------------------------------------------------------------

Shiting Wenhua Chuanbo

**视听文化传播**

策划编辑／吴　迪　韩　林

主　编／李简瑗　　　责任编辑／居碧娟

封面设计／原谋书装

西南交通大学出版社出版发行

（四川省成都市金牛区二环路北一段 111 号西南交通大学创新大厦 21 楼　610031）

营销部电话：028-87600564　　028-87600533

网址：http://www.xnjdcbs.com

印刷：郫县犀浦印刷厂

成品尺寸　185 mm × 260 mm

印张　12.5　　字数　295 千

版次　2024 年 9 月第 1 版　　印次　2024 年 9 月第 1 次

书号　ISBN 978-7-5774-0077-8

定价　49.00 元

2022 年春季学期，我们团队开始给新闻传播专业的学硕开设"视听文化传播"课程，但苦于没有合适的教材供学生使用，于是课程组申请了 2022—2023 年度西南交通大学研究生课程教材建设项目，着手编撰这一教材。

该教材在追溯视听文化传播的业态变革与内在逻辑的基础上，从媒介融合视域下影视文化的创意生产与传播策略、网络营销与视听文化传播、技术赋能与模式创新下的视听文化传播、新视听媒体的用户需求、特征与媒介控制等几个方面阐述了当下视听文化传播的新现象、新趋势、新形态、新策略、新路径、新特征等，并展望了视听文化传播的未来发展趋向。

本人作为主编，首先确定了整本教材的写作思路与大纲，然后完成了第三、六、七章的撰写，并最终统稿；第一、二章由湖北民族大学教师林静完成；第四、五章由黄昕恺副教授撰写。已经修读过这门课程的西南交通大学 2021 级、2022 级新闻传播专业的硕士研究生帮助完成了部分文献资料的搜集整理工作，并在教与学的过程中给予了我们诸多启发，在此表示感谢！同时还要感谢西南交通大学研究生课程教材建设项目以及西南交通大学出版社的支持，使该教材得以顺利出版。

李简瑗
2024 年 6 月于成都

# 第1章 视听时代的视听文化传播

随着科学技术的日新月异、媒介技术的高速发展、社会文化的不断丰富，视听时代的视听文化传播呈现出融合、繁荣、丰富、多元的发展态势。从技术上看，随着 5G 通信以及虚拟终端、人工智能（AI、ChatGPT）、元宇宙、增强现实（VR、AR、MR）、区块链等各种技术的发展，视听文化传播的创造力、想象力、交互性、兼容性、沉浸感必将得到更大限度的释放，视听文化传播业也势必吐露芬芳，获得更多的活力与创新。

技术的发展、升级、迭代、创新是视听文化传播业发展的原动力。在媒介文化、技术发展互相交织且高度创新、变革的过程中，应运产生了许多新的视听文化传播现象，同时也延伸出新的视听文化传播问题，亟须探究和解析。

## 1.1 概念界定：视听传播与视听文化传播

数字时代的变革使得视与听传播的样态发生了改变，从早先的广播电视到当下视听传播的演进，其想象力、交互性、融合度不断被注入。本章节着重对"视听传播"和"视听文化传播"这一对核心概念进行阐释，从内涵与外延双重向度剖析其深层次的发展历程、现状、意义与隐忧，并深度探讨作为一种社会机制、时代语境、文化现象的视听传播何以生产和消解意义，以期为视听传播与视听文化传播的发展理路提供一定的启发。

### 1.1.1 视听传播

古希腊哲人柏拉图、亚里士多德认为视觉是所有官能中最"高贵"的，是享有至上地位的。电影理论家、哲学家克里斯蒂安·麦茨、吉尔·德勒兹认为世界就是一个由视觉所构建的"视界政体"，这个"政体"以柏拉图、亚里士多德的"视觉中心主义"（ocularcentrism）为理论支撑点，认为这是"建立一套以视觉性为标准的认知制度甚至价值秩序，一套用以建构从主体认知到社会控制的一系列文化规则的运作准则，形成了一个视觉性的实践与生产体系"[①]。视觉性亦是当代社会文化建构过程中不可或缺的重要内容，视听传播更作为当前主要的传播样态持续释能，使创新、求变、多元、融合等想象力不断迸发。在过去的百余年里，

---

[①] 克里斯蒂安·麦茨，吉尔·德勒兹. 凝视的快感——电影文本的精神分析[M]. 北京：中国人民大学出版社，2005：2-3.

人们早已经由"观看/听取"跨入了一个富有社会文化建构意义的（阿多诺）、政治性的或者文化民主潜能的（本雅明）"视听政体"，并从更广泛的视听实践中实现和完成我与自我、我与他人、我与社会、我与世界的确认。

跨入数字时代的大门，变革从未停息。技术高速发展催生着一系列新场景、新理念、新实践，这在一定程度上重塑着当下的视听文化发展系统。对于这种变化的洞察成为研究视听传播发展的关键性途径。可见，对视听传播概念的梳理与阐释显得尤为重要。

简言之，视听传播就是指通过视觉和听觉的双向维度传递信息和内容。

在数字时代全面来到之前，最主要的视听传播方式是广播电视。其传播面覆盖范围广、辐射区域大，全方位深入人们的生活和文化世界，这种"渗透"与"液化"也让人们得以认识到视听实践这一影响社会文化发展和整合传播的构造性力量。随着广播电视事业的发展与繁荣，观者被赋予了一定的身份与权力，也延展出了一幅独具风格的文化生活与民主政治的"社会化图景"，于是人们在"观看/听取"的过程中，"文本意义上的现代性被唤起、施于过程的中介作用、根植社会语境的家庭生活秩序，令其最终形成区别于其他大众传媒的独特媒介底色"[①]。随着当下数字技术的瞬息万变，那个曾被框定在家居客厅生活内景的"广播电视"正面临着被消解和被解构的多重危机。网络流媒体、手机短视频、数字交互影像、AI视频合成、增强现实处理、倍速观看……种种基于新技术的"再创造"正拓宽和延展着视听产品的体验范畴，也不断刷新着既往经验中纯粹的单一想象与体验。这样的"再创造"不断地"争抢"着人们的注意力资源，同时"锚定"着注意力市场上的"眼球经济"。这样的变化在一定程度上突破了由传统主导的视听文化秩序，并试图重构视听文化传播的新版图。

从广播电视到视听传播，核心概念的变迁背后并非只是传播对象的拓殖与扩展，也绝非仅用简单的二元论去划分文本类型与技术形式就能对此进行重新界定，其实质的核心议题是从内涵到外延的纵深感、结构化、理论式的升级：从宏观层面来说，视听传播是借由人视觉和听觉的官能联合所接收到的信息与内容；从文本类型与技术形式层面来说，视听传播是经由媒介技术手段，通过广播、电视、电影、网络等媒体形式播出的样态；从社会文化机制层面来说，视听传播实则是在不同社会层面实现语境化的信息编码与解码、意义生产与意义建构。

## 1.1.2　视听文化传播

视听文化传播包括广播、电视、电影等媒体，主要体现在画面、声音、色彩等方面。视听文化传播的主要形式有两种类型：一是以各种形式的视听载体为介质的单向传播。这种类型的传播渠道得以分化，传播空间更足以延展。二是依托移动通信网络、互联网技术等，这种形式本身有一定的互动性特征，主要涵盖手机视频、手机影视、广播影视等。

数媒时代的视听文化传播面向的是一种高维概念的建构，兼具多元、融合、交互、整合、经济、服务、政治、文化等多重价值属性，这也是有别于以传统广播电视为代表的视听媒介，后者的媒介功能框架更为全面。因此从内涵之处着眼，当下的视听文化传播正在

---

① ROGER SILVERSTONE. Television and Everyday Life[M]. London and New York: Routledge, 1994: 165.

历经一次革新，它正从以往的作为传播手段的媒介过渡到作为社会机制、文化语境的媒介的深刻变化，以更多元、更交融的媒介组织样态适配当前多元的社会文化需求，在体现视听文化传播的精准性、灵活度、传播度上促进媒介资源与社会文化之间的多重整合。这主要表现在以下四个方面。

第一，技术驱动力赋能视听文化传播发展。不同的技术手段可提供不同的技术范式、技术实践与技术体验，这些可感知、可视化的技术特征正深度影响着视听传播的发展方向。例如"流"（feed）媒体技术的发展正缩短着高速传输端与接收端的"技术距离"，使得视听文本的传播速率提高，并朝即时、高质、低耗的方向持续发力，这些技术的提升"旨在通过全方位的数字化手段介入进而提升视听传播的品质与效率，并带来从放映到流播的行业转型方向"[①]。与此同时，技术赋能的动能基因里，技术的"物质性"与"空间性"都被最大限度地扩展，相较于根植于家庭场景内部或公共空间内部的广播影视文化，数字时代的视听文化传播不再局限于某一单向度的纯粹空间里，它将物理时空揉碎后重构，这也为视听文化传播"过程"的再建构确立了技术维度的考察点和坐标系。

第二，视听文化传播高度参与文化生产与生活。数字时代受众的身份在某种意义上正在被颠覆，从曾经的"观众/接收"到现在的"用户/创作"的变化，成为顺应视听时代的变"被动"为"主动"。以"用户/受众"为中心的视听文化传播，更强调传播过程中对个体的赋权，受众被高度动能的感官刺激与媒介感召力促成视听消费，从而确认和询唤自我的身份确认并由此来完成自我赋权。"在技术赋能下，视听文化传播中的 UGC、PGC、AGC 三者身份边界被逐渐消融，受众在'传受一体化'的话语空间下获得了更多主动权，使得传播内容更为多样化。"[②]这种参与式、传受一体化的属性使得"用户/受众"将"媒介消费的经验转化为新文本，乃至新文化和新社群的生产"[③]。诚然，这意味着"用户/受众"可以充分进入视听时空中实践、生产和建构意义。霍尔认为，"表征是经由语言对意义的生产，意义是被表征的系统建构出来的"[④]，此处的语言是指影像的视听语言。从"被动/接收—协商性"到"主动/参与—能动性"再到"主动/创造—视听文本"的文化方式变迁，亦是视听文化传播发展向度和范式的转变，这体现着多元性、能动性的重要内涵指向。

第三，去中心化。在传播逻辑方面，这种传播特征有两方面显现。一方面是在接受维度上，技术升级下，视听文化传播的传播速率、内容、容量都得到较大提升。接收场景的多元化、私人化成为一种趋势和特征。传统经验中的"大众"概念被逐步抽解，"用户/受众"的个性化需求与"精准投送""定向圈层"的视听内容逐步崛起，"分众—定向—精准"传播成为一种新的特征。另一方面，传统的视听媒介以"时间"的脉络逻辑为建构策略，而当前的视听文化传播更多是无数文本内容散溢、杂糅、镶嵌在空间的巨大"存储器"中的。换言之，当前的视听文化传播是由"空间逻辑"主导的。这种"空间逻辑"旨在和打破"时间—线性"传播机制的局限，同时也进一步将传播的存在形式离散化。在"去中心化""分众、精准"

① 常江. 流媒体与未来的电影业：美学、产业、文化[J]. 当代电影，2020（7）：4-10.
② 林静. 5G 技术应用赋能竖屏传播新样态[J]. 中国出版，2021（4）：43-45.
③ HENRY JENKINS. Textual Poachers: Television Fans and Participatory Culture[M]. New York: Routledge, 1992: 65.
④ 斯图尔特·霍尔. 表征：文化表象与意指实践[M]. 徐亮，陆兴华，译. 北京：商务印书馆，2013：40.

的传播属性下，人们畅游在视听文化传播的场域中更多是将注意力放置和投射在基于自身偏嗜的主动选取上。

第四，视听文化传播嵌入社会功能的结构化建构。数字时代内容生产与用户读取符合"按需供给"与"按需接受"的特征。这样的社会功能性特征高度粘连着用户需求，针对不同社会文化需求"定制"出更具"精细化""颗粒度""适配性"的视听需求侧重，这逐渐成为视听文化传播实现嵌入社会文化需求的结构化策略。数字化智能型社会亟须借由视听文化传播的介质，这也使得早先图文时代的纯粹语言文字符号逐步被图像时代的复合视觉性符号取代。当"图像—视听"成为组织、建构以及参与社会文化建构的关键性因素时，视听文化传播也随之指向更为丰富和深刻的社会文化意涵。

## 1.2　视听文化传播的发展历程与现状

视听文化传播从历时性角度来说，呈现出一种线性脉络、多项交融的特征。因此，首先需要梳理传统视听媒体、网络视听媒体以及视听媒体的融合发展，并以此来延展和探析未来视听传播发展中文化变迁的路径与问题。就传统视听媒体而言，电影与广播电视的出现打破了过去读书看报的单向信息传播模式，并对人们的生产生活方式产生了深远的影响。而技术的不断发展以及互联网、移动数字技术的出现不仅为内容生产者提供了更为广阔的视听平台，带来了丰富的内容资源，而且为接收者提供了可供即时撷取的视觉信息。它们在悄然改变着人们获取信息的途径和视听习惯。随着媒介融合的不断深入，视听传播行业在技术、产业、主题、内容这四个层面均出现了新变化与新突围。

麦克卢汉曾说："我们透过后视镜看现在，我们倒退走步入未来。"中国人民大学周勇教授在《百年回望：视听传播技术的历史变迁与演进逻辑》的讲座中补充："与社会发展一样，媒介技术的发展并不是断裂的、颠覆的，而是传承的、扬弃的。"纵观视听传播的发展历程，媒介形态的变化离不开媒介技术的革新。从历时视角梳理，视听传播的发展约分为三个不同的时间段，即传统视听媒体的繁荣、网络视听媒体的兴起以及融合媒体的诞生。回顾视听文化传播百年，虽技术在不断更迭，但亘古不变的议题是"征服"现实时空与虚拟时空双重领域。

### 1.2.1　萌芽阶段：传统视听媒体的繁荣

传统视听媒体主要涵盖电影与广播电视这两类大众媒介。19世纪末到20世纪初是传统视听媒体发展的辉煌时期，电影与广播电视的出现改变了信息传播的方式，刷新了人们对生产生活方式、社会文化活动、政治经济民主等各方面的旧有经验与认识，深刻地影响着这之后的文化传播维度。

#### 1. 电　影

电影中的视听元素由影像、声音与剪辑三大组成部分构成，即视、听与剪辑三部分。其中视觉部分可被拆解为点、线、面、体等元素，而听觉部分的声音元素包括了音效、背景音乐、台词等内容。电影与人们日常生活高度黏合，人们在电影中常探寻和反思人生，其思想、行为、意识也在潜移默化中深受电影文化的影响，并同时接受它所赋予我们的前所未有的视听美学和文化体验。作为当今最重要的视听媒体之一，电影从 19 世纪末期出现到现在，已经走过了一百多年的历程。"1895 年卢米埃尔兄弟第一次在巴黎咖啡馆的地下室里放映了电影《火车进站》即是一场'神话'事件"①，这也是人类第一次实现了用活动影像向大众叙述故事，展现艺术想象。

从电影诞生之日起，人们一直致力通过影像虚拟视听世界再现"真实世界"。1905 年，《定军山》在北京丰泰照相馆拍摄完成，这也标志着中国第一部电影由此诞生。

1927 年，声音技术被运用到电影中。美国电影 *The Jazz Singer*（《爵士歌王》）中短短的几段对白让当时的观众惊讶不已。电影声音的出现也彻底改变了影像文化的发展和传播轨迹。有声电影让影像由纯粹观看的"眼艺术"变为可观可感可听的视听型"脑艺术"，这也让电影艺术的发展腾飞和蝶变着。1935 年，为了再现人类色彩斑斓的现实空间，美国导演马摩里安拍摄了公认的第一部彩色影片——《浮华世界》；70 年代，杜比实验室针对电影音轨发明了数字立体声技术，以期真实再现现实世界中丰富多彩、各具特色的声音。从默片到有声片，从"黑白"到"彩色"，从单声道到数字立体声，电影经历了三个重要阶段。如今，数字技术已经全面融入电影的制作、传输、放映等各个环节，开始从模拟技术向数字化方向全面发展。

### 2. 广播电视

广播电视的兴起对传统视听媒体的发展起着推波助澜的作用，它极大地促进了信息社会的建构。广播电视的发展在很大程度上改变了人们的生活、工作、学习、文化活动等方式，它浸润到人们生活的方方面面。

1958 年 5 月，北京电视台作为中国第一座电视台，生产并试播了第一档黑白电视节目。这一阶段的电视节目拍摄仍以电影拍摄技术为基础，并未形成一套完全独立的广播电视技术理念体系。1978 年，北京电视台更名为中央电视台。改革开放后，内地广播电视事业得到恢复，中央电视台和地方电视台开始举办相声、歌舞、知识竞赛等节目。"如 1981—1983 年，央视举办了'北京中学生智力竞赛''五四蒲公英青年智力竞赛'，开创了知识竞赛节目的先河。"②

1983 年，全国广播电视工作会议上明确提出要落实"四级办台"方针，广播电视事业步入了繁荣发展的黄金时代。90 年代，我国建立了有线与无线、事业与企业、综合与专业等各种电视台，广播电视事业全面发展。1983 年，中央电视台成功举办了第一届"春节联欢晚会"。这档节目在节目流程、节目内容、主持风格、电视表现手法、互动模式等方面取得了探索性成果，获得观众一致好评。次年的"春节联欢晚会"从节目架构上进行了创新，以"歌舞、相声、小品"为节目的主要框架，邀请海峡两岸暨港澳艺人共同演出。"春节联欢晚会"成为收视率最高的电视节目之一，也成为阖家欢乐、民族团结的文化符号。

---

① 林静.“胶片时间”与“电影时间”：延宕电影美学的艺术构思与文化记忆再表述[J].电影文学，2020（1）：3-7.
② 王军.内地电视综艺节目四十年回眸（1980—2019）[J].东南传播，2021（4）：126-129.

2003 年，国内有线数字电视正式启动，有线数字电视用户突破 5000 万人。同时，各省市广播电视台数字化进程明显加快，省级以上广播电台、电视台制播系统的数字化率已达 90%以上。广播电台、电视台的业务模式从单一化走向多样化，为广播电视行业的发展提供了技术支撑。

### 1.2.2　发展阶段：网络视听媒体的诞生

1994 年 4 月 20 日，我国与国际互联网完成对接，标志着中国互联网视听时代开启。广义上的网络视听媒体指以互联网为载体的所有视听媒体，包括网络视频、电视台、广播台、手机电视、门户网站的视听板块等。网络视听媒体以电子技术为支撑，与报纸、杂志等传统印刷媒体形式区分开来，1994—2014 年是网络视听媒体发展的重要十年。

#### 1. 门户网站

门户网站是一种提供综合性信息与服务的互联网系统。1995 年 10 月，"中国日报"网站率先开通，随后《人民日报》网络版与央视国际网站也正式推出。1996 年前后，社会主义市场经济对中国的网络视听媒体形成了深远影响，中国传统媒体兴起新一轮改革与发展的热潮。此时，门户网站开始兴起，为视听新媒体的诞生提供了条件。以新华网、央视网、人民网、中国广播网、国际在线等为代表的重点新闻网站开始起步。1997 年后，中国互联网发展兴起第一波热潮，网易、搜狐、新浪、腾讯等门户网站相继面世，携程、慧聪、百度、盛大等 13 家互联网企业成功步入资本市场。随着互联网的进一步发展，一批呈现音、视频内容的网站出现，这些网站就是中国网络视听媒体的雏形。视频板块是门户网站的重要组成部分，2006—2014 年，各门户网站推出过许多高质量的自制视频节目。例如世界杯举办期间，新浪、搜狐、网易等门户网站会推出足球评论节目，以吸引球迷的关注。2014 年巴西世界杯比赛期间，新浪的《世界杯道中道》、搜狐的《举行对话》、网易的《巴西狂想曲》都深受观众的喜爱与追捧。

#### 2. 移动智能终端

移动智能终端是指基于互联网技术、搭载各类操作系统、为用户提供定制化需求的计算机设备。广义上的移动智能终端包括了智能手机、笔记本电脑、平板电脑等设备，但多数情况下指智能手机或平板电脑。随着网络和技术朝着越来越宽带化的方向发展，移动通信产业将走向真正的移动信息时代。1993 年，IBM 公司（国际商务机器公司）推出了第一部智能手机，它被命名为"Simon Personal Communicator （SPC）"。在智能手机普及的当下回看这一设备，它显得笨重且落后，但 SPC 已具备了智能手机的部分构成元素。在硬件设计上，SPC 配备了触摸操作屏与手写笔；在软件安置上，SPC 具备接发电子邮件、查看日历的功能。时隔 14 年，苹果公司发布了跨时代的智能手机产品——iPhone，真正推动了移动智能终端的普及，同时也加速了"App Store"这一应用商店模式的发展。

#### 3. 视频网站

2005 年，YouTube 网站的建立开启了网络视频分享的先河。基于全球互联网与多媒体技术的大发展，我国视频网站初步形成产业规模，2006 年被视作"中国视频网站产业元年"。这一年里，中国的"土豆网"正式建立，并在短短一年里快速获得了 35 万网络用户。2006—2012 年，中国互联网平台陆续出现了 200 多家视频网站。这一时期，中国视听产业迅速发展，网络用户规模与市场规模快速扩张，互联网上超过 70%的流量来自视听节目服务。2008 年视频网站对于汶川地震、北京奥运会等一系列重要新闻的报道，让大众发现了视频网站传播迅速、及时的优势。视频网站在传媒产业中的重要地位也因此确立。2006—2014 年，依照功能特点、运营模式以及平台运营商，大致可将视频网站分为以下三类：

（1）门户类视频网站

门户类视频网站主要指传统门户网站为应对视频网站带来的冲击所建立的视频平台。以腾讯、搜狐、新浪等集团为例，它们为适应互联网市场的激烈竞争，都各自开设了视频网站。其中，搜狐视频成立于 2004 年，其前身是搜狐宽频。2006 年，搜狐建立了门户网站的第一个视频分享平台——搜狐播客。最初，门户类视频网站以搬运自己的门户网站影音内容为主，随后也逐渐学习市面上的其他视频网站，自制视频内容。

（2）客户端视频网站

客户端视频网站又被称为 P2P 流媒体类视频网站，在这类视频网站中，用户既可以观看实时直播的电视节目，又能够点播自己喜欢的电影、电视剧与综艺节目，一般需要单独下载客户端。P2P 流媒体类视频网站的优势在于其 P2P 流媒体技术，能够对后台的视频资源库进行整合。PPS 视频创办于 2005 年，是全球第一家集 P2P 直播点播于一身的视频软件，能够在线收看电影、电视、动漫、综艺、新闻、政治、经济等。在视频网站出现的早期，这种类型网站比较盛行，它可以同步电视台的直播，也可以过后对节目进行点播，相较于看电视，时间更自由随意。

（3）垂直类视频网站

随着视频网站市场日渐饱和，垂直类视频网站陆续出现。这类视频网站一般具有明显的内容风格，会关注某一特定领域或特定人群，是视频网站进行市场细分后的产物。这类网站的视听内容覆盖面较窄，但其垂直性较强，定位十分明确。AcFun 弹幕视频网站以视频为载体，后逐步发展出基于原内容的二次创作，也是弹幕文化的最初形态。2009 年 6 月 26 日，哔哩哔哩动画网站正式成立，该网站的特色是二次元文化与弹幕文化，吸引了一大批年轻用户入驻。

### 1.2.3　成熟阶段：融合视听媒体的兴起

浦尔认为，"媒介融合是各种媒介呈现功能一体化的发展趋势"。学界将 2014 年视作中国媒体融合元年，视听媒体的融合也自此开始。网络视听媒体的发展本就建立于媒介融合之上，随着媒介融合的不断深入，视听媒体行业在内容、平台、人才、渠道、管理、模式等方面都出现了新变化，尤其是 AI、大数据、智能手机、短视频、网络直播、视频网站、竖屏视频等新兴互联网技术，极大地冲击和颠覆了行业的发展模式。下面将从技术、产业、主题、内容这四个层面对视听媒体的融合历程进行阐述。

### 1. 技术层面的融合

数字技术是视听媒体融合的核心技术，催生"跨多媒介"平台的内容交融与流动。首先，网络融合是各种不同传播网络之间界限的模糊。2015 年 8 月 25 日，国务院办公厅印发"三网融合推广方案的通知"，标志着"三网融合"政策的全面落地，"三网融合"即电信网、广播电视网、互联网的融合。广播电视历经一百多年的发展，其传播的信息具有权威性，树立了极强的媒体公信力。但在传播和更新速度上， 广播电视不及网络媒体，缺乏互联网的技术优势。自"三网融合"政策实施以来，我国 IPTV（交互式网络电视）建设管理积极适应信息化、网络化发展大势，实现了快速发展，IPTV 用户规模达到 2.58 亿。观众在家通过机顶盒接入宽带网络，实现数字电视的转变，能够收看直播、点播、回看，也可以下载游戏进行交互体验。其次，技术层面的融合还体现在设备融合之上。原来功能单一的设备变得功能越来越多样，相互之间越来越相似，而不同设备之间的信息共享和互动成为可能，例如可穿戴设备的发明。以苹果公司推出的"Apple Watch"为例，消费者可以通过这款产品连接智能手机或耳机等设备， 收发信息、听音乐，或者记录自己的健康状态，实现了技术层面的设备融合。最后，技术层面的融合还包含应用融合。依旧以苹果公司为例，其推出的"App Store"服务帮助用户在智能手机、平板电脑、笔记本电脑、智能手表等终端上实现应用的统一。例如，用户正在笔记本电脑的网页上观看视频，随即打开平板电脑，便可以继续观看刚才的视频内容，实现了应用之间的实时切换。

### 2. 产业层面的融合

产业层面的视听媒体融合指原来泾渭分明的视听媒体产业，如广播、电视，如今逐渐模糊了界限；原来属于不同产业的媒体公司，合并组建跨产业的媒体集团，成为打通全产业链条的媒体巨头。20 世纪 70 年代，美国学者尼葛洛庞帝曾预言广播业与动画业、计算机行业、印刷出版业将趋于融合，到今天已然实现。陈力丹教授曾将我国媒体融合划分为三个阶段：首先是传统媒体建设新媒体的阶段，呈现"你是你，我是我"的态势；然后是传统媒体与新媒体呈现"相互需要"的状态；最后是传统媒体与新媒体融合发展，呈现"互为交融"的态势[①]。

### 3. 主体层面的融合

就视听媒体主体层面的融合而言，可以大致从三个角度进行考量——即生产者内部的融合、消费者内部的融合以及生产者和消费者之间的融合。首先是生产者内部的融合。"过去不同媒介进行不同分工难以满足融合视听环境的发展需要，能够同时胜任文字、图片、视频甚至编程工作的传媒工作者应运而生。"[②]

其次是消费者内部的融合。随着网络、设备与应用融合的不断深入，受众既可以是广播媒体的听众，也可以是电视媒体的观众。但进入融合时代后，"第二屏幕（辅助式同时使用

---

① 陈力丹，廖金英. 我国传媒产业将如何重新洗牌？——2014 年话媒体融合[J]. 广播电视信息，2015（1）：27-30.
② 韦路. 媒体融合的定义、层面与研究议题[J]. 新闻记者，2019（3）：32-38.

媒体）"现象出现并趋于普遍。除此以外，可能还会出现用户在观看电视大屏时同时使用手机小屏查阅不同的内容，即"多任务"现象。例如 2015 年春节联欢晚会与微信合作的红包活动，观众在观看晚会时还可以在手机微信上"摇一摇"，完成"第二屏幕"的"多任务"操作。根据"二次售卖"理论，不同平台的消费者完成了融合。

最后是生产者和消费者之间的融合。以互动性为出发点的互联网运作逻辑使原来的受众发生了悄然变化，演变为"生产消费者"。2014 年被许多业内人士称为"短视频元年"，短视频由于制作门槛低、参与性强、传播度高等特点，持续保持迅猛发展态势，抖音、快手、西瓜视频等平台拥有了大量 UGC（用户生产内容）。用户将原创视听内容通过互联网社交平台上传并呈现给海量用户，用户既是视听平台的消费者，又具备视听内容生产者的第二身份。

### 4. 内容层面的融合

内容融合可谓视听媒体融合最易感知的层面，它包括不同来源的内容融合与不同形态的内容融合。一方面，生产者和消费者之间的融合导致不同来源的内容空前广泛。除传统的专业媒体人生产的内容，即 PGC 之外，还出现了具有广泛性、多元性、贴近性等优势的用户生产内容，即 UGC。以移动有声阅读平台喜马拉雅 App 为例[①]，用户可以借助平台提供的免费软件自行录制音频作品，完成电台节目的剪辑，随后上传内容并分享至其他媒体平台。基于喜马拉雅打造的用户生产链，平台获得了海量的电台资源。在内容建构方面，喜马拉雅设置了"常用频道"与"全部频道"两大类，涵盖了小说、相声、音乐、科技、历史、悬疑等 24 种频道类型。截至 2022 年 6 月 30 日，平台上已经累积了包含 98 个品类的 2.9 亿条音频内容[②]，用户可以通过页面中的排行榜板块选择最新或热门的产品。2017年 12 月，新华社推送了一条 2 分钟的新闻视频，该视频的文案撰写、脚本策划、画面录制、影像剪辑与后期制作等一系列生产由媒体大脑独立完成[③]，这预示着视听媒体全程智能化生产时代的到来。

另一方面，不同形态的视听内容也呈现融合态势。国内业界与学界常提及的"全媒体"以及"跨媒体"便佐证了不同形态的内容融合。过去，传统媒体以文字、图像或声音为媒介，其形态较为单一。视听融合时代的叙事方式正发生着转向。新闻事件可以通过文字方式来报道，也可以通过短视频、动漫播报、数字动画等形式来展示。这些形式还可以排列组合成更多元的形式，创造播报、表述的新范式。

整体而言，视听文化传播的发展历程与媒介技术发展趋势息息相关。此章节从历时的角度对传统视听媒体、网络视听媒体以及视听媒体的融合发展进行梳理，思考未来视听文化传播发展中会遇到的文化变迁问题。随着媒介融合的不断深入，视听文化传播行业在技术、产业、主题、内容这四个层面都出现了新变化。早先泾渭分明的视听文化传播的边界逐渐被消

---

① 孙开晗. UGC 模式下移动音频产品的生产与传播分析——以喜马拉雅 FM 为例[J].视听，2021（9）：180-181.
② 余建军. 喜马拉雅：用优质内容打造"耳朵新经济"[EB/OL].（2021-09-28）[2024-06-30]. https://baijiahao.baidu.com/s?id=171214345077 30927278wfr=spider for=pc.
③ 弥建立. 真实性、专业性、艺术性:MGC 视频新闻生产规范建构路径[J]. 编辑之友，2021（2）：64-70.

弥。传受关系也发生着转变，生产者内部、消费者内部以及生产者和消费者之间的关系也随之改变。不同来源与不同形态的内容都呈现出高度融合的态势。

如前所述，视听文化传播的主体融合、技术革新、内容制作、产业变革，最终目的都是满足受众新的视听需求。每一项新的媒介技术的诞生，每一个新的传播时代的到来，都源于现有媒介的功能性不够完备，受众产生了更多元、更复杂的需求。因此传播主体需直面大众的诉求，采用更符合时代语境的传播方式，生产出更多、更新、更顺应需求的视听内容。

## 1.3　视听文化传播发展的意义与隐忧

伴随着 5G、VR 和 AR 等数字化技术的深入发展，网络技术、智能终端技术、音视频处理技术的迭代升级，IPTV、互联网电视、手机电视、视频分享网站等新业务层出不穷，视听文化传播的介质越发广泛，覆盖到越来越多的用户群，并且随着媒介融合的不断推进和深入，视听文化传播在内容创新、形式拓新和业态革新上有了新的突破。由此，视听媒体以活跃的创新、高速的增长、广泛的辐射深度融入社会经济文化生活领域，并将在未来的发展中推动舆论宣传的建设、行业管理治理模式的健全、精品内容与盈利模式的破局、用户的个性化定制与良性互动、视听媒体的融合与新业态发展等多个方面的突围，并为未来大众媒体的生产和创新发展提供重要的现实和参考意义。

### 1.3.1　视听文化传播发展的意义

传统的广播电视时代，其视听文化传播的外延是相对具象的实践。实践过程是着眼于那些中观维度的媒介性功能框架。传统的视听传播与受众之间逐渐发展出一种新的交互关系，这种交互关系延展出一定的稳定性和再生产的特性，其稳定性和再生产功能会反作用于文化传播功能的塑造，并由此构建出一种可持续的社会文化语境。到如今数字时代的视听文化传播，其概念及其对象的适用范畴和边界在不断扩展，在意义的建构方面也呈现出相较于传统视听更为复杂的脉络。

#### 1. 技术结构意义上的视听文化传播发展

数字时代人们获取信息轻而易举，这也使得传统广播电视作为"整个社会的共享盛会的功能大打折扣"①。时至今日的视听文化传播，并非是单纯意义上对传统视听媒介的"一元式"升级，而是一种"多元式-完整神话"意义结构上的"新媒体"实践。作为结构化意义上的视听文化传播，既作为一套整体性的技术观念存在，也充分地诠释出技能应用的综合面向与实践运用。言简意赅地说，作为一种技术观念与结构意义上的视听文化传播，依托高速发展的数字技术不断拓殖传播面向的广度和传播意义的深度。AI 合成、短视频、倍速快进观看、弹幕互动等多元、迅捷、交互技术的普及，使得传播样态的能动性不断被创造、激活与赋能。对技术成因所弥散开来的视听文化传播发展的探索，正持续性地释放着创新变革的

---

① 阿曼达·洛茨.电视即将被革命[M].2 版.陶冶，译.中国广播影视出版社，2015：5.

新能量。另外，作为一种技术范式与技术应用的视听文化传播，在很多新颖的实践范畴中得到进一步发展，例如竖屏影像、交互运用、虚拟穿戴、VR/AR/MR 等。在这繁复且新潮的技术样式下，视听文化传播的发展迸发出无限的生命力和想象力。

### 2. 权力结构意义上的视听文化传播发展

随着数字时代的传受关系的转变，视听文化传播的日常实践方式发生了很大变化。新的媒介空间与媒介技术下，个体的用户需求、表达需求、自主权力都得以最大限度地敞开。从被动参与到主动浸入，视听文化传播作为一种权力结构意义上的表征运作也正在不间断地延展着边界。当视听实践被转化为"定向传播"的"精准定制"时，这种个体用户间的视听内容、经验差异在"制定"和"重塑"着受众/个体与视听文化传播活动之间的意义关联。社交互动场景的高频运用和叠加效应就是其外延意义的代表性变化，受众的视听文本生产及其解读权限被全方位下放，元视听文本的源生产与次生传播，例如影视解说短视频、影视剧表情包制作、"鬼畜"视频、即时互动弹幕等充分唤起受众的高度自主式能动参与。换言之，个体在视听文化传播的发展过程中有一个"自觉"的转变范式，他们所占据的位置不再纯粹地受制于编码者的符码内容编制。进而言之，视听文化传播的发展下受众的身份在不断崛起，"其媒介参与也不会在真空状态下发生，而将越来越紧密地与不同的社会情境相结合，反映日常生活的多元状况"[①]。视听文化传播的"技术转让"与"空间转向"让受众在使用媒介过程中自我赋权，这些都使得受众的身份、意识、场域等得到凸显和确认，由此，视听文化传播作为一种权力结构上的意义被逐渐强化和演绎。

### 3. 场景结构意义上的视听文化传播发展

传统的视听传播介质的传播场景有一些固有的特质，它们较为稳定，譬如车载广播、家居生活中的电视关联等。这样稳定性的关系建构也影响着传播介质、手段与形式的确立，最终被"模式化"。但需提出的是，这种"模式化"的范式恰巧成为某种意义上的发展壁垒与软肋，成为寻求发展与转型的核心突破口。数字时代的视听文化传播似乎正在回应和补齐这一软肋问题，在场景空间场域的拓殖方面注入更为丰富的视听想象力。时下，视听文化传播不再仅依托某种固化的场景场域，而是成为一系列传播场域的集散区和集合群。例如时下的网络直播正在对视听关系场景进行"重塑"，直播带货、日常生活、小众文化、表演秀等不同直播形态迎合着不同用户对不同社会情境的个性化需求。这些用户选取观看的直播形态或着眼于功能化需求，或是符合情感化需求，或是仪式化需求等不同诉求。"这些同时发生的直播场景最终呈现出漂浮于社会生活之上的广泛存在形式，并充当了社会日常生活经验的建构者和人际传播的全新内容平台"[②]。当前视听文化传播的发展仍有丰富的应用场景的生产、变化和个性化需要，例如竖屏影视、精准的算法推荐、碎片化短视频等都是时下流行的视听传播样态。当然，这些样态也不是传统广播电视传播所具备的特征。

---

① 卢岚兰. 阅听人与日常生活[M]. 五南图书出版股份有限公司，2007：33.
② 吴炜华，龙慧蕊. 传播情境的重构与技术赋权——远距家庭微信的使用与信息互动[J]. 当代传播，2016（5）：95-98.

#### 4. 社会话语结构意义的视听文化传播发展

当下高度视听化的媒介空间里早已充斥和交织着无限传播潜能。作为社会话语结构意义上的视听文化传播正借由各式各样的手段和方法回应着各式各样的文化问题与社会议题，并由此不断地进行文化效应和社会效应的强化。换言之，视听文化传播的发展与社会学、传播学、政治学、经济学等都发生着微妙的缠绕关系。一方面，视听文化传播的发展促成了文化因素构成与社会现实问题交织间的深刻嵌入，也使得文化、政治、经济等不同社会维度的问题互织互嵌，这种整体性意义的运作正发挥着越发重要的作用；另一方面，视听文化传播的发展又反映出社会文化的一种"流动性"特征，其特征也会构成一定的张力作用。由此，社会话语结构意义上的视听文化传播发展需以更为落地的实施策略来实现意义外延的扩充，并在此过程中形成紧密的社会文化互动关系。

### 1.3.2 视听文化传播发展的壁垒与隐忧

视听文化传播有着特殊的内在脉络和时间肌理，也存在传播壁垒与隐忧。一方面，数字媒体时代，多元视听媒介交互式传播，受各种逐利因素的驱动，将如何吸睛、赚流作为一种思考方式俨然成为网络时代视听影像内容生产者追求的主要目标，加之目前我国媒介生态相关规约较少，诸如竖屏短视频这类视听平台在前期的发展过程中呈现出乱序增长的态势；另一方面，数字时代视听文化传播的主体不再是广播和电视，更多是借助于智能手机的媒介样态，手机媒介传播本质上并不绝对符合和适应人体"全视野"的生理习惯，当下视听文化传播的先天性壁垒与隐忧是一道横亘在大众面前的发展关隘。具体表现有如下几方面：

#### 1. 内容生产方面

广播电视在创作过程中部分内容同质化严重，缺乏一定的创新，且视听场域严重受到网络新媒体和手机新媒体的影响。当下数字媒体时代的视听传播亦存在一定问题，即部分内容创新意识欠缺；在传播过程中用户既作为创作者，又作为"把关人"，其把握的维度较难掌握。总体而言，视听文化传播的发展过程中，无论是内容还是形式，很多视听内容都如法炮制，最终导致产能过剩，缺乏新意。虽然在技术赋权下，用户"零门槛"即可参与视听内容的生产和传播环节，但因专业性欠缺等原因，用户生产的内容质量也常出现良莠不齐的情况。相较而言，专业技术团队在内容选取、拍摄、剪辑等方面比一般用户更具优势。诚然，即使如此，海量的视听内容仍缺乏灵动思维，想象力局限等也严重制约了优质视听文化内容的产出与传播。

#### 2. 视听语言方面

在视听语言上，以广播电视为主导的视听媒介更多是宽屏幕的，适于横向展示以及各种景别的综合调度和运用，而以手机为主导的竖屏视听媒介传播适于特写、纵向、大色块，但不适宜太多机位设计的综合场面调度。竖屏传播相较于横屏传播，具有更加明显的消费主义特征，快速的"闪—滑"高频地刺激着直观的视觉消遣。因而，数字时代竖屏传播的视听内容生产者往往会自发性地摒弃自身调度，将主题目标尽量前置，使传达的信息更加明确和直接。

### 3. 制作技术方面

关于如何在数字媒体时代创作更符合人生理与心理的视听传播内容，业界尚未形成统一的制作标准。例如新闻博客网站（Mashable）仍采用水平方式拍摄竖屏内容，再通过后期裁剪和调整将原本适应宽屏的视频内容转化为竖屏格式；挪威国家广播电视台（NRK）则用侧转摄像机直接拍摄竖屏视频。[①]以上两种视听内容制作方式各有利弊：前者在制作过程中更耗时费力，因为横屏与竖屏的比例恰好相反，调整和编辑过程中需要制作者精确把握画面关键讯息，让主体明晰且完整地位于画面中心；后者的拍摄方式看似简单，但它不仅需要改变摄像机的取景范畴，也要求拍摄者思考如何在新框架和格式中完成叙事。虽然作为"消遣"的视听传播内容耗费成本较低，但作为"作品"的视听内容相较于同等质量、同等规格的横屏作品，其制作成本更高。攻克竖屏传播的壁垒，更高效、便捷地应对竖屏传播中的问题仍需时间去探索。[②]

### 4. 传播体验方面

长时间凝视横屏、竖屏均会引发视觉疲劳感，不同的是横屏传播引发的是长时间观看后的疲乏感，而竖屏引发的是幽闭感。基于生物学的视域，研究者们认为，人眼是横向生长的，因此水平视野比垂直视野更加开阔。在摄影机的发展史上也出现过"眼睛生物论"。更准确地说，不论是横屏的视听传播还是竖屏的视听传播，理论上都不适宜长时间观看。就横向框架叙事而言，人眼焦点集中在屏幕，屏幕上往往会有两处以上的"视觉中心牵引点"，这种牵引点会持续引导观者跟随视觉信息元素运动，空间信息较多，长久观看会形成某种疲惫感；而垂直框架叙事，人物在竖屏画面中占比较大，空间信息的展现和交代会"缺席"，而且其视野狭长，观者无法体会到横向空间的视觉开阔感，进而引发一定程度上的幽闭感知。

除此以外，当下视听文化传播发展还面临一些挑战。在人类文明史上，技术从来都是一把"双刃剑"，风险与生产力始终相伴而生。数字媒体时代的视听传播在享受连接无限自由、即时的便利的同时，也要辨清随时可能面临的矛盾和风险问题，从法律法规的规范约束、从价值体系的传递引导，共建人与技术协同共生的发展图景。

首先，万物互联与内容监管之间的罅隙弥合问题。数字媒体时代是一个万物皆媒的时代，视听文化传播终端数量将迎来爆发式增长，这势必带来监管内容体量的突破式增长，人工审核俨然无法胜任，算法设计后的智慧审核将成为监管审核的主要方式。但需要提出的是视听

---

① 张志安，汤敏.新新闻生态系统：中国新闻业的新行动者与结构重塑[J].新闻与写作，2018（3）：56-65.
② 林静.5G 技术应用赋能竖屏传播新样态[J]. 中国出版，2021（4）：43-45.

文化传播的终端形态各异，适配的视听内容类型繁多，如 AR/VR/MR、直播、即时弹幕等各有不同，智慧审核的精度提升同样存在诸多问题。数字媒体时代的高速率传播也为上传下载提供了通达的网络通道，与此同时，"擦边""灰色"等违规的视听内容也在"空间储存器"中迅速"流动"着，这为这类视听内容的传播提供了"隐身衣"，监管速度如何匹配高速视听文化传播也是须直面的棘手问题。除此以外，视听文化传播领域不断拓展着新业务形态、新智能终端、新内容样态等，这些都会对现有的内容监管体制机制的适配性形成巨大挑战。

其次，智能传播与数据安全之间的矛盾问题。数字媒体时代的视听传播为文化、经济、社会发展重新修订了运行逻辑。网络云存储、数字云端、虚拟空间等正在形成一定意义上的虹吸作用，用户们似乎卸下了数据隐私的防备，在云端、在设备、在平台上敞开本地终端的数据库。可是海量数据的安全谁来负责，法律法规的具体约束是什么，要在社会内形成的数据安全价值观是什么？[①]这些都是需要直面的棘手问题。面对万物皆媒、万物互联的世界，人与人、人与物、物与物的边界逐渐被媒介化消融，这几者之间共存、共生、共筑呈现出指数级增长的力量。需注意的是，当个体的数据安全无法得到充分保障时，个体与万物相连的渴望会折损。

再次，"连接""在连接"与"反连接"之间的矛盾与问题。人类对媒介的批判似乎从未停止过。研究表明，媒介使用过度频繁，那么这种连接便会逐渐消融、模糊和吞噬生活与工作之间的边界，使之浸入彼此，于是出现对人们的家庭生活满意度、工作状态、身心健康等一系列的"反向吞噬"的负面效应。除此之外，"线上连接对线下连接的挤占、虚拟对真实的模糊、算法构筑信息茧房的自我重复、用户对娱乐的沉迷成瘾、群体对个体的约束等，让'反连接'的概念应运而生"[②]。综上，在数字媒体时代，我们需要多方思考"连接""再连接"与"反连接"之间这种缠绕式的共生与次生问题。

最后，数字媒体技术的不断应用发展，正在让"连接"成为触手可及的现实，无数的远方与"彼时彼刻"正在和当下的"此时此刻"连通着。视听文化传播的发展势必与新的社会需求、技术应用、文化需求等共生共建，多元多样态的媒介样式正以纷繁的形式呈现于世。但需警觉的是：技术的尽头仍是人和文明，技术的本真与创新须始终以利民、惠民、富民为原则，以助力文化复兴、社会创造、政治经济、精神文明等为目的。视听文化传播的发展需借由技术与人文的双重关怀，才能更好地演绎时代和生活。

综上，当下的视听文化传播业态正在经历深刻的变革与创新。媒体形态多样化、开放性与互动性的提升、用户生成内容的重要性以及数据驱动决策与精细化运营等都构成了当下视听文化传播生态的重要特征。尤其是传播不受时空限制、具有全球触达的能力的数字化媒体的兴起为观众带来了更丰富的内容选择和更便捷的媒体体验，同时也对传统视听媒体提出了

---

① 王晓红，王芯蕊. 在场、连接、协同：5G再造视听传播[J].中国新闻传播研究，2021（6）：3-12.
② 王晓红，王芯蕊. 在场、连接、协同：5G再造视听传播[J].中国新闻传播研究，2021（6）：3-12.

全新的挑战。因此媒体从业者应积极拥抱变革，不断创新和转型，以满足观众多样化的需求，保持竞争力，并与数字化媒体共同推动视听文化传播业态的变革与发展。同时，媒体行业也应加强自律，维护行业健康发展，为社会建设和谐的信息传播环境作出贡献。在数字化媒体时代，视听文化传播的未来充满着无限可能，只有紧跟时代步伐，不断创新，才能在激烈的竞争中立于不败之地。

# 第 2 章　视听文化传播的业态变革与内在逻辑

视听媒体与传统的纸质文字性媒体相对应，其定义并不复杂。然而，可以明确的是，视听媒体是指播出声音和图像的媒体形式。这些媒体机构主要传播声音和图像的音视频信息，构成视听媒体的主要内容。在本章中，我们将讨论传统视听媒体的衰落以及新发展路径的选择和拓展。随着技术的快速进步和数字化媒体的兴起，传统的视听媒体如电视和广播逐渐失去了它们在信息传播中的主导地位。

在视频网站行业迅速崛起之初，中国传统电视行业也呈现持续增长的态势。根据索福瑞媒介研究（CSM）的数据显示，从 2004 年至 2006 年，全国观众人均日收视时间逐年增加。2004 年平均每人观看电视时间为 173 分钟，2005 年为 174 分钟，2006 年为 176 分钟。这表明，尽管传统电视面临着各种新媒体的竞争，但仍稳处于传媒产业的领先地位，牢牢吸引着受众的关注。2006 年，中国传统电视产业的广告收入达到 453 亿元，同比增长 11.51%。付费数字电视用户数量也大幅增长，达到 173.03 万户，收入达 5.23 亿元，同比增长 60%。这表明在 2004 年至 2006 年视频网站行业蓬勃发展的同时，中国传统电视行业进入了一个相对稳定的阶段，无论是观众规模、观看时长，还是节目类型和内容等方面均未出现巨大变化。然而，随着 2007 年中国网民数量的快速增长和视频网站、视频客户端的蓬勃发展，传统电视行业遭遇了严峻的挑战。

## 2.1　传统视听媒体的衰落及其新发展路径的选择与拓展

### 2.1.1　传统视听媒体发展现状

"视听媒体的出现曾使得纸质媒体，尤其是报纸行业感受到巨大的威胁。电视以其传播的及时性、现场感、声画结合等突出特点，迅速地争得了新闻媒体的一席之地，赢得了广泛的受众。21 世纪以来，网络的发展迅速，互联网普及率迅速提高。新媒体的兴起对传统媒体有着巨大的冲击。有人认为，纸质媒体的终结，甚至电视媒体的衰落将成为若干年后不争的事实。互联网以其迅速及时、多方互动、资源整合等众多优势冲击着传统媒体。"[①]随着技术的快速进步和数字化媒体的兴起，传统的视听媒体逐渐失去了信息传播中的主导地位。这一变革是媒体行业发展的必然趋势，同时带来了许多新的挑战和机遇。

---

① 连彦丽. 电视媒体在新媒体环境下的发展策略[J]. 新闻世界，2013（6）: 60-61.

　　传统视听媒体正在经历衰落的过程，其中一个主要原因是技术的迅猛革新和数字化媒体的兴起。随着互联网和移动设备的普及，信息获取和传播变得更加方便灵活。互联网为观众带来了无限的内容选择，摆脱了传统媒体节目和频道的限制。传统视听媒体通常采用广播模式，无法满足观众对内容个性化和定制化的需求。数字化媒体则为用户提供了更加个性化的媒体体验。用户可以根据个人兴趣和喜好选择内容，获得与自己相关的资讯和节目。此外，个性化推荐算法的出现，更加精准地为用户推荐符合其兴趣的内容，提升了用户体验。①因此，数字化媒体的兴起凸显了传统视听媒体的这方面劣势。观众更倾向于通过互联网平台和移动设备获取内容，享受个性化的媒体服务。这一趋势促使传统视听媒体不断适应变化，探索创新方式，以留住并想办法吸引观众的关注。

### 2.1.2　传统视听媒体发展新路径选择

　　社交媒体的兴起对传统媒体的传播方式产生了深远影响。社交媒体为观众带来了便利，使他们能够轻松地向他人分享和推荐喜欢的视听内容。不仅如此，用户生成的内容也成为一种重要的媒体形式，使个人有机会创造和分享自己的视听作品。这种参与式的媒体生态为观众提供了更多的互动和参与机会。随着新兴数字媒体平台的涌现，传统视听媒体的衰落进一步加速。在线视频平台、音乐流媒体服务、播客等数字媒体形式成为观众的新宠。这些平台不仅丰富了内容，还更加灵活地适应观众的时间和地点需求，为观众提供了更多的选择。这种数字媒体的兴起在传统媒体领域引起了革命性的变化。观众不再被动接受媒体内容，而是成为内容的创造者和共享者。这种互动和参与的机会为传统媒体注入了新的活力，同时促使传统媒体不断探索创新，以适应日益变化的媒体消费习惯。面对衰落的局势，传统媒体公司开始积极转型与拓展新的发展路径。它们意识到数字化媒体的重要性，推出了在线视频平台和移动应用程序，以满足观众日益增长的数字内容需求。同时，传统媒体公司也加强了与社交媒体平台和用户生成内容平台的合作，以增加内容的传播渠道和提升用户参与度。

　　"当前传统电视与视听新媒体融合发展的路径正朝着两个大的方向发展——一是传统电视立足自身媒体的纵向延伸发展，主要表现在对平台型网络电视台的建设与完善。二是传统电视与各类网络视频传播机构的横向联合发展，主要表现在联合其他网络视频机构整合网络视频资源并对其开发、利用、交换与再传播。"②为了迎接数字化媒体带来的挑战，传统媒体公司纷纷采取个性化推荐和数据驱动的决策方法。通过收集和分析用户数据，这些公司能更深刻地了解观众的兴趣和需求，从而提供更符合其期望的内容。个性化推荐和数据驱动的决策不仅提升了用户体验，还增强了媒体公司在市场上的竞争力。同时，传统媒体公司认识到创新和原创性是保持竞争力的重要策略。在数字化媒体时代，观众越来越偏好新颖独特的内容。因此，这些媒体公司必须持续推陈出新，推出具有创新性和原创性的内容，以吸引观众的目光并保持他们的忠诚。

①　王长潇. 传统电视与视听新媒体融合发展路径的选择与拓展[J]. 国际新闻界, 2011, 33（12）: 11-16+119.
②　冶进海. 变革中的视听媒体发展格局与传播形态[D]. 西安: 陕西师范大学, 2016.

扩大影响力是另一个重要的方面，传统媒体公司需要运用多渠道传播和品牌建设来扩大观众群体。在多个数字媒体平台传播内容可以覆盖更广泛的观众。此外，品牌建设有助于树立媒体公司的形象和价值观，加深观众对内容的认同和信任。在数字化媒体时代，可持续发展和社会责任逐渐成为关注的焦点。传统媒体公司应关注自身对环境和社会的影响，采用可持续发展的经营方式，并传播积极的社会价值观。这样的举措不仅有助于提升企业形象，还能吸引越来越注重社会责任的观众。通过这些策略，传统媒体公司可以在数字化媒体竞争中保持活力，并且与时俱进。继续创新和不断适应新的技术和趋势也是传统媒体公司应当重视的方面。在数字化媒体时代，技术不断进步，观众的习惯和偏好也在变化。传统媒体公司需要保持灵活性，及时掌握新的技术和趋势，并将其融入内容制作和传播中，以满足观众的需求。积极与数字媒体平台合作和整合也是传统媒体公司应该考虑的策略。数字媒体平台在吸引观众和获得庞大用户群方面有着独特优势。传统媒体公司可以与这些平台合作，将自己的内容推及更广泛的受众，从而扩大影响力。此外，建立良好的互动和沟通渠道、倾听观众的反馈和意见也至关重要。观众的意见和反馈是宝贵的资源，可以帮助传统媒体公司不断改进内容和服务，更好地满足观众的需求。另外，加强知识产权保护也是传统媒体公司必须重视的方面。数字化媒体时代，内容的传播和分享更加容易，知识产权保护变得更加复杂和重要。传统媒体公司需要采取措施确保自己的内容不被非法侵权和盗用，以维护自身的创作成果和商业利益。

总结而言，传统媒体公司要应对数字化媒体带来的挑战，需要采取多种策略：个性化推荐和数据驱动的决策、创新和原创、多渠道传播和品牌建设、可持续发展和承担社会责任、技术适应与整合、与数字媒体平台合作、倾听观众反馈，以及知识产权保护。通过综合运用这些策略，传统媒体公司可以在数字化媒体时代保持竞争力，并持续吸引和满足观众的需求。

### 2.1.3　传统视听媒体发展新路径拓展

传统媒体不断式微，新的媒体充满想象。"在新时期的时代背景下，必须要对传统电视媒体与新媒体进行有效融合，对新媒体的发展环境进行优化，同时推动传统电视媒体的创新，促进媒介融合的创新与发展。"①和所有信息流通一样，视听媒体的传播过程由传播主体、信息内容、媒介渠道、受众反应等众多环节构成。这不是此消彼长，在很多条件下，反而是此长彼长的关系。运用得好，各个方面都会起到正面的催生作用，并且新、旧视听媒体能够优势互补，融合发展成为大趋势。传统视听媒体的衰落并不是消极的现象，而是媒体行业发展的必然趋势。数字化媒体的崛起为传统媒体公司带来了新的挑战，但也激发了媒体行业转型和拓展新发展路径的动力。传统媒体公司可以积极应对这一挑战，采取多种策略来保持竞争力，并与数字化媒体共同发展。

传统视听媒体在选择和拓展新的发展路径时，可以积极借鉴数字化媒体的成功经验。数字媒体平台通常以用户为中心，持续改进用户体验，增强用户黏性。传统视听媒体可以借鉴

---

① 关学伟.新媒体环境下的电视新闻节目策划探讨[J].新闻传播，2019（14）：63-64.

这一模式，开发用户友好的平台和应用，以增加用户的互动性和参与感。另外，为了满足观众的多样化需求，传统视听媒体需要不断创新。创新不仅体现在节目内容上，还体现在技术手段和表现形式上。探索新的内容领域如短视频、纪录片、科普类节目等，有助于吸引更多观众。引入新技术如虚拟现实、增强现实等，则可以为传统媒体带来更广阔的创作空间。

在新的发展路径上，传统视听媒体还应注重与新兴媒体企业的合作。通过合作，传统媒体可以借助新媒体企业的技术和平台优势，拓展自身的影响力，打牢用户基础。同时，新媒体企业也可以借助传统媒体的品牌资源和内容优势，提升自身在市场中的地位。传统视听媒体在选择新的发展路径时，还需要考虑文化传承与宣传。媒体作为文化传播的重要载体，肩负着传承和传播社会价值观念的责任。即使在数字化媒体时代，传统视听媒体也应坚持积极向上、引导社会风尚的原则，为观众提供优质、有价值的内容。

在适应数字化媒体的发展过程中，传统视听媒体还要关注技术的更新换代。新的技术不断涌现，媒体从业者需要保持敏锐的洞察力，及时掌握新技术的应用和发展趋势，以保持在市场中的竞争力。只有通过积极借鉴数字化媒体的经验，创新内容和技术手段，与新兴媒体企业合作，坚守文化传承和价值观，传统视听媒体才有望在数字化媒体时代中继续保持活力和竞争力。

在继续发展的过程中，传统视听媒体还应不断优化用户体验和互动性。数字化媒体的成功之处在于将用户置于核心地位，传统视听媒体也可以借鉴这一理念。通过改进用户界面、提升内容推荐算法以及增加互动功能，传统媒体公司可以为观众创造更便捷、个性化的体验，增强用户的黏性和忠诚度。与此同时，传统视听媒体需要进一步挖掘并发展新的内容形式和领域。数字化媒体时代，观众的消费习惯不断变化，传统内容形式可能会逐渐显得单一和受限。传统媒体公司可以积极尝试在新领域进行探索，如虚拟现实、互动剧集、游戏化内容等，以满足观众多样化的需求。

同时，跨界合作也是传统视听媒体拓展发展路径的有效方式。与其他产业的合作可以为传统媒体带来新的创意和资源，创造更多受众共鸣的内容。例如，与科技公司合作开发创新产品，与文化艺术机构合作举办多元化活动等，都能为传统媒体带来新的发展机遇。在数字化媒体时代，传统视听媒体也应重视社交媒体和网络社区的建设。通过积极参与社交媒体，传统媒体可以与观众建立更紧密的互动关系，了解观众的需求和反馈，并及时调整内容和策略。[①]传统视听媒体在拓展新的发展路径时，需要保持敏锐的市场洞察力和前瞻性思维。数字化媒体领域变化迅速，传统媒体公司需要密切关注市场趋势，及时做出调整和创新，以保持竞争力并实现长期可持续发展。

总而言之，传统视听媒体在面对数字化媒体挑战时，应积极借鉴数字媒体的成功经验，优化用户体验和互动性，拓展新的内容形式和领域，跨界合作，重视社交媒体建设，保持市场洞察力和前瞻性思维。[②]通过不断创新和拓展，传统媒体公司有望在数字化媒体时代中继续保持竞争力并取得成功。

① 闫建华. 新媒体环境下的媒介融合——探讨传统电视媒体发展途径[J]. 中国传媒科技，2019（9）：45-47.
② 徐永青. 媒体融合引导传统报业发展研究[J]. 中国报业，2023（2）：24-25.

媒体行业的发展变化是不可逆转的趋势，唯有与时俱进、勇于变革，才能在激烈的市场竞争中立于不败之地。传统视听媒体在数字化媒体的冲击下遭遇挑战，但同时也迎来了新的发展路径和机遇。媒体从业者需要积极应对技术变革和观众习惯的转变，借鉴数字媒体的成功经验，创新内容和技术手段，与新兴媒体企业合作，注重文化传承，关注技术更新换代。只有在不断适应和转变中，传统视听媒体才能保持竞争力，持续发展，并与数字化媒体共同谱写媒体行业的新篇章。

## 2.2 网络视听媒体的兴起

网络视听媒体是指通过互联网传播音频和视频内容的媒体形式。随着互联网的普及和宽带网络的发展，网络视听媒体在过去几年中蓬勃发展。在数字化媒体时代，网络视听媒体的兴起成为传媒行业中的一大亮点。自 1996 年中央电视台国际互联网成立并开始在网站上播放视频内容至今，中国网络视听媒体已经发展了近 30 年之久。在这期间，国内网络视听产业实现了快速增长，产业规模不断扩大，尤其是在线视频行业一直保持高速发展态势。网络视听行业正在成为传播党的声音的重要阵地，正在成为推动中国特色社会主义文化事业和产业发展的最大增量。一是在政府行政主管部门正面引导下，通过创作规划、评优推优、资金扶持等手段，大力扶持优秀网络视听节目创作传播，制作出一大批弘扬主流价值、有内涵、正能量的健康优质网络视听作品，推动网络原创节目正导向、提品质。二是视听新媒体"首页首屏首条工程"发挥了重要引领作用，网上的形势宣传、政策宣传、主题宣传、成就宣传、典型宣传有声有色，已经形成主题主线宣传平台矩阵。三是商业网络传播平台发挥了积极作用。爱奇艺、腾讯、优酷等商业视频网站与主流媒体同频共振，有效扩大了正面舆论的覆盖面和影响力。[①]

### 2.2.1 网络视听媒体的发展逻辑

网络视听媒体的兴起得益于数字技术的迅猛发展。随着宽带网络的普及和传输速度的提高，用户可以更快速、稳定地观看和分享音频、视频内容。同时，数字技术的不断创新，如流媒体技术、云计算和大数据分析等，为网络视听媒体的运营和推广提供了强大的支持。

网络视听媒体的兴起使观众摆脱了传统视听媒体的时空限制。用户不再需要依赖特定的时间和地点来收看节目，而是可以根据自己的时间安排，在任意地方通过网络观看感兴趣的内容。这种便捷的媒体体验吸引了越来越多的用户选择在网络视听媒体平台获取信息和娱乐。网络视听媒体平台提供了丰富多样的内容选择，满足了用户日益增长的个性化需求。无论是电影、电视剧、综艺节目，还是音乐、播客、短视频等，用户都能在网络视听媒体中找到符合自己喜好的内容。而且，由于网络媒体平台不受传统频道和时间段的限制，它们能够提供更多更新颖的内容，让用户拥有更广泛的选择范围。

---

① 祝燕南. 网络视听新媒体的四大亮点与两大趋势[J]. 中国传媒科技，2018（1）：7.

与传统视听媒体相比，网络视听媒体更强调用户的参与和社交互动。观众可以通过评论、点赞、分享等方式，与其他用户和节目主持人进行互动。社交媒体的兴起进一步增强了用户之间的交流和分享，让用户成为内容的创造者和传播者，促进了媒体与用户之间的紧密联系。

网络视听媒体的兴起打破了地域限制，具有全球触达的传播能力。在互联网的支持下，国内的网络视听内容能够迅速传播到全球各地，吸引来自世界各地的用户。同时，海外内容也可以通过网络视听媒体平台传回国内，丰富了国内用户的媒体消费选择。网络视听媒体通过大数据分析和人工智能技术，能够深入了解用户的兴趣和喜好，进行精准的个性化推荐。这种数据驱动的模式，不仅提升了用户体验，而且帮助媒体平台更好地了解用户需求，提高内容的质量和吸引力。

在数字化媒体时代，网络视听媒体的兴起为传媒行业带来了新的发展机遇。网络视听媒体借助数字技术的推动，为用户提供便捷、丰富多样的媒体体验。它在发展过程中融合了数字技术的创新和用户需求的变化，成为传媒行业发展的重要组成部分。

### 2.2.2　网络视听媒体的发展特征

近年来数字技术的迅猛发展与应用使得用户可以随时随地，通过各种设备，享受到高质量的媒体内容。

网络视听媒体的兴起为观众带来了便捷的媒体体验。传统的媒体形式常常受到时间和地域的限制，而网络视听媒体打破了这些束缚。观众可以根据自己的时间安排，在任何地方通过网络观看感兴趣的内容。这种便捷的观看体验吸引了越来越多的用户选择在线观看节目、电影和视频，促进了媒体行业的数字化转型。

网络视听媒体注重用户参与与社交互动，强调观众不再是被动的内容接收者，而是内容的共创者和传播者。观众可以通过评论、点赞、分享等方式，与其他用户和节目主持人进行互动，增强了用户之间的交流和分享。社交媒体的兴起进一步促进了用户之间的互动，让观众在媒体内容的传播过程中发挥着重要的角色。

网络视听媒体在广告变现方面也进行了创新尝试。由于观众群体广泛，且大部分在线，网络视听媒体能够更精准地定向投放广告，提高广告的点击率和转化率。除了传统的广告插播，一些平台还推出了原生广告、植入式广告等新型广告形式，更好地融入内容中，提升了广告的效果。

数据驱动与个性化推荐是网络视听媒体成功的关键因素之一。通过大数据分析和人工智能技术，媒体平台能够深入了解观众的兴趣和喜好，为其推荐更符合个性化需求的内容。这种数据驱动的模式不仅提高了用户体验，而且帮助媒体平台更好地了解观众需求，提升内容的质量和吸引力。

### 2.2.3　视听媒体融合发展策略

网络视听媒体的兴起为传媒行业带来了全新的发展机遇。它借助数字技术的推动，为观众提供了便捷、丰富多样的媒体体验。通过数字技术的创新、便捷的媒体体验、丰富多样的内容选择、用户参与与社交互动、创新的广告变现模式、全球触达的传播能力以及数据驱动与个性化推荐，网络视听媒体不断拓展着传媒行业的发展边界，推动着视听文化传播业态的变革与发展。未来网络视听和新媒体发展有两大趋势：一是发展环境将进一步优化，新技术新应用将持续催生新业态新模式。二是内容产业进入互联网舞台中心，规范化、精品化、生态化成为显性趋势。以短视频为突破口，未来互联网将加速建立内容生态。①传统视听媒体应积极拥抱网络视听媒体的兴起，借鉴其成功经验，不断创新和转型，以满足用户多样化的需求，保持竞争力，并与网络视听媒体共同推动传媒行业的发展。

网络视听新媒体作为传统影视艺术与新兴互联网等新媒体的融合产物，将其发展定位在产业融合上显得尤为重要和必要。产业融合是指不同产业之间相互交融、协同发展的一种新型发展模式，通过有效整合资源，实现资源优化配置和利用效率的最大化。在推动网络视听新媒体的产业融合发展过程中，以下几个方面显得尤为关键。

第一，要充分发挥影视产业集群建设的效应。传统影视产业拥有丰富的人才和技术资源，网络视听新媒体的兴起则为传统影视行业带来了新的发展机遇。通过充分利用影视产业的集群效应，可以构建完整的影视产业链条，从制作、发行到传播，实现资源优势的整合，进而增强网络视听新媒体产业的创新能力和市场竞争力。

第二，建立区域化龙头企业，推动网络视听新媒体的市场发展。区域化龙头企业是产业融合的重要推动者之一。这些企业在所在地区具有较高的知名度和市场影响力，有望成为网络视听新媒体产业化的领军企业。政府可以通过支持和扶持这些企业，帮助其在市场上获得更大的份额，进而推动整个行业的快速发展。

第三，政府在推动网络视听新媒体产业融合方面发挥着重要的引领作用。政府可以通过政策引导和法规规范，促进网络视听新媒体内容的创作和传播。同时，政府还应加强对网络视听产业的监管，保障内容的合法合规，推动产业健康有序发展。此外，政府还可以推动传统媒体向网络化传播转型，鼓励传统媒体与网络视听新媒体合作，共同开发新的内容形式和商业模式。

第四，加强媒介融合理念的宣传与普及。媒介融合是推动网络视听新媒体产业融合发展的关键动力之一。媒介融合是指不同媒介之间的融合与整合，包括文字、图片、音频、视频等多种形式的媒体资源在网络视听新媒体平台上的互动与共生。通过推广媒介融合理念，能够激发创作者的创作激情，推动新旧媒体的融合与交流。

第五，商业媒体如优酷、腾讯、爱奇艺等作为主流网络视听新媒体平台，在推动产业融合方面发挥着关键的引领作用。这些平台具有庞大的用户基础和强大的内容生产能力，在内容和制作上也有较高的水准。它们不仅是内容创作的重要力量，而且是推动产业创新与发展的重要引擎。

---

① 祝燕南. 网络视听新媒体的四大亮点与两大趋势[J]. 中国传媒科技，2018（1）：7.

网络视听新媒体产业融合的发展路径需要通过充分发挥影视产业集群效应、建立区域化龙头企业、政府引导与支持、推动媒介融合理念普及以及发挥商业媒体的引领作用等多个方面协同推进。只有在这些方面共同发力的情况下，网络视听新媒体产业融合才能得以加速推进，取得更大的发展成果。[①]传统视听媒体在数字化媒体时代面临着许多挑战和机遇，传统媒体公司可以通过整合新技术、采用个性化推荐和数据驱动决策的方法来增强用户体验，并提高市场竞争力。借鉴数字化媒体的成功经验，传统媒体公司可以开发用户友好的平台和应用，增强用户互动性和参与感。

创新和原创性也是传统媒体公司保持竞争力的重要策略。数字化媒体时代的用户对新鲜和独特的内容更感兴趣，因此传统媒体公司需要不断推陈出新，推出具有创新性和原创性的内容，吸引用户的目光并留住他们。传统媒体公司还可以利用多渠道传播和品牌建设来扩大影响力。通过在多个数字媒体平台传播内容，传统媒体公司可以覆盖更广泛的观众群体。同时，品牌建设可以帮助传统媒体公司树立自己的形象和价值观，增加观众对其内容的认同和信任。

此外，传统媒体公司还需要关注可持续发展和社会责任。在数字化媒体时代，可持续发展和社会责任成为越来越重要的议题。传统媒体公司需要考虑其对环境和社会的影响，采用可持续发展的经营方式，并传播积极的社会价值观。这样做不仅有助于提升企业形象，还能吸引越来越关注社会责任的观众。

在选择和拓展新的发展路径时，传统视听媒体应积极借鉴数字化媒体的成功经验。网络视听媒体的兴起带来了多元化的媒体形态、丰富多样的内容选择，以及用户参与与社交互动的趋势。传统视听媒体可以借鉴这些模式，开发更具创新性和原创性的内容，提高用户体验，并与观众建立更紧密的联系。

在数字化媒体时代，传统视听媒体从业者也需要适应用户观念和消费习惯的变化。用户不再满足于被动接收媒体内容，而是更喜欢主动参与和定制自己的媒体体验。传统媒体从业者需要转变思维，从单向传播转向双向互动，鼓励用户参与内容创作和分享，以更好地满足用户的需求。

总体而言，数字化媒体的兴起对传统视听媒体构成了挑战，但也带来了机遇。传统媒体公司应积极转型和拓展新的发展路径，借鉴数字化媒体的成功经验，不断创新和适应用户需求的变化，以保持竞争力，并与数字化媒体共同推动媒体行业的繁荣发展。

## 2.3　当下视听文化传播生态及其发展特征

"信息技术的发展将变革人类的学习方式、工作方式、娱乐方式，一句话，人们的生存方式。"[②]随着数字技术的快速发展和媒体形态的多样化，当下的视听文化传播生态正在经历着深刻的变革。数字化媒体的兴起使媒体行业呈现出多元、开放、互动、个性化的特征。本

---

① 徐凡希. 网络视听新媒体发展逻辑与产业融合[J]. 中国报业，2019（18）：50-51.
② 尼葛洛庞帝. 数字化生存[M]. 胡泳，范海燕，译. 海口：海南出版社，1996.

节将探讨当下视听文化传播生态的主要特点及其发展特征。

### 2.3.1　当下视听文化发展特征

第一，多元化的媒体形态。当前的视听文化传播生态呈现出多元化的媒体形态。传统的电视和广播媒体依然存在，但随着数字化媒体平台的兴起，内容传播的途径变得更加多样化。在线视频平台、音乐流媒体服务、播客、社交媒体等数字媒体形式持续涌现，为用户带来了更为多元和灵活的内容选择。数字化媒体平台的兴起让观众不再局限于传统媒体所提供的有限的节目和频道，而能够根据自己的喜好和兴趣自由选择内容。在线视频平台为观众提供了大量的影视作品，可以随时随地观看。音乐流媒体服务让音乐爱好者随时畅听喜欢的歌曲，形成了个性化的音乐体验。播客的兴起使得用户能够选择不同主题的内容，从而满足对知识、故事或娱乐的需求。社交媒体平台使用户能够轻松地向他人分享和推荐喜欢的内容，从而形成了社群传播的生态。这些数字媒体形式的出现使得传统的电视和广播媒体面临更大的竞争压力。用户的媒体消费习惯正在发生变化，他们更倾向于自主选择内容，追求个性化的媒体体验。因此，媒体公司需要适应这一趋势，积极转型和拓展新的发展路径，以保持竞争力并吸引用户的关注。综上所述，当前的视听文化传播生态呈现出多元化的媒体形态，数字化媒体平台的兴起使得内容传播途径更加多样化，用户能够根据个人喜好和兴趣自由选择内容，传统媒体需要积极适应这一变化，并通过转型和创新来保持竞争力。

第二，开放性与互动性的提升。当前的视听文化传播生态呈现出更加开放和互动的特点。与传统的媒体单向传播模式不同，数字化媒体强调用户参与和互动。用户不再被动地接收内容，而是能够积极参与内容创作、分享和评论，成为内容的共创者和传播者。社交媒体的兴起进一步增强了用户之间的互动与交流，媒体内容与用户之间建立了更为紧密的联系。通过在线视频平台、播客、社交媒体等数字媒体形式，用户可以参与创作内容、分享自己的创意和见解，从而实现内容的多元化和个性化。特别是社交媒体的兴起，进一步促进了用户之间的互动与交流。通过社交媒体平台，用户可以轻松地向他人分享和推荐喜欢的视听内容，形成内容传播的社群效应。用户之间的互动和交流不仅丰富了内容的传播渠道，还增加了内容的可信度和传播效果。由于开放性与互动性的提升，用户不再是单纯的被动消费者，而是积极参与内容生产和传播的重要主体。媒体公司和内容创作者需要更加重视用户的反馈和需求，与用户保持紧密的互动，以便更好地满足用户的期望和喜好。

总而言之，数字化媒体的兴起使用户成为内容的共创者和传播者，社交媒体的发展进一步增强了用户之间的互动与交流。用户的积极参与使得媒体内容更加多样化、个性化，并增强了内容的影响力和传播效果。媒体公司和内容创作者应重视用户的反馈和需求，与其保持密切互动，以适应这一数字化媒体时代的发展趋势。

### 2.3.2　当下视听文化传播生态

信息技术的快速进步正在深刻地改变着我们的社会和生活方式，其中最为显著的是学习、工作和娱乐方式的变革。视听新媒体作为主导视听时代的传播媒介，在这一变革中扮演着举足轻重的角色，并且遵循着保罗·莱文森所述的"人性化趋势"和"补偿性趋势"不断演进。

随着视听媒体技术的进步、视听传媒市场的需求不断扩大，人们对内容的获取和消费呈现出日益多样化的趋势。市场的资源配置要求技术持续创新变革，以满足不断增长的用户需求。然而，技术与市场之间的互动并非简单线性，而是受到多方面因素的影响，包括文化环境和政策制度等。未来视听新媒体产业仍将不断涌现新的业务形态，市场环境也会在国家宏观政策法规的不断调整下逐渐完善。这将为我们的日常生活带来更多便捷和多样化的选择。

在"互联网+"思维的推动下，公共互联网的普及为获取视听信息带来了便利，智能终端设备的普及更加促进了视听信息消费的增长。这使得观众不再被动接收媒体内容，而更倾向于通过搜索和社交化的方式来获取感兴趣的信息和内容。

互联网的深度介入改变了视听媒体产业的格局，传统广播电视单向传输模式面临巨大挑战。付费阅读和广告投放在大数据监测的指引下实现了精准投放，而传统媒体在互联网时代也逐渐成为众多内容创作者中的一员。同时，视频网站的演进从简单的内容播放平台发展为内容生产平台，整合"平台+内容+终端+应用"的生态圈已成为未来发展的重要趋势。[①]

总体而言，视听传媒产业正处在黄金时期，且其健康有序发展必将推动我国文化产业的快速蓬勃发展。未来，我们将迎来更多丰富多彩的视听内容和娱乐方式。而随着技术的不断创新，我们的生活方式和社会文化也将继续发生深刻的变化。这是信息时代不可逆转的趋势，而我们将在其中探索新的可能性和未来的发展方向。

### 2.3.3　当下视听媒体发展路径

第一，个性化与定制化的内容推荐。在数字化媒体时代，个性化和定制化的内容推荐成为观众享受更优质媒体体验的重要特点。通过应用数字化媒体技术，媒体公司能够利用大数据分析和人工智能技术深入了解观众的兴趣和喜好，根据用户的历史行为和偏好，为他们量身定制更符合需求的内容推荐。这种个性化推荐不仅显著提升了用户体验，也为媒体公司带来内容精准度和市场竞争力的提升。借助大数据分析，媒体公司可以收集和整理观众的行为数据、浏览历史和喜好，形成观众画像。通过分析这些数据，媒体公司能够准确了解观众的兴趣领域、消费习惯以及喜欢的内容类型。而人工智能技术则能够在短时间内处理庞大的数据，实现更精准的内容推荐。基于这些数据和技术，媒体公司可以向每个用户推荐个性化内容，满足其独特的需求。例如，在在线视频平台上，观众可能会看到根据其喜好推荐的电影、电视剧或短视频。音乐流媒体服务也能够根据用户的听歌历史，推荐适合其口味的歌曲和歌手。此外，社交媒体平台也根据用户的兴趣向其推荐有关话题和内容，增强观众的参与感和黏性。这种个性化和定制化的内容推荐不仅能够提高观众的满意度和忠诚度，还有助于媒体公司了解市场需求和趋势，优化内容生产和资源配置。同时，个性化推荐也能促进观众发现更多感兴趣的内容，拓展其媒体消费领域，为媒体公司创造更多商业机会。

第二，用户生成内容的重要性。在当今的视听文化传播生态中，用户生成内容的重要性

---

① 郑健.从"乐视模式"看"互联网+"时代我国视听新媒体的发展[D]. 重庆：重庆大学，2015.

不断凸显。用户已不再只是被动的内容消费者，而且踏入创作领域，开始生产自己的内容，并通过社交媒体平台与其他用户分享。短视频、Vlog、自媒体等用户生成内容形式已成为媒体表现的重要组成部分，给传统视听媒体带来了崭新的挑战与机遇。用户主动参与内容创作和分享，促成了用户生成内容的兴盛。现在，智能手机和社交媒体的普及让每个人都成为潜在的内容创作者。短视频平台允许用户用简短有趣的视频分享自己的生活点滴，而 Vlog 则成为展现个人日常和兴趣的独特途径。自媒体更是让用户成为自己的主持人、编辑和内容生产者，拥有了更广阔的表达空间。用户生成内容的流行给传统视听媒体带来了一系列的变化。首先，用户生成内容的爆发性增长使得传统媒体面临更为激烈的竞争。用户可以通过上传和分享自己的内容吸引大量粉丝和关注，从而在数字媒体领域脱颖而出。其次，用户生成内容形式的独特和新颖吸引了越来越多的"粉丝"。他们更愿意追寻生动真实、富有个性化的内容，从而使传统媒体不得不重新思考自己的内容制作和传播方式。然而，用户生成内容也为传统视听媒体带来了机遇。传统媒体公司可以借鉴用户生成内容的创新思维和表达方式，拓展自己的内容形式，吸引更多年轻"粉丝"。与此同时，传统媒体可以通过与用户生成内容的创作者合作，将他们作品引入自己的平台，从而吸引更多的用户和"粉丝"。综上所述，用户生成内容的重要性在当下的视听文化传播生态中不断凸显。用户参与内容创作和分享，短视频、Vlog、自媒体等形式已成为媒体表现的重要组成部分，给传统视听媒体带来了新的挑战和机遇。传统媒体应积极借鉴用户生成内容的创新思维，探索新的内容形式，同时与用户生成内容的创作者合作，以便在数字媒体时代保持竞争力并实现持续发展。

第三，数据驱动决策与精细化运营。在数字化媒体时代，数据已成为媒体运营的不可或缺的关键因素。数据分析为媒体公司提供了重要依据，使他们能够更深入地了解用户的需求，准确预测内容的受欢迎程度，并实施精细化运营。数据驱动的决策模式使媒体公司能够更加高效地调整节目内容和推广策略，从而提升内容的观众吸引力和市场竞争力。数据驱动决策的关键是从各个方面收集数据，包括用户观看习惯、点赞和评论数据、社交媒体交互等。通过对这些数据进行深入分析，媒体公司可以洞察用户的喜好和兴趣，了解他们更倾向于什么类型的内容以及何时何地进行观看。这样的数据分析能够帮助媒体公司做出针对性的决策，针对用户需求量身定制内容。另外，数据驱动决策也有助于媒体公司实现精细化运营。通过数据分析，媒体公司可以对内容的表现进行实时监控和评估，及时发现问题和改进措施。精细化运营意味着在运营过程中更加注重细节和精准度，从而最大限度地提升内容质量和观众满意度。此外，数据驱动的决策也能帮助媒体公司更有效地进行推广，选择更具吸引力的宣传渠道和方式，提升内容的传播效果。综上所述，在数字化媒体时代，数据驱动决策和精细化运营是媒体公司成功的重要保障。数据分析让媒体公司更深入了解用户需求，预测内容受欢迎程度，并实施针对性的运营策略。通过精细化运营，媒体公司能够提高内容质量和观众满意度，增强市场竞争力，从而在数字化媒体竞争中立于不败之地。

第四，全球传播的无缝连接。数字化媒体的广泛普及让全球传播实现了无缝连接。当前的视听文化传播生态打破了国界的限制，使得内容的传播和共享跨越了地域的限制。国内优秀内容能够以更快的速度传播到全球各地，吸引来自世界各地的用户。同时，海外优质内容也能通过数字化媒体回传国内，为国内用户带来丰富多样的媒体消费体验。数字化媒体的全球传播无缝连接使其不再受到传统媒体的时空限制。用户可以在世界的任何地方，通过互联网访问和消费内容。在线视频平台、音乐流媒体服务、社交媒体等数字媒体形式让用户可以随时随地观看视频、听音乐、参与互动。这种无缝连接的传播方式极大地丰富了用户的娱乐和学习体验，也促进了跨文化的交流和理解。全球传播的无缝连接也为国内的媒体产业带来了新的机遇。国内优秀的内容可以通过数字媒体平台快速传播到全球，吸引更多的海外用户。这不仅有助于提高国内媒体的知名度和影响力，还能为媒体公司带来更广阔的商业合作机会和盈利模式。同时，海外优质内容的回传也能丰富国内用户的媒体消费选择，提升国内媒体的服务质量和创新能力。总体而言，数字化媒体的全球传播无缝连接已经成为当下视听文化传播生态的显著特点。通过互联网和数字媒体平台，内容的传播和共享不再受地域限制，国内优秀内容能够吸引全球用户，同时海外优质内容也能丰富国内用户的媒体消费体验。这种无缝连接的传播方式为媒体产业带来了新的机遇和挑战，同时也促进了全球文化交流与合作。

第五，可持续发展和社会责任。在当下的视听文化传播生态中，可持续发展和社会责任成为越来越重要的议题。随着数字化媒体的蓬勃发展，媒体公司和内容创作者需要考虑其对环境和社会的影响，采用可持续发展的经营方式，并传播积极的价值观。首先，可持续发展在数字化媒体时代显得尤为重要。随着数字化媒体的不断更新换代，旧的设备和技术被淘汰，产生了大量的电子垃圾。媒体公司应该采取环保措施，逐步推广绿色技术和可循环利用的设备，减少对环境的负面影响。此外，数字化媒体所产生的能源消耗也需要引起重视，媒体公司应该采取节能减排措施，为低碳环保发展贡献力量。其次，数字化媒体的普及使得信息传播更为广泛和迅速，同时也带来了信息过载的问题。媒体公司和内容创作者需要对信息内容进行筛选和审查，传播准确、可信的信息；避免虚假和误导性的内容传播，注重社会责任，为用户提供有价值、有意义的内容，帮助其增长知识。此外，数字化媒体的发展也带来了版权保护和知识产权问题。在网络环境下，盗版和侵权现象时有发生，这不仅侵害了媒体公司和内容创作者的合法权益，也损害了整个行业的健康发展。媒体公司需要加强版权保护意识，维护自身的合法权益，并为版权保护提供技术支持。数字化媒体的传播不受时空限制，媒体内容可以触达全球各地。然而，不同地区和国家有着不同的文化背景和价值观，媒体公司在传播内容时需要尊重并适应当地的文化习惯和法律法规，避免文化冲突和误解。

第六，多元化内容创作。传统视听媒体和网络视听媒体都应该致力打造更多元化、丰富多样的内容。这意味着要制作不同类型、不同风格的节目和影片，涵盖各个年龄层和兴趣领域，以满足不同用户的需求。媒体公司可以拓展内容类型，包括电视剧、电影、纪录片、综艺节目、动画等。多样的节目类型可以吸引不同年龄段的用户，满足不同群体的娱乐需求。也可推出多样化的题材和风格，如喜剧、爱情、动作、科幻、历史、悬疑等。这样的多样性可以让用户在选择时有更多选择，从而提高用户的黏性和忠诚度。还可注重本土文化和 IP的开发，将本土文化和故事融入节目和影片创作中，加强对本土 IP 的开发和改编。本土化的内容更能引发用户的共鸣和认同，同时也有助于传承和弘扬本土文化。可面向不同年龄层和兴趣领域定向制作适合不同年龄层和特定兴趣领域的内容。例如，为儿童用户提供有教育意义的动画片，为青少年用户打造富有创意的互动综艺节目，为成年用户提供丰富的影视剧内容等。

第七，投资技术创新。媒体公司应当加大对数字技术的投入，推动创新，开发新的媒体应用和工具，以提供更加智能化、个性化的用户体验。例如，利用人工智能技术进行内容推荐和定制化服务，以及开发虚拟现实和增强现实技术来提供更为沉浸式的观影体验。如媒体公司可以利用人工智能技术对用户行为和喜好进行分析，从而进行智能化的内容推荐。通过对用户的历史观影数据、点击偏好等进行学习和预测，可以为每个用户量身定制内容推荐，提高用户满意度。媒体公司还可以尝试开发交互式故事体验，让用户参与到故事情节的发展中。通过选择不同的情节路径、做出决策等，用户可以影响故事的发展和结局，增加参与感和趣味性。跨平台整合，媒体公司可以开发跨平台的应用和工具，让用户可以在不同设备上无缝切换观看内容，提供更加便捷的观影体验等。

数字化媒体的兴起使得用户能够享受到更为便捷、丰富多样的媒体体验，也可以积极参与内容创作和分享。媒体公司需要借助数据驱动决策，提高内容质量和吸引力，同时注重可持续发展和社会责任，为用户提供有价值的内容，为社会传播积极的能量。对于传统视听媒体来说，要积极拥抱数字化媒体的发展趋势，不断创新和转型，以满足用户多样化的需求，保持竞争力，与数字化媒体共同推动视听文化传播业态的变革与发展。同时，媒体从业者也要加强行业自律，维护行业健康发展，为社会建设和谐的信息传播环境作出贡献。

当下的视听文化传播生态呈现出多样性、个性化、互动性和智能化的特征。这为内容创作者、媒体公司和用户带来了更多的机遇和挑战。内容创作者可以通过多种形式和平台进行创作和传播，媒体公司需要灵活应对不断变化的市场需求，而用户可以享受到更多样化和个性化的视听内容。然而，随着技术的不断进步和社会需求的变化，视听文化传播生态仍在不断演变和发展，我们需要密切关注和适应这些变化。当下的视听文化传播生态还存在以下值得注意的发展特征。

媒介融合和跨界合作。随着技术的进步和媒体形态的多样化，视听文化传播越来越多地涉及不同媒介之间的融合和跨界合作。例如，电影和游戏之间的互动性增强，音乐和虚拟现实的结合，以及电视剧和社交媒体平台的互动等。这种媒介融合和跨界合作为用户带来更加丰富和多样的体验。

"粉丝"文化和用户参与方面，"粉丝"文化在当今视听文化传播中发挥着关键作用。"粉丝"们通过社交媒体平台组成社群，积极地讨论、分享和推广他们所喜爱的视听内容。这种热情的参与形成了一个活跃的社交生态，使得观众之间建立了更紧密的联系。在这样的"粉丝"文化氛围中，一些媒体公司也积极与"粉丝"进行互动，倾听他们的意见和需求。媒体公司意识到"粉丝"是内容传播中的重要推动力，因此，他们愿意与"粉丝"进行沟通，了解他们的喜好和期望。有些媒体公司甚至将"粉丝"融入内容创作的过程中，让他们参与决策和互动，增加他们的参与感。"粉丝"文化的兴起和用户的积极参与，使得这些备受喜爱的视听内容更加广为人知，为媒体公司的内容传播提供了有力支持。在这种用户参与和"粉丝"文化的推动下，媒体公司可以更加精准地了解用户的需求和喜好，根据用户的反馈做出相应的调整和改进。这种互动式的内容传播模式不仅提高了用户体验，也增强了用户对媒体公司的认同感和忠诚度。

高清晰度和流媒体技术方面。在数字化媒体时代，高清晰度和流媒体技术成为了视听内容传播中受欢迎的关键要素。随着互联网带宽的提升和流媒体技术的不断成熟，用户们享受高质量的视听体验成为可能。现如今，流媒体平台如爱奇艺、优酷、腾讯等为用户提供了高清晰度的视听内容，让用户在家中或者任何有网络连接的地方都能轻松观看和听取内容。这种方便的在线观看、听取方式极大地提升了用户的便捷体验，无须下载文件即可即时访问所需内容。高清晰度的视听体验在吸引用户的同时，也为内容创作者提供了更广阔的展示空间。高清晰度的画面和音频效果能够更真实地呈现内容，使得用户沉浸其中，增强了观赏的乐趣和参与感。流媒体技术的应用为传播内容提供了更灵活的途径。用户不再局限于特定时间和地点观看节目，而是可以根据个人时间安排，在线实时观看自己喜欢的内容。这种自由度的提升使得用户更加愿意使用流媒体平台，推动了数字化媒体行业的进一步发展。高清晰度和流媒体技术的发展使得用户能够在数字化媒体时代获得更高质量、更便捷的视听体验。这种趋势不仅满足了用户对优质内容的追求，也为内容创作者提供了更广阔的传播平台。随着技术的不断进步，高清晰度和流媒体技术将继续为数字化媒体行业的发展和传播带来更多的机遇与挑战。

当前的视听文化传播趋势越来越倾向于泛娱乐化和跨平台 IP 开发。成功的视听内容不再局限于电影或电视剧，而是能够在不同媒体形式和平台上延伸，覆盖游戏、周边产品、演出等多个领域。这种多元化的泛娱乐化和跨平台 IP 开发不仅扩大了内容的影响力，还增加了其商业价值。在当下的数字化媒体时代，内容的泛娱乐化成为吸引用户的重要策略。优质的视听内容不再仅仅停留在电影院或电视屏幕上，而是进一步拓展至其他媒体形式。例如，一部热门电视剧可以推出相应的游戏或周边产品，吸引更多用户参与其中，增加内容的黏性和吸引力。同时，跨平台 IP 开发也成为媒体行业的重要发展方向。一个成功的 IP 可以在不同平台上进行开发和传播，如电影、电视、游戏、动漫等。这样的跨平台开发可以让 IP 内容更全面地覆盖不同用户群体，提高内容的曝光率和传播效果。泛娱乐化和跨平台 IP 开发不仅仅拓宽了内容的传播途径，也为媒体公司带来了更多商业机遇。通过跨媒体的推广，内容创作者可以利用 IP 授权、周边产品销售、演出和活动等多个渠道实现收益。这种商业化模式不仅有助于推动媒体产业的发展，还提高了内容创作者的经济收益。泛娱乐化和跨平台 IP 开发是当下视听文化传播中不可忽视的趋势。通过将优质内容跨越不同媒体形式和平台，延伸至游戏、周边产品、演出等领域，可以拓展内容的影响力和商业价值。这种多元化的传播模式不仅满足了用户的多样化需求，也为媒体行业带来了更多商业机遇，推动了整个视听文化产业的蓬勃发展。

综合分析可知，当前的视听文化传播生态呈现了多种显著特征。这些特征包括：多样化的内容形式，满足了用户个性化需求；互动性增强，用户积极参与内容创作和分享；智能化技术的应用、数据驱动决策提高了运营效率；媒介融合，传统媒体与数字媒体协同发展；高清晰度和流媒体技术的发展，提供了更优质的视听体验；用户参与和"粉丝"文化的兴起，增强了用户与内容创作者之间的紧密联系；泛娱乐化和跨平台 IP 开发的实践，拓展了内容的商业价值与影响力。这些特征不仅对媒体行业产生深远的影响，也直接影响到观众的视听体验。媒体从业者和内容创作者必须紧跟时代发展，了解并适应这些变化，才能在激烈的竞争中脱颖而出。借助智能化技术，媒体公司可以更好地了解用户喜好，推出个性化内容。同时，鼓励用户参与和"粉丝"文化的培育，可增强用户忠诚度和黏性。同时，充分利用高清晰度和流媒体技术，媒体公司可以提供更丰富、高质量的视听体验，吸引更多用户。跨平台IP开发则能将内容扩展至更多领域，拓宽商业价值。同时，多样化的内容形式和泛娱乐化的趋势也应引起媒体公司的重视，拓展娱乐产业链，进一步满足用户的多元需求。了解和适应当下视听文化传播生态的特征，对于媒体从业者和内容创作者来说至关重要。只有积极把握机遇，不断创新，才能在竞争激烈的媒体行业中立于不败之地，并为用户提供更加丰富、精彩的视听体验。

综上所述，传统视听媒体作为传统媒体的代表，面对互联网和移动设备的冲击，逐渐失去了主导地位。当下用户习惯发生变化，对个性化、定制化内容的需求增加，而互联网媒体提供了更多选择和便利性。为了应对这一挑战，传统视听媒体不断选择新的发展路径，将传统内容与数字技术相结合，推出在线视频平台和移动应用，拓展受众群体和内容选择。同时，与社交媒体和用户生成内容平台的合作也增强了传统媒体的传播渠道和用户参与度。网络视听媒体的兴起则是数字化媒体发展的重要组成部分。随着互联网的普及和宽带网络的发展，网络视听媒体通过数字技术的推动，为用户提供了便捷、丰富多样的媒体体验。观众不再受限于特定的时间和地点，可以根据个人需求随时随地观看内容。多样的内容选择，个性化和定制化的内容推荐，以及用户参与和社交互动，都成为网络视听媒体的特征，吸引了越来越多的用户。

# 第 3 章　媒介融合视域下影视文化的创意 生产与传播策略

"媒介融合"一词最早是由美国的伊契尔·索勒·普尔教授提出的，他认为"媒介融合，就是各种媒介呈现出多功能一体化的发展趋势"①，即"充分利用互联网载体，把那些既有共同点，又存在互补性的不同媒体，在人力、内容、宣传等方面进行全面整合，实现'资源融通、内容兼融、宣传互融、利益共融'"②。

当下 5G 技术的不断推进与普及为媒介融合提供了相应的技术支持并加快了媒介之间的融合发展。媒体融合发展为影视文化带来了更广阔的传播空间和更多元的传播渠道。影视文化借助新媒体的优势及特点，采用新创作理念、数字化技术、新叙事策略等方式，形成独特的表现形式与传播方式。

习近平总书记在中国文联十一大、中国作协十大开幕式上的讲话中提到"要把提高质量作为文艺作品的生命线，内容选材要严、思想开掘要深、艺术创造要精，不断提升作品的精神能量、文化内涵、艺术价值。"③党的二十大报告中提出："增强中华文明传播力影响力。坚守中华文化立场……讲好中国故事、传播好中国声音，展现可信、可爱、可敬的中国形象……推动中华文化更好走向世界。"④中华优秀传统文化体现了我们民族的精神内涵，将优秀传统文化与中国美学价值融入文艺作品中是新时代进行文化传承发展的重要路径。在推进文化自信的过程中，一大批高质量的电影、文化类电视节目、文化类纪录片以及动画电影如雨后春笋般出现在大众视野中。它们将增强文化自信、讲好中国故事等与中华传统文化相结合，并且赢得了较好的口碑。

## 3.1　国产电影的本土化创作与文化传播策略——以《流浪地球》系列电影为例

习近平总书记在学习贯彻党的二十大精神研讨班开班式讲话中强调："中国式现代化，

---

① 赵会杰. 媒介融合时代传统报业的困境及应对策略[J]. 新闻研究导刊，2017（9）：254-255.

② 李蕾. "融"时代的国家媒体[J]. 新闻与写作，2010（2）：6.

③ 习近平. 在中国文联十一大、中国作协十大开幕式上的讲话[M]. 北京：人民出版社，2021.

④ 习近平. 高举中国特色社会主义伟大旗帜 为全面建设社会主义现代化国家而团结奋斗——在中国共产党第二十次全国代表大会上的报告[M]. 北京：人民出版社，2022：46.

深深植根于中华优秀传统文化，体现科学社会主义的先进本质，借鉴吸收一切人类优秀文明成果，代表人类文明进步的发展方向，展现了不同于西方现代化模式的新图景，是一种全新的人类文明形态。"①而电影作为极具影响力的大众文化形式之一，承担着构建全球化视野下的中国话语体系以及提升文化软实力的时代使命。近年来，随着我国电影产业持续发展壮大，《战狼》《红海行动》《流浪地球》等扎根于中国本土和优秀文化的国产电影成功"出海"，为烙印中国元素的文化艺术作品"走出去"提供了借鉴和参考。

《流浪地球》是 2019 年春节档上映的一部科幻电影，上映后好评如潮，总票房达 46.86亿，截至 2024 年 6 月 30 日豆瓣评分 7.9 分，许多人将其视为"中国科幻电影的开山之作"。续作《流浪地球 2》的故事线索、叙事角度更加多元化，其科幻概念的设定和场面调度、画面特效、镜头语言设计带来的视觉冲击效果完全可以与世界顶尖水平比肩。《流浪地球 2》票房突破 40 亿，截至 2024 年 6 月 30 日豆瓣评分 8.3 分。

中国影史上，科幻电影数量少、发展慢。《流浪地球》之前，仅有《珊瑚岛上的死光》(1980)、《错位》(1986)、《霹雳贝贝》(1988)、《逆时营救》(2017)、《机器之血》(2017)、《升级》(2018)等寥寥几部缺乏本土特色的软科幻电影，影响力甚微。面对西方发达国家已构筑完成的一套话语体系，《流浪地球》系列电影在借鉴好莱坞科幻电影创作模式的同时，将中国的传统文化思想、中国情怀、中国方案等作为主体融入电影制作，使其成为真正意义上的中国科幻大片，也是我国科幻电影的一个标杆，为中国科幻电影未来发展带来更多自信，是打开中国科幻大门的一次成功尝试。

电影不仅是一种文化形态，也是承载着意识形态、价值功能的媒介载体，以观众喜闻乐见的方式输出民族文化和意识形态，塑造国家形象，而"科幻电影是各自的民族文化、记忆和想象方式的幻想化表达"。正如《人民日报》对《流浪地球 2》的评价："展现了中国人独有的精神气质和人文情怀""充分体现出中国电影的文化自信"。

### 3.1.1 电影工业化水平的最新体现

#### 1. 科技进步与国家发展为科幻电影创作提供强有力的支撑

一方面，经济发展提供的文化消费市场为科幻产业带来难得的机遇；另一方面，科技创新为科幻作品的想象场景提供了现实依据。电影创作上，《流浪地球 2》创作团队运用数控机床、激光雕刻、3D 打印、特效制作等高新技术营造了太空电梯穿梭、月球坍缩、空间站坠毁等一幕幕视听奇观。电影视效层面，浩瀚的宇宙星空、天崩地裂的危机场面等场景制作营造了逼真的画面质感和视觉冲击效果，视效和场景制作实现了质的飞跃。相比《流浪地球》，《流浪地球 2》的导演团队首次探索和使用了标准化的流程管理方案，在虚拟制作技术层面与现实场景优化层面引入企业管理模式。影片 173 分钟的时长包含了 180 多个场景，聚焦到无数细节的打磨与精细化设计。为了使其中的世界观设计更加科学，细节呈现更加真实，制作

---

① 倪明胜. 深刻把握中国式现代化崭新图景的理论意蕴[N]. 光明日报，2023-02-27（11）.

团队邀请了 20 多位理论物理、天体物理、地球科学、人工智能方向的科学家参与联合攻关，共同架构起流浪地球的真实世界。

### 2. 大国重器形象的直观呈现

《流浪地球 2》作为电影工业化的产物，离不开中国现代科技的进步和工业化制造能力的支撑。电影中的量子智能计算机、行星发动机、太空电梯、空间站、飞船战机等硬核科技元素都是在中国已有的科技基础上进行挖掘和创作的。影片中 95% 以上的硬核装备和道具均由中国团队自主研发制作，大量科幻场景和酷炫特效的背后是强大的中国制造。有观众评论道："没有中国制造，科幻就变成了玄幻。"观众在大银幕上看到数字生命计划的演绎、中国建造的逐月卫星发动机、中国航天员在空间站行走自如的场景会自然信服而不感到违和，是因为中国的科技发展已然托起科幻电影产业，给予中国人民理所当然的底气与自信。事实上，电影中的部分科技产品已经在社会经济领域得到广泛应用，在实际中拉近了现实与科幻的距离。得益于 3D 打印技术和数控机床的应用，步履式挖掘机、外骨骼机器人、越野底盘运输系统已经走进人们的生活，真正做到了 1∶1 的还原。中核集团喊话《流浪地球 2》："你们尽管想象，我们负责实现。"随后，中国航天科技集团、中国建筑、中国石油、中粮集团等国家队"团建式"前来报到。中国航天科技集团紧接着发帖表示："等到 2045 年，天梯、地球车站、空间驿站建设有望成为现实！"《流浪地球 2》诞生于全世界唯一拥有全部工业门类的国家，这决定了科幻电影绝非凭空想象的乌托邦，而是虚拟与现实的共振、文艺与科技的共鸣。[①]影片中的硬核科技原型，是量子信息、载人航天、卫星导航、三代核电技术、深海深地探测的现实投射，向全世界客观展现了中国的大国重器形象。科幻电影从来都是人类先进科技水平的体现，更是生产国工业化制造能力的缩影，《流浪地球 2》当之无愧地成为传播"中国式现代化"的标杆之作。

### 3. 数字影像的生成

正如《流浪地球》导演郭帆所说："虚拟化制作平台为电影工业化提供了一个可靠的技术工具。"该片剧组借助数字媒介技术与虚拟制作技术，使得数字影像无限地接近真实，使得"再现"现实变得可能；另外，数字影像使得叙事更加自由灵活，增强了"表现性"的效果。

剧组在拍摄过程中制作了 8000 余格的分镜、30 多分钟的动态预览，影片中更是运用了许多前沿技术和道具，满足"重工业质感"的美术要求。

在影片制作过程中，剧组挑战了大量 CG 制作的镜头，高难度视效镜头超过电影全片的 50%。在虚拟拍摄过程中，演员穿上带有标记点的动作捕捉服，摄像头就可以实时计算其运动信息，生成人物骨骼动画，然后传输到 UE 虚拟引擎中，剧组不用实地拍摄就能提前看到"变身"后的演员和场景渲染在一起的画面，感受实时视觉效果。

---

① 谭谟晓，姚均芳，刘羽佳. 新时代十年伟大变革奠定坚实基础：新征程上满怀信心开新局展新貌系列述评之四[N]. 光明日报，2023-02-10（11）.

## 3.1.2 本土化创作

作为文化实践的一种形式，电影以想象的方式再现现实世界，回应现实世界的诸多问题，将时间设定在未来的科幻电影也不例外。科幻电影对未来世界的社会生活、自然风貌、人类发展方向等进行了整体性的创造，既在未来世界的整体呈现上与现实生活拉开距离，但又并非完全创造了另一个新世界，逼真感、现实感、新奇感交织，呈现了未来世界的"近景想象"。

### 1. 中式符号的意象表征

《流浪地球》系列电影以中国本土文化元素替代了好莱坞科幻电影中的景观世界。如中国春节的时间设定是阖家团圆的预示。红灯笼、糖人摊位、长城、北京国贸大厦、中央电视台总部大楼、上海东方明珠塔、济宁补给站等都是中国元素的具体体现。第三区交通委的安全提醒"道路千万条，安全第一条；行车不规范，亲人两行泪"是典型的中国式标语。"赶紧摇人儿啊"（东北话）、"你把我的花弄坏了！弄死你，你站起来啊"（上海话）等台词融入了中国民间方言话语。

《流浪地球2》的中国符号元素不仅仅是视觉上单向维度的呈现，符号作为携带意义的最小单位，背后承载的更是刻写中国文化基因的思维方式与价值理念。影片中的故事横跨2044年至2058年，讲述了太阳急速老化并持续膨胀，人类文明危在旦夕，为了克服月球坠落、太空电梯、木星引力和太阳氦闪造成的四大危机，中国携手世界各国开启"流浪地球"计划的故事。电影在开篇便借用中国古诗词点题，以"今人不见古时月，今月曾经照古人"来暗示人类所面临的月球危机。在中国传统文化中，月亮占有独特的地位，象征人们对团圆美好的期盼、对故土的眷恋以及对亲朋好友的思念。在《流浪地球2》中，无论是航天员们毅然决然奔向人生终点的月球，还是月球偏离轨道即将撞向地球的灾难预示，都赋予了月亮特殊且深远的含义。除了以地球为中心的叙事，围绕月亮展开的故事线索亦是精彩纷呈，月球具象与开篇古诗词意涵的互文建构了古今融合的共情空间。

此外，《流浪地球2》中"门框机器人"的设计也从独特的视角阐释了具有中国符号的文化意涵。索绪尔的符号学语言观认为符号由"能指"和"所指"的二元关系构成，所谓能指就是符号本身，是传递意义的载体和象形呈现；所谓所指，就是被传递的意义和概念。[1]影片中机器人展现的门框形象是"能指"的直观体现，而门框关于"家"的温情想象则连接着中国传统文化的内核，这便是"门框"符号的所指。中国几千年的农耕文明引导人们更多关注的是脚下的土地和身边的家人，门框则是与家息息相关的重要组成部分。《流浪地球2》将硬核科幻设计与象征家的"门框"符号结合，传达家国情怀的同时显得更加有温度、深度。此外，以中国符号元素建构的时空场景与中国故事的讲述有机融合，这样避免了东西方解码差异造成观众对影片的误读，有助于外国观众更好地接收中国文化的讯息。

### 2. 中国叙事与中式情怀的生动展现

《流浪地球2》中有三条叙事线索交叠并行：一是中国代表周喆直在联合国政府与各国力量博弈斡旋；二是以刘培强、张鹏为代表的航天员在重重危机中的英勇表现；三是以马兆、

---

① 费尔迪南·德·索绪尔. 普通语言学教程[M]. 高名凯，译. 北京：商务印书馆，1983：105-107.

图恒宇为首的数字科学家致力于 AI、计算机的研发。在三条人物线的紧密交织中，同时穿插着刘培强与韩朵朵的爱情故事以及图恒宇对已经丧生的女儿赋予数字生命的执着，主线与辅线的多层次交融体现了亲情、友情、爱情与师徒情的现实图景。在流浪地球的时代，没有血缘的师徒关系更加难能可贵，师徒之间的纽带不仅仅是知识技能和经验传承，更是勇气、信念和希望的传承。首先是体现"大国"情怀的周喆直与郝晓晞之间的师徒情，几十年前周老师培养和鼓励郝晓晞，面对徒弟的困惑和不解，周老师用"我信，我的孩子会信，孩子的孩子会信。我相信会再次看到蓝天，鲜花挂满枝头"的正能量话语激励郝晓晞。几十年后郝晓晞沿着周老师的足迹将接力棒交给她自己的徒弟，完成新旧的交响，其中薪火相传的传承精神清晰可见。其次是体现"小家"情怀的张鹏与刘培强师徒，没有太多家国命运的责任压力，更多的是直击人心的亦师亦父之情，他们是师徒也是父子。作为刘培强的师父，张鹏对徒弟的爱意选择了"戳三下脑门"的特殊表达方式，敲打的动作很简单，却凝聚了上一辈对下一辈的寄托与希望。最后是体现科学家精神的马兆与图恒宇师徒，师徒俩冒死重启已经淹没在水底的北京根服务器，通过递交生命接力棒的方式共同完成了重启计划。三条主线的叙事情感都与"家"和"国"紧密相连，这种个体牺牲小我成就大我的精神诠释着最质朴的家国情怀，是流淌在中华血脉中的文化基因。

《流浪地球》系列电影凝聚了中国几千年的文化思想和当代中国想象，是典型的摆脱西方"他者"形象进行的"中国叙事"。"带着地球去流浪"展示了中国人对家乡和祖国的眷念，体现了带有东方特色的家园意识。故乡情结是渗透到中国人骨子里的文化基因，对家的眷念贯穿影片始终，地球早已超脱"物"的层面，成为承载人们成长记忆的精神家园。

### 3.1.3　中国特色方案的价值表达

《流浪地球》系列电影的价值内核在于面对人类遭遇的共同危机，中国人提出了"愚公移山""带着地球去流浪"等拯救世界的"中国方案"，彰显了"人类命运共同体"理念的价值内涵。

#### 1. 使命担当与精神文明的世代传承

影片中"流浪地球计划"最初的名字叫作"移山计划"，取名源于中国的寓言"愚公移山"。而移山需要千千万万地球人的共同努力，需要的不光是血浓于水的血脉传承，更是一代又一代人的使命传承和精神文明的延续。这项宏伟的计划预计持续 2500 年，历经 100 代人。这样的宏伟计划若没有人类希望与勇气的支撑，绝无成功的可能。中国人于困顿中保持希望，在沧海横流间走过五千年，悠久的历史已然教给我们希望的力量。虽然移山计划道阻且长，但是在中国科幻的视角下，人类依然会选择希望。面对接踵而来的危机，周喆直老师的话铿锵有力："危难当前，唯有责任。"他站在联合政府讲台上向各国人员展示了一根一万五千年前的人类股骨化石，股骨的断裂与延续象征着人类精神文明的火种始终熠熠生辉。"股骨"的智慧让人类文明薪火相传，生生不息。

"中国航天飞行中队，五十岁以上的，出列！"这句经典台词也令无数人动容。伴随着整齐的步伐，一位位面容已然苍老但眼神坚定的五十多岁航天员毅然挺身而出，肩负起为后人铺路的责任。为了将生的希望留给更多年轻人，这些老兵主动挺身而出，即使献出生命也无怨无悔，彰显了中国人的使命与担当。这不仅是科幻电影的艺术想象，更是中国军人的真实写照。影片中冲锋在前的航天员也是洪水、地震等灾难当前时中国军人的现实缩影，他们是卫国戍边的战士，也是历史上每一位保家卫国的烈士，这种挺身而出的责任感与担当精神早已融入中国军人的血液里。面对一次次未知的危机，无论在影片的科幻世界还是在现实的真实世界，中国英雄永远选择将生存、爱与希望留给人民，义无反顾肩负起应有的责任与使命。

### 2. 家国大义与故土情怀的双重想象

在对家园这一主题的叙事上，中国与西方国家呈现出两种不同的理论观念。西方科幻电影往往倾向于"反乌托邦"式的叙事方式，当人类遇到灭顶之灾时，通常是抛弃原来赖以生存的家园，继而寻找新的生存家园：要么如电影《2012》中实行"诺亚方舟"计划；要么如电影《太空异旅》中优选基因、培育优秀后代实行"火种"计划；要么如《阿凡达2》中的杰克选择逃离雨林中的家园，转而寻求其他的庇身之所。而中国人对家、土地和房子有着本能的眷恋和深厚的情感，家是不能被抛弃的，所以《流浪地球》系列电影饱含对地球家园的眷念、对故土的热爱，选择带着地球去流浪，将地球带到适合人类生存的星系去生活。郭帆导演曾说："我觉得这是（影片）最核心的中国文化的独特表达。我们在选择离开的时候，还是要带着我们的家园，这个跟几千年来我们对土地的情感是有关联的，几千年来我们都是如此热爱我们这片土地，所以即便是在灾难发生的时候，我们会带着地球一起离开。"

这样的叙事体现出根植于中华民族信仰的乡土情结和家国情怀。中国社会的乡土传承和安土重迁的国民性决定了中国人即使流浪也要带着地球。在影片中，地球离开了原来的运行轨道，向着宇宙深处"迁徙"，数千万个小家的轨迹也开始交叠重合，意味着人们的乡愁就此埋藏在每个人的心中。一方面，昔日的美好场景演变成荒芜冰冷的废墟，"鲜花开满枝头"的记忆逐渐消逝，无时无刻不触发着人们内心的思乡情结；另一方面实现了从为满足生存的个体流浪，向为守望人类家园的群体流浪的升华。"也许会为了生活背井离乡，但绝不会看着故土毁灭。"对土地的热爱和家园的执着不仅渗透到中国人的骨子里，而且体现在身体力行的实践中。影片中航天员牺牲小我引爆月球的壮举触动观众思考家国大义，引发了许多网友对中国军人的致敬。观众的民族意识和家国大义在观影过程中觉醒，影片中想象与现实的呼应使得中国文化内核中的家国情怀得到创新性转化，从而建构起民族情感认同的意义互通空间。

### 3. 集体主义与人类命运共同体的同构

2013年3月23日，国家主席习近平在莫斯科国际关系学院发表演讲，首次提出人类命运共同体理念，指出人类在生活的交融中逐渐成为你中有我、我中有你的命运共同体，同时表明了中国在全球治理体系中所持的中国态度、中国视角以及为世界作出贡献的中国智慧与中国方案。

在西方科幻电影中，末日灾难下往往政府缺位或作用不突出，于是会有横空出世的孤胆英雄力挽狂澜。这种剧情范式往往植根于其个人主义与精英主义文化。《流浪地球》系列电影不似好莱坞电影热衷于个人英雄主义的叙事，展现了全球语境下对家园的共同救援，是一次集体主义的深刻书写。如在《流浪地球》中，来自不同国家的人员齐心协力共同实现了点火计划，每个环节都缺一不可。《流浪地球 2》中中国代表周喆直以一根断裂后愈合的人类股骨化石的故事，向世界阐明"团结延续着文明的火种"的道理。在全球危机面前，任何国家都不可能成为与世隔绝的孤岛，唯有"同呼吸，共命运"才能抱团取暖，共渡危机。影片以中国视角的全球化叙事淡化了国家与国家之间的界限，不分种族、国籍、地域，各国在地表建立了数万座"行星发动机"以及配套的地下避难所；宇宙空间站的工作人员来自不同国家和地区……每个国家都为了共同的目标而奋斗，隐含着以人为本的人类命运共同体理念和价值导向。"在非洲加蓬首都建造太空电梯""所有拥核国家全部捐出核武器核爆月球"等故事情节，都是对"命运共同体"最好的诠释。此外，人类命运共同体理念与"世界大同，天下一家"的中国文化同根同源。中国文化不仅蕴含着天人合一、和谐共生的共同体基因，还囊括了集体主义这一价值准则。中国几千年的历史长河早已塑造了中国人民休戚与共、守望相助的集体主义文化。随着时代发展，集体主义精神不断与时俱进，从理念转化为每个中国人的行动指南与道德准则。

《流浪地球》系列电影内含的中国价值帮助中国科幻电影开启不同于好莱坞科幻的独特主题、立场、风格。郭帆导演曾在采访中表示，"我们在坚持的就是希望能够通过科幻，让世界看到今天真实的中国，我们的精神面貌，我们的价值观，以及更多属于中国人的印记"，"返乡之旅的太空叙事是对早期浪漫、天真的太空叙事的一种批评，告诉我们，在展示技术力量征服太空的时候，应该对地球有更深刻的认识。返家之旅也使我们对太空进行反思，在征服宇宙的时候保持必要的谦卑，对技术有审慎的反思"。

## 3.1.4　《流浪地球》系列电影的文化传播策略

### 3.1.4.1　国内的文化传播策略

#### 1. 理念：体现中国传统的哲学思想

《流浪地球》系列电影二次出圈的首要原因在于其重视人类命运共同体，始终以团结协作、全人类生存发展为中心，形成了极具中国特色的人民群众是社会生存发展的创造者的"另类"叙事格局，在主题上体现了中国传统的哲学思想，体现出人民群众对生命的价值追求，为影片增加了深厚的文化内涵，同时也增强了受众黏性。

#### 2. 文本：本土化的改编

《流浪地球》系列电影中大量使用中国元素，在世界观的架构、角色的设定以及人物的对话等方面都贴近中国观众所熟悉的语境，可以说是一次成功的科幻文本改编，对于中国观众来说有着很强的贴近性。

#### 3. 渠道：多平台联动吸引用户参与

在宣发过程中，《流浪地球》系列电影通过新媒体矩阵在互联网上掀起了传播热潮，其多平台联动机制吸引了更多外围受众参与到电影宣传中。"微博""抖音""哔哩哔哩"等新媒体平台联合宣发形成了良好的传播矩阵。如在《流浪地球 2》上映后，其新媒体矩阵将内容分发至微博、微信公众号、今日头条等平台，多渠道融合传播、多平台联动的做法实现了传播的立体化和效果最大化。

### 4. 品牌：IP 打造助力电影周边产业发展

《流浪地球》系列电影注重电影文化产品的打造以扩大电影工业规模。如利用电影形象"笨笨""数字生命卡""550 W"等电影文化符号，打造一批广大影迷喜闻乐见的周边模型。电影《流浪地球 2》官方授权的模型周边创下 1 亿以上众筹资金纪录。在创造经济价值的同时，《流浪地球》系列电影还扩大 IP 影响力，进一步推动中国电影文化走出国门，以此进一步增进了《流浪地球》系列电影的火爆程度。

### 3.1.4.2　跨文化传播策略

电影是语言、声音、文字和色彩的复合体，作为跨文化传播的重要方式，有着丰富的文化内涵，在其生产制作和传播过程中不仅包括文化价值的输出，也要考虑受众接收的效果和方式，以及传播目的地的受众的文化背景和思维习惯。[①]

就《流浪地球 2》的对外传播维度而言，这部中国本土科幻影片以跨文化传播为创作理念，在保留中国特色和文化输出的基础上提炼"共性"。如影片在刻画中国航天员张鹏和俄罗斯航天员诺夫这两个角色时，通过凸显友情这一人类的共通情感淡化国与国之间的界限，将观众喜闻乐见的元素镶嵌在电影的创作中，使得影片的教化功能不过于外显。为了减少文化折扣，影片在尊重文化多样性的基础上进行创作，使得不同国家的人物形塑契合各自的民族特点，从而增进不同国家受众的情感认同。当地球濒临毁灭、整个人类受到致命威胁的时刻，面对共同危机的人类放下了过往的偏见与矛盾，超越了意识形态和文化的隔膜，求同存异，休戚与共。《流浪地球 2》跳脱出好莱坞电影主导的"超级个人英雄"叙事模式，通过国际视角讲述集体主义价值观，使中国所倡导的"人类命运共同体"理念以观众喜闻乐见而非政治性的形式融入电影的叙事中。在影片中，周喆直是人类命运共同体理念的代言人，他以实际行动娓娓道出人类应该同舟共济、守望相助。危急关头的中国智慧和中国方案，中国文化内核中的集体主义精神和家国情怀通过《流浪地球 2》的全球性传播得到了具体阐释，形成了正向的文化输出范式。

### 1. 从"文化折扣"走向"文化共鸣"：倡导全球合作理念

跨文化传播是指拥有不同文化背景的社会成员之间的人际交往与信息传播活动，也涉及各种文化要素在全球社会中迁移、扩散、变动的过程，及其对不同群体、文化、国家乃至人类共同体的影响。[②]在跨文化传播的过程中，文化背景的差异就意味着信息在不同地域间的流动有可能受到阻碍，从而导致文化产品的价值被折损。中国电影的国际传播必然牵涉"不同文化间的交流和碰撞，出现文化解码的偏差，从而导致文化折扣现象的产生"。科幻电影虽然具有天然的传播优势，但符号的传播和解读具有不完全对称性，受众对电影符号的差异

---

① 赵婵. 中国元素在跨文化传播中的异化和归化——以电影《功夫熊猫 2》和《战狼 2》为例[J]. 当代电视，2017（11）：109-111.
② 拉里·A. 萨默瓦. 跨文化传播[M]. 4 版. 北京：中国人民大学出版社，2010：47.

解码以及二次编码导致文化作品不被理解，因而同样可能出现文化价值打折扣的情况。但《流浪地球》系列电影在一定程度上突破了国际媒体惯用的对抗式解读框架以及美国科幻电影固有叙事模式的桎梏，其反映的为国牺牲的崇高性和家庭的重要性打动了海外观众。此外，《流浪地球》系列电影还将主人公定位为"地球公民"，与所有地球人共同面对全人类的灾难，强调了地球和人类命运的紧密联系，将"人类命运共同体"的合作理念传达给世界各国人民，引发不同文化背景观众的共鸣与思考，实现从"文化折扣"走向"文化共鸣"。

### 2. 努力提高电影品质，提升视觉效果呈现

以往的中国电影在国际上的形象几乎都是单一的，海外观众很少把中国和科幻电影联系在一起，但《流浪地球》系列电影以其精湛的特效制作使海外观众对中国电影制作水平的看法大幅改观，立意极高的电影精神也让观众耳目一新，为他们带来截然不同的观感体验。如为了拍摄《流浪地球》，导演郭帆带领创作团队花了整整 3 年时间进行前期筹备工作，画了 8000 张分镜头画稿、3000 张概念设计图。为了营造影片的真实感和视觉效果，摄制组还搭建了 10 万延米的实地场景、制作了 1 万多件道具。电影中成功的视觉效果呈现在国内外均引发轰动，美国《纽约时报》称，这标志着中国电影制作新时代的到来。

### 3. 多元文化共生，提升国际传播内容的接近性

《流浪地球》系列电影的特别之处在于，在末日来临呼吁将整个世界召唤为共同体的同时，又恰到好处地展现了民族差异与特性。在空间站中，每个人都说自己国家的语言，通过实时翻译实现沟通无障碍，对比好莱坞的处理手段，似乎不管什么人种都在讲英文。如最先出场的外国人形象——俄罗斯宇航员老马，他是个非常热心非常优秀的航天员，对自己的国家充满了自豪感。电影中关于俄罗斯人的刻画围绕着一瓶酒展开。在刘培强"解甲归田"之际，老马在太空中送了他一瓶酒，能把酒带上太空，听起来就很俄罗斯！

总而言之，讲好中国故事，以中国式叙事向世界展现具有中国特色、融入中国基因、蕴含中国智慧的优秀文化，是我国持续融入全球化、传播好中国声音的重要方式，也是推进文化强国建设的必由之路。

《流浪地球》系列电影以其类型化和特效技术上的进步以及中国元素的运用，在打造中国"本土科幻"的基础上，以硬核的科幻呈现、奇趣的宇宙想象和动人的人类命运故事实现了中国式方案的表达、中国大国形象的建构、中国话语体系的建构以及中国文化与民族价值观的生动输出，真正开启了中国电影的全球叙事，实现了口碑与票房的双丰收。可以说，《流浪地球》系列电影是中国科幻电影史上具有开创性意义的里程碑式作品，是讲好中国故事的典范，也标志着中国特效制作走向了一个新的高度。它成功向世界人民传递了中国一直以来坚持的理念和精神，还提升了中华民族的文化自信。

## 3.2　文化类电视节目的创作机制与传播策略

电视作为主流文化输出以及意识形态表现的重要途径之一，需要担起丰富大众精神文化

生活的责任。然而电视媒体为了迎合观众兴趣，使得各类选秀、竞赛、真人秀、脱口秀等娱乐类节目大量出现在大众视野，呈现出非常强烈的泛娱乐化特征，而忽视了对传统文化的挖掘，导致很多节目文化底蕴不够、思想高度缺乏。2017 年国家颁布了《关于实施中华优秀传统文化传承发展工程的意见》，并将 2017 年定为国家广电总局的质量提高年，要求文艺工作者要"善于从中华文化资源宝库中提炼创作题材、获取灵感、汲取养分"。这一指导文件对很多文化类电视节目提出了严格的要求。

近年来央视以及一些地方电视台从优秀传统文化中寻找灵感与风骨，打造了一系列火爆出圈的文化节目。如《中国诗词大会》以诗词为介，"赏中华诗词、寻文化基因、品生活之美"，重拾人们对诗词的热爱。《经典咏流传》邀请传唱人传唱经典诗词，并邀请鉴赏嘉宾对故事背后的历史文化进行讲解。《典籍里的中国》聚焦享誉中外的经典名著，从典籍中挖掘中国智慧、中国精神和中国气质。《上新了，故宫》《见字如面》《朗读者》、河南卫视"中国节日"系列节目等打破原有的创作思路，采用新技术、新节目方式（戏剧化表演、艺术化视听表现、趣味化讲述等）、多元化渠道传播等方式来展现中华传统文化，激发观众兴趣并让观众直观感受中华文化的博大精深，赋予传统文化新的时代意义，并凭借深厚的经典文化内涵迅速获得了观众的喜爱。从某种意义上，这些兼具娱乐属性与教育意义的文化类电视节目贯彻了党的十九大报告中"推动中华优秀传统文化创造性转化、创新性发展"的政策要求，不仅满足了不同层次受众群体的文化需求，还让人们产生了强烈的文化认同感，从而树立了文化自信。

电视文化类节目承载着社会价值引导功能的同时，需要通过观众喜闻乐见的方式来满足大众的审美以及消费需求。因此，挖掘传统文化的当下价值，唤起大众的情感共鸣，在传承中让经典活起来，成为文化类电视节目的一种正确打开方式。以下将以《中国诗词大会》（第五季）、《经典咏流传》、《典籍里的中国》以及河南卫视"中国节日"系列节目等为例探析当下媒介融合背景下文化类电视节目的创作机制和传播策略。

### 3.2.1 《中国诗词大会》（第五季）

《中国诗词大会》是央视 2016 年推出的一档大型文化益智节目。一经开播便成为诗词热的引领者和推动者。该节目以"赏中华诗词、寻文化基因、品生活之美"为制作理念，把选手对诗词的积累和理解与著名专家学者的赏析解读、引申点评相结合，将个人的认知、情感与对传统文化的理解相结合，引领全民重温经典古诗词，从古代先贤的情怀和智慧中汲取养分，浸润心灵。其中，《中国诗词大会》第五季在节目历年积累的良好口碑和市场效应的基础上，使品牌效应持续发力，进一步提升了节目的高收视率和美誉度，获得了观众的广泛认可。

#### 3.2.1.1 内容创意

《中国诗词大会》这档诗词文化类节目能够保持长期的观众热度和节目竞争力，一方面是得益于节目组精益求精的工匠精神，从提炼主题到选取关键词，从设计赛制到布置舞台，节目制作团队始终不断进行打磨和升级，并注重贴近当下社会的热点热词，为中华优秀传统文化资源的影像化表达与社会主义核心价值观的传播树立了优秀典范；另一方面还源于节目组坚持内容为王，以高远的视界对中华传统文化资源进行开掘拓新，拓展了诗词文化的厚度、深度、高度和温度，进而得以提升节目的传播力、引导力与影响力。

### 1. 立足传统文化

一首首流传至今的中国经典诗词是能集中体现中国传统文化魅力的特殊符号，是中华文明的一种高度集中概括，是中华民族的集体文化记忆。《中国诗词大会》第五季以发扬优秀传统文化、助推文化自信为己任，致力打造极具民族风格、文化底蕴的优秀节目，让古老的诗词在当下"活"起来。

博大精深的中华优秀传统文化为文化类电视节目提供了丰富的创作资源。《中国诗词大会》第五季聚焦诗词这一鲜明而生动的文化符号，并创造性地进行时代化重塑，使蕴含在诗词中的文化价值与观众的当下现实生活同频共振，增强了大众的文化认同和文化自信。

### 2. 立意家国情怀

《中国诗词大会》第五季秉持"聚焦传承创新，立意家国情怀，展现中华诗心"的节目理念，坚持主题引领，突出分集主题暗线，注重剖析宣扬诗词背后的深层文化。这一季十期节目，每期由一个主题引领全篇，分别是家国、英雄、青春、童年、奋斗、匠心等主题，通过对一首首经典诗词的竞赛与阐述，串联起贯穿始终的家国情怀主线。

### 3. 贴近人民生活

《中国诗词大会》第五季秉持"以人民为中心、为人民创精品"的制作理念，精心挑选渗透着最浓厚的诗词情怀的普通人作为节目主角，如回到大山教书的张汇林、为女儿圆梦的坚强母亲翁志平、脱贫攻坚干部杨燕等，身份涵盖工程师、教师、医生、保安、农民等众多职业领域。借助这些素人嘉宾打造了一个英雄不问出处的诗词比拼大舞台，拓展了节目的广度和深度。可以说这些素人彰显了中华优秀传统文化的精髓，绘就了中国新时代的精神图谱，润物细无声地引领了主流价值观，获得了受众的情感认同。

## 3.2.1.2　形式创新

### 1. 融合艺术科技，打造诗意舞台

《中国诗词大会》第五季以科技赋能舞美设计，舞台设置以"水润五方"为主视觉，将绘画、诗文、影像、声音等元素进行深度融合，打造了一个既蕴含中国风又具有现代科技感、代入感和观赏性都极强的诗意舞台。为丰富诗词主题和题目的视觉呈现，舞台背景屏幕会根据主题和题目的变化而变幻，时而塞上孤烟，时而水墨江南。这使舞台上不仅有诗词比拼的激烈交锋，更有文化时空的峰回流转，从而实现了声画合一的形象性的艺术呈现，使观众达到"物我交融"的情感体验。

### 2. 命题出奇制胜，拓展节目形态

《中国诗词大会》第五季积极拓展节目形态，创新节目形式，实现内容表达和形式创新

的高度统一。如全新的"身临其境"题，让命题专家走进自然、文物古迹，在山水实景中出题。出题人中不仅有著名的诗词专家，还有来自各行各业的奋斗者，如蛟龙号潜水器的主驾驶员唐嘉陵、最美女航天员王亚平、南极站的工作人员以及港珠澳大桥的总设计师林鸣等。他们在祖国的大地上发声，大大增加了节目的视听容量，更让观众真切感受到诗词之美。如第三期节目中命题人康震教授带领观众来到"横看成岭侧成峰"的庐山，细说古往今来登上庐山的诗人们的不同心境，同时向观众多维度地展现当下庐山"跃上葱茏四百旋"的壮美景色。别具一格的"身临其境"题使传统文化与现实生活完美契合，给观众带来更具象、更生动的视听体验，开创了文化类电视节目的新形态。

### 3. 主持、选手年轻化，打造青春型大会

《中国诗词大会》第五季最引人注目的变化是主持人由前四季的董卿换成了龙洋。相比于董卿的成熟大气、端庄典雅，龙洋则干练爽朗、青春靓丽。活泼甜美的龙洋给第五季注入了一股青春的力量。除了主持人年轻化，第五季中低年龄选手在所有参赛选手中所占的比例也更高。如王恒屹年仅六岁就能背诵 500 多首古诗，年纪虽小却实力不凡。而年仅十岁的韩亚轩更是展现了"恰同学少年，风华正茂"的年少有为之风范，成为五季以来首位荣获亚军的少儿团成员。节目组旨在突出体现中华优秀传统文化对社会各层次，尤其是对青少年群体的引导作用。正如康震教授所说，《中国诗词大会》未来的生力军，是年轻人。

### 4. 文化+竞赛的对战方式

《中国诗词大会》第五季采用了选手与百人团同题对战的方式，通过竞赛的方式增强节目的紧凑感和悬念感。此外，节目还邀请观众进行实时答题，联通线上线下、场内场外的互动，凸显了《中国诗词大会》全民参与、普及诗词的节目宗旨，彰显了文化类综艺节目的教育价值与社会担当。

## 3.2.1.3 传播策略

### 1. 全新互动体验，媒介联动传播

《中国诗词大会》第五季在传播方式上由单向传播转向融媒体传播，实现了跨媒介、多层面的"破屏"传播，相比前四季更能满足观众的多元化文化需求。线上观众可以融入现场紧张的诗词比拼当中参与现场同步答题，形成跨越时空的线上线下互动，或者通过微博、微信、今日头条等引领节目的爆点话题，对节目内容进行二次传播，实现大小屏联动，开拓流量，再加上节目播出期间各种新媒体平台的精准推送，从而形成了电视、微信、微博、网络视频平台等全方位、全覆盖的颇具效应的多元传播矩阵和台网良性互动的文化景观。

### 2. 发挥 IP 效应，形成文化品牌矩阵

《中国诗词大会》历经五年的磨砺与成长，已经成为兼具文化性、审美性和创新性的优质 IP。它在努力打造精品节目内容的同时也积极发挥节目的 IP 效应，带动了一批致力于传

承中华经典文化的电视节目的发展壮大，形成文化品牌矩阵。如四川卫视的《诗歌之王》、河北卫视的《中华好诗词》、陕西卫视的《唐诗风云会》等与《中国诗词大会》一道合力实践着诗词的影像化表达，力图使经典诗词的文化价值得到最大限度转化，并共同推动中华优秀传统文化创造性转化和创新性发展。

## 3.2.2　《经典咏流传》

《经典咏流传》是中国首档大型原创诗词文化类音乐节目。节目用"和诗以歌"的形式将经典诗词与当代流行元素相结合，阐释人文价值，挖掘诗词背后的深厚文化内涵。"诗言志，歌永言，声依永，律和声。"诗词与音乐是相生相伴、相互成就的，而这一点在《经典咏流传》节目中得到了很好的呈现。在流行歌曲的韵律中融入诗词，使诗词成为歌曲中不可分割的一部分，二者巧妙的融合取得了相得益彰的效果。

在节目设置上，先是主持人的开场白，以诗句典故引出当期节目主题；然后是来自各行各业的"经典传唱人"（一期节目有 5～9 位传唱人登场）出场，介绍自己要传唱的诗词或经典作品。接着嘉宾介绍古诗词的典籍出处、在古代诗歌中的历史地位、对中国传统文化的影响等。接下来的经典传唱时刻则由经典传唱人将古诗与现代音乐进行改编融合，通过歌唱的方式将故事与经典演绎出来。随后由知名专家学者组成的鉴赏团以专业知识进行精彩点评，旁征博引地解读中华经典背后的文化内涵和音乐中的节奏韵律，搭建普通观众与诗词音乐之间的桥梁，进而达到前所未有的效果。

《经典咏流传》运用了表演、纪实和游戏相结合的多元化表达方式。传唱元典本质上是一种表演，既包括专业的传唱人的职业表演，也包括普罗大众的非职业演出。而从第二季开始，《经典咏流传》还增加了第二现场和外拍小片等纪实元素的比重，让表演者的现场演出有了更多的铺垫，增加了传播内容的信息含量。此外，节目还使用了一定的游戏元素，如互动鉴赏环节中主持人和传唱人的互动游戏以及从第二季开始引入的歌声合成、语音识别等前沿 AI 技术。

《经典咏流传》第五季由龚睿、魏然担任舞美总设计，他们希望能够呈现出一个生动具象、"声""画"合一、可知可感的"大美中华"。出现在屏幕上的每首诗词都会以竹简为载体呈现给观众，好像打开了一卷卷古老的书简，让观众接受一次次文化的洗礼。而针对每首传唱歌曲具体内容的变化，会配以不同的舞台背景画面，如杨宗纬等人在传唱《忆江南》一曲时，一幅动态的《富春山居图》缓缓展开，好似让画面中的人活过来一般。观众脑海中描绘出的诗词景色与眼前自然山色重合，获得视觉、听觉的双重享受。这种搭载裸眼 3D，运用 AR、全息影像、动画特效等技术赋能舞台呈现，让虚拟场景和现实舞台相结合的方式，把诗词、画作都同时转变成让人惊艳的梦幻世界，意境幽远，为观众营造出身临其境的审美体验。

### 3.2.2.1　传播者

根据哈罗德·拉斯韦尔提出的 5W 传播模式，传播过程中的第一个 W 是 Who，即传播者。在《经典咏流传》这个节目中，传播者主要包括主持人、传唱人和访谈嘉宾，他们分别承担着节目主持、传唱音乐作品以及分析解读的任务，是节目质量的把控者和把关者。

### 1. 传唱人

《经典咏流传》的传唱人星素结合、老少同台、中外交融、多元共存，既有德高望重的资深前辈，如巫漪丽、胡德夫、杨洪基、谷建芬等老一辈艺术家，也有正当青春的人气偶像，如张杰、毛不易、硬糖少女303等；既有如孙杨、柯洁等体育明星，也有贵州山区的普通孩子等。年龄层次与身份可满足不同年龄段、不同背景、不同口味的观众的需求。而传唱人的表演风格讲究混搭，如民族《墨梅》、说唱《三字经》、摇滚《将进酒》、童谣《新学堂歌》、英文版《登鹳雀楼》等。为了实现传唱的最佳效果，《经典咏流传》对传唱人的选择煞费苦心。正如《经典咏流传》的总导演、制片人田梅所说："《经典咏流传》对诗词和经典传唱人的选择都极其严格，适合阐释经典内涵、贴合文化价值是唯一标准。"支教老师梁俊和贵州山区的孩子传唱《苔》、运动员孙杨演唱《男儿当自强》、青春偶像王俊凯传唱《明日歌》、胡德夫演绎《秋思》……一首首被重新演绎的诗歌折射出传唱人自己的人生历程、情感诉求。

### 2. 主持人与访谈嘉宾

作为节目的传播者，主持人和访谈嘉宾是节目传播链中的重要组成部分。主持人撒贝宁以身体语言和有声语言为引导，有效地串联起节目的各个环节。嘉宾鉴赏团中北京师范大学教授康震是《经典咏流传》中"经典"的阐释者，博学多识的他在歌曲传唱之前引导观众了解歌曲的文化底蕴，并在传唱之后的访谈环节拓展歌曲的文化内涵。而上海音乐学院院长廖昌永、中国音乐学院原院长王黎光等是节目"咏"的部分的阐释者。

### 3.2.2.2  传播内容

综艺节目设计有三大要素：节目元素、节目结构和节目模式。《经典咏流传》以综艺节目的形态实现对中华经典的影视化呈现与传播，其传播内容必然要包含对节目的元素、结构和模式的考量，以通过现代化的方式演绎经典诗词，生动展现中华历史之美、山河之美、文化之美。音乐是无国界的，基于此种特殊性，经典咏流传利用音乐的方式传唱经典，不仅能让国内大众接受经典文化的洗礼，也能通过音乐这种形式，将中国的经典文化向国际传播。

《经典咏流传》第一、二季"和诗以歌"，用现代流行音乐演绎经典古诗词和部分近代诗词，带领观众在一众唱作歌手的演绎中领略诗词之美、发现传统文化深层价值，传承和传播中华优秀传统文化。第三季在前两季基础上继续突破，不断挖掘传统文化的当下价值和世界意义，进一步落实以人民为中心的创作导向。节目加强曲调的旋律感和歌词的共鸣性，进一步丰富歌曲的创作类型、提升经典的传唱度，同时挖掘传统文化的当下价值，唤起大众的情感共鸣。第四季立足"两个一百年"奋斗目标的历史交汇点，围绕"献礼建党百年，唱响英雄之歌"这一主题，进行了全方位的创新升级，唱响了庆祝建党百年的第一声"英雄赞歌"。节目回顾百年历程，追溯历史轨迹，寻找英雄人物故事和经典作品，以经典文本、经典旋律为基础，通过原创新编和创新改编的方式，书写中国故事，致敬英雄人物，坚守文化自信，传承英雄精神。第五季以"大美中华"为主题，围绕"思想+艺术+技术"的创新理念，从多个维度进行全面升级，在追求诗词之美、韵律之美的基础上，将"美"的维度拓展到对国家与时代、人民与生活、文化与传统的立体观照，进一步实现用传统文化浸润人心的目的。

### 1. 将经典融入流行，"和诗以歌"

《经典咏流传》以对传统文化的"创造性转化，创新性发展"为宗旨，秉承"诗言志，歌咏言"的诗乐传统，大胆地将古典诗词与流行音乐元素完美结合，通过对古典诗词重新谱曲，让诗词"活"起来。

利用这种全新的艺术表现手法，既还原了经典文化，又增添了新意，给观众带来前所未有的视听享受。如王晰和朱德恩的《节气歌》在中国风的意境里结合小号清脆嘹亮的声音以及钢琴与古筝的融合搭档等，不仅给观众带来层次更加丰富的视听体验，也让观众感受到了历史与现实之间的跨越融合。张卫健的《一生大笑能几回》在现代音乐里加入琵琶，将千军万马的壮阔和豪迈乐观的情怀一一传达。张淇的《风雨梦来》中摇滚与戏腔的碰撞将诗词中的意境以更加现代化的方式呈现给年轻观众。郑钧的《花儿为什么这样红》结合现代摇滚，将热血战场与战友情融合，给经典作品赋予了现代的新元素，让观众在现代摇滚中沉浸体验经典作品的精神文化。

《经典咏流传》将经典诗词和传统曲艺、流行音乐等相融合，消解了文学经典的严肃性，降低了接受难度，兼顾了受众的娱乐需求和文化诉求。

### 2. 以传统文化与时代精神打动观众

《经典咏流传》选择传唱的是最能代表中华精神的诗词。如节目第一期中那首由一群朴实无华的孩子和一名来自大山深处的老师饱含深情传唱的《苔》深深打动了在场的嘉宾以及无数观众，让人潸然泪下。这首歌是大山深处的支教老师梁俊在袁枚的小诗《苔》（"白日不到处，青春恰自来。苔花如米小，也学牡丹开"）的基础上，谱上旋律而成，以让大山里的孩子们通过音乐感悟古典诗词的独特魅力。歌曲演唱全程，学生代表梁越群纯真的眼神、清澈的嗓音给观众留下了深刻印象，而孩子们如天籁之音的合唱更是意境悠远。正是这种质朴平凡的美好最能打动人心。

再如歌颂爱国精神的《离骚》、歌颂女性力量的《花木兰》、树立文化自信的《墨梅》、倡导惜时如金的《明日歌》、激励奋勇向前的《君子行》等，这些精神与当今社会所倡导的主流价值观相吻合，容易令人产生情感共鸣。

### 3.2.2.3　传播渠道

在新媒体的环境下，《经典咏流传》采用了多方式多渠道的传播模式。

### 1. "1+4"传播策略

《经典咏流传》节目组首创了"1+4"的传播模式。"1"是指电视这个大屏，"4"则是适用于小屏传播的四个新媒体产品，即一段音频、一个视频、一篇微信公众号文章以及一个 H5 网页。借助"音视频+自媒体文章+H5+微博话题"的方式展开新媒体传播，效果显著。

《经典咏流传》每一期节目播出后会在"QQ 音乐"平台上线节目音频，用户可以通过这些音乐平台直接欣赏到节目中的原声歌曲。"全民 K 歌"软件也同时上线歌曲伴奏，观众可在线录歌。节目微博主话题"经典咏流传"阅读量超过 4.7 亿次。短视频《苔》点击量突破 4000 万次。微信公众号文章《孤独了 300 年的小诗，一夜之间，亿万中国人记住了它》阅读量迅速突破 10 万次，单篇阅读量超过 300 万次。在深受年轻用户喜欢的哔哩哔哩，"央视 boys 合体首秀！合唱《岳阳楼记》"视频获得 167.1 万播放量和 3.8 万条弹幕评论，登顶 B 站娱乐榜单 TOP 1。四位央视主持人用自身深厚的文学功底，结合《岳阳楼记》和范仲淹的相关常识，带来风趣有料的个人解读，受到众多学生和家长的欢迎，学生群体表示"很受用，很有意义"。康辉、撒贝宁、朱广权、尼格买提四位"主流网红"的出圈，代表着央视的互联网思维与社会化传播的合力效果，为国内广电媒体的转型发展提供范本。

通过"1+4"的传播模式，《经典咏流传》综合运用电视、微博、微信、网络音乐 App、网络视频 App、纸媒等多种传播渠道，最大限度地吸纳观众和用户。观众既可以在电视荧屏前观看完整节目，又可以利用碎片化时间多渠道获取节目的相关资讯，而借助新媒体传播形成了传统电视节目传播所不能达到的传播效应，拓展了电视节目的边界，增强了节目的影响力。

### 2. 受众助力传播

《经典咏流传》节目组由传统媒体思维向融媒体思维转变，利用多重互动设计，多方位引导观众主动参与、主动传播节目信息，将"受众"转变为"用户"，使"受传者"同时成为"传播者"。

《经典咏流传》着力于传播的多向性，将线上线下渠道贯穿融通，开启大小屏联动传播模式。节目的大屏观众通过扫描微信二维码或微信"摇一摇"等即可成为小屏的用户，可以与节目进行其他形式的多重互动，如对自己感兴趣的经典传唱人的传唱曲目发表评论、通过微信接力转发被传唱的经典等。每位节目观众和小屏用户都可以因此成为经典传唱人中的一员。此外，用户还可以通过扫码观看精彩花絮与纯享片段，聆听最新音源，实时关注自己家乡的经典流行指数排名情况，增强传播热情。节目的微信公众号还设置了红包互动，鼓励节目观众和公众号用户参与到诗词解析互动活动中。三期节目播出后，节目组又推出了意境海报活动，用户可以通过微信自动生成海报并转发，实现节目在新媒体平台的二次内容生产与传播。如此，场内场外、线上线下的"跨屏心动""跨界互动"极大地调动起观众和用户的参与感和积极性，形成全民参与的融媒体传播行动，使节目产生了裂变式的传播效应。

一言以蔽之，古典诗词是中华传统文化的精髓，而流行音乐则是当下民众喜闻乐见的艺术形式。将两者完美融合既传承了中华传统文化，又迎合了当下观众的审美情趣。节目中传唱人精彩动情演绎由古诗词填词编曲的歌曲以及鉴赏团嘉宾对演绎进行的精妙点评，使诗词文化更加深入人心，真正做到了对传统文化进行符合时代精神的创造性转化，从而打造了有特色、有艺术高度的诗词文化节目。

### 3.2.3  打开典籍、对话先贤：《典籍里的中国》

央视综合频道推出的文化类电视综艺节目《典籍里的中国》从中华优秀文化典籍中甄选

出最值得讲述的作品，采用"戏剧+影视化+综艺节目"的方式，以一种立体式多维空间舞台、穿越古今的对话和沉浸式戏剧表演等方式，讲述典籍的成书、核心思想以及流传中的闪光故事，对话中华古圣先贤，让纸质的古籍鲜活立体起来。

《典籍里的中国》将文化、历史作为节目定位，以富有空间想象力的"对话"为创作理念，通过采用增强现实技术、虚拟技术、270°环幕设计等新技术创作了精致唯美的画面。同时，以人物故事讲述衬托典籍的厚重分量，兼顾了视听节目的吸引力和规范性的要求，既打破了典籍束之高阁的尴尬，也化解了传统文化与大众娱乐之间的隔阂。人物故事的形式之所以能够吸引观众的观看、引起观众共鸣，离不开节目组与观众共同生活的文化背景和历史底蕴，即文化记忆。

### 3.2.3.1　历史可视化：生动讲述故事，让典籍"活"起来

#### 1. 文本的选择

《典籍里的中国》每期选取一部流传千古的经典名篇，深入挖掘其中蕴含的具有当代价值的文化精神，以全新的表现手法和传播理念，让书写在古籍里的文字"活"起来。

（1）权威论证，遴选优秀传统典籍

《典籍里的中国》选取被称为"政书之祖，史书之源"的《尚书》、中国第一部农业和手工业百科全书《天工开物》、被誉为"史家之绝唱，无韵之离骚"的《史记》等优秀典籍，从鸿篇巨制中发现感人至深的典籍传承故事，借助微观文本探寻典籍厚重精深的思想精髓，展现其中蕴含的中国价值、中国智慧和中国精神，真正实现了传统文化的"再消化"和精神文明的"再流传"。

可见，《典籍里的中国》在典籍的选择上聚焦的是能够集中代表中华文化精髓，并且容易引发观众共鸣的作品。如《典籍里的中国》第一期节目中节目组面对《尚书》现存的 28 个篇目时，没有一味地求全求大，而是借助国家图书馆和中国历史研究院的力量对《尚书》中的几百个形象和故事进行反复筛选，最终确定以伏生为核心人物，围绕《牧誓》《禹贡》来讲述。伏生"舍命护书"的故事强调了传承文化、延续文脉的重要性，"大禹治水"反映了中华民族面临困境时的不屈不挠与中国智慧，"武王伐纣"则启示后人"民为邦本，本固邦宁"的治国理政之道，最终展现了中华经典《尚书》里的古老中国，揭示了中华民族生生不息的文化密码。

（2）挖掘典籍的当代价值

《典籍里的中国》选择古代典籍中与当代价值观相适应的优秀思想进行阐释和传播。如第一期节目以伏生护书、传书的传奇故事切入，讲述了《尚书》的传承故事以及大禹治水、武王伐纣等历史事件，形象地再现了中华儿女如何代代守护、薪火相传将中华民族的精神文脉绵延至今，也让观众真切了解到"民为邦本，本固邦宁"这一中国传统政治文化思想——民本思想的源头。

这样古代中国与当下中国、历史与现实就在一瞬间产生了不可思议的、奇妙的联结，当

下的观众与古人之间似乎也产生了心灵相通的感觉，切身体验到了典籍扎根在中国人的生活里，流淌在中国人的血液里，并不断地影响着一代又一代中国人。

### 2. 戏剧+影视化的展现

《典籍里的中国》主要采用戏剧演绎、影视化改编的方式对典籍进行具象化呈现，集综艺的节目流程、戏剧的表现形式、影视的镜头语言于一体，实现对典籍的介绍和传播。

中国悠久深厚的历史文化所积淀的内涵与意义对当下的观众来说是有距离感的。而历史越久远、文化越抽象，电视节目所展示的内容就要越形象才能打破这种距离感。因此《典籍里的中国》将戏剧纳入节目设置当中，通过事件、人物、道具、布景、灯光等建构戏剧情境，使得节目具有了多重叙事空间，满足了观众的沉浸体验和情境代入等观看需求。

此外，《典籍里的中国》还利用电影等艺术形式的视听手段以及高新技术，打造奇观化的视听内容，实现观众的沉浸式体验。如《尚书》那期节目邀请到倪大红等一批资深演员参演，借鉴了戏剧舞台灯光的设计与布置，以精心考究的服化道来实现对历史场景的复现。另外，节目还创新性地使用 270° 立体舞台、环幕投屏、AR、实时跟踪等设计与技术手段，实现了戏剧表演在电视节目中的电影级质量呈现。

由此可见，对典籍由文字到视听的转化有利于经典文本的内容呈现与主题思想的表达，在戏剧演绎中须臾之间就能触发那些原本需要细细品读才能获得的感悟，降低了典籍的接受难度，拓展了接受者的层次和范围。

### 3.2.3.2　主持人亲近化：打造特色主持人形象

主持人在电视节目中扮演的角色至关重要。传统电视综艺节目中主持人容易与观众之间形成隔阂，有较强的距离感。

与此不同的是，《典籍里的中国》在主持人传递信息、控制感情、把握节奏的基本定位上，设立了王嘉宁这一传统节目主持人形象以及撒贝宁这一贯穿节目始终的"当代读书人"形象。

"打开典籍，对话先贤"是"当代读书人"撒贝宁在《典籍里的中国》中的形象定位。他站在观众的角度穿越到古代同先贤对话，在很大程度上增强了节目的沉浸式观看效果。

撒贝宁的形象不仅仅代表了当代人，更是千百年来研读传承诸部典籍的读书人的象征。撒贝宁的自我介绍"晚辈是一位来自后世的读书人"道出了无数观众的心声。而撒贝宁大胆地将戏剧中"讲述+表演"的元素融入节目主持，打破了传统节目主持人与观众的距离感，让观众感同身受，易于引发观众的情感共鸣。

在撒贝宁以"讲述+表演"的形式主导的沉浸式感性路线之外，《典籍里的中国》还设置了一条由王嘉宁所引导的嘉宾团的理性解读路线。王嘉宁用精练的语言讲述每期节目的主题内容，为节目奠定情感基调，并通过与专家的问答推动节目内容的发展。

### 3.2.3.3　场景多元化：构建深度对话，让时空"串"起来

"与文字媒介相比，影像媒介的表达更加具象化、场景化和直观化。"[①]典籍中的内容以文字的形式呈现，文字中抽象了大量的专业名词等，将抽象化的概念具象化具有一定的难度。"场"和"景"的结合给具象化提供了思路，即在一个特定的"场"当中主体所感知到的由"景"所"召唤"出来的情绪情感与文化记忆，通俗地说，"场景化"就是以情景达到角色、场地的融合，使得观众能够直观地感受到具象化呈现的情景。影像媒介所具有的具象化、场景化和直观化的优势在《典籍里的中国》当中得到了最大限度凸显。

#### 1. 以文化符号丰富舞台设计

在舞台设计上，《典籍里的中国》采用四面皆可表演的环形舞台设计：1 号舞台为主舞台，并以环幕作为大背景，可实现大场面调度；2 号舞台的重要程度仅次于 1 号舞台，用于辅助叙事，呈现诸如书房静坐、山间旅行等非主线故事；3 号舞台则分为上、下两层，可实现典籍人物幼年、青年、中年、老年等多年龄阶段或故事情节的同频展示，形成画面与画面之间的呼应，强调故事的核心和冲突。三个舞台用中间的甬道进行连接，而甬道本身也可作为表演区域，四者之间相互配合，真正实现了艺术总监田沁鑫所畅想的"这样的舞台设计既能够实现跨时空对话的全新创作理念，又能够带给观众沉浸式的观看体验"的视听效果。

节目叙事方面是以人物故事、情境表演为主的叙事手法，通过从鸿篇巨制中择取贯穿古今的核心人物来呈现一部跨越了百年，甚至千年的典籍，如《尚书》中的伏生、《史记》中的司马迁、《楚辞》中的屈原、《徐霞客游记》中的徐霞客等。孤立的人物形象、单薄的角色语言往往不能够支撑观众的想象，而借用诸如中式服装、中式建筑、中式圆桌、书房、太师椅等文化符号之间的碰撞与暗示，则可实现足够精准直观的历史画面重现，有助于"召唤"出观众内心的中式文化基因。《典籍里的中国》的演员服装、妆造、道具等都尽可能还原当时的生活场景，如制作第一季第一期《尚书》中核心人物伏生的"手持鸠杖"时，其高度、形式、制作材料均参考了文献记载及出土文物。节目中还尤其强调书册这一文化符号以及中国传统礼仪"拱手礼"的重要性，贯穿了舞台搭建、角色塑造的整个过程。舞台设计更是以"典籍"为核心关键词，选取书架、书册、书页等多种与书相关的概念进行设计。整个舞台空间以立着放置的书册古籍为设计的方向，配合"时空对话"的概念，在灯带的加持下，与诺兰电影《星际穿越》中的五维空间有异曲同工之妙。再以第二季《永乐大典》的舞台为例，在主人公陈济主持修书的环节，整体的舞台以中式暗沉厚重的红棕色为主色调，以暗黄色的灯光房梁描金和蓝色棉麻材质的服饰为辅色调，其中几处点缀着中式官服的正红色彩。以大型立柱、高大的整体木质网格门窗重现历史画面，二层则以书馆书架为映衬，画面人物部分以落地灯笼、书桌、笔墨纸砚等传统中式文具为点缀，整个画面做对称处理，恢宏大气，在精致的现场舞台布置、场景故事的展演之中实现"文化仪式"和"身体操演"的同频共振。

---

① 王颖吉，时伟. 从书写到影像：文化典籍的媒介转化与影像表达——以《典籍里的中国》为例[J]. 中国编辑，2021（8）：55-60.

## 2. 前沿技术赋能画面表达

《典籍里的中国》采用环幕投影构造舞台，环幕投影指的是将多块屏幕进行拼接，用技术手段消除屏幕与屏幕之间的物理间隙，以打造流畅的画面展示效果，同时利用多台投影机投射出逼真立体的影像，以环绕立体的音响系统打造出一种沉浸式的虚拟仿真显示环境。因其可以实现 180° 到 360° 无缝拼接的视觉观赏包容度，无论参观者站在哪一角度，都可以清晰地看到数字影像，特别适合展示大场景的主题画面。环幕既可以作为舞台展示的环境画面调度，也可以作为连接舞台的媒介物。

在环境画面的调度上，环幕、实时追踪技术、AR增强现实技术等实现了以"秒"为单位的多场景画面的切换。如在《本草纲目》一期中，短短两分钟就完成了书房—舞台—山野—书房—军营的多次切换，其中，从"书房"过渡到"山野"仅花费了 2 秒，真正实现了短时间的"时空流转"，达到了"一眼万年"的震撼效果。

从连接舞台的媒介物这一视角看来，《典籍里的中国》多场节目需要完成多年龄跨度、不同场景的角色对话同频展现的要求。呈现时，节目组在环幕的基础上，借用书架、书册等文化符号的笔直站立的形状特点，将其抽象化为线条附着在环幕上，向观众传达了画面连接、舞台连接的"暗号"。年龄跨度的场景切换则借由三号舞台的二层结构完成。

高科技赋能节目创新创造是当下电视节目发展的重要方向。《典籍里的中国》这样的舞台呈现方式，从节目组的角度来说，有助于减少舞台道具的搬运，将时间和注意力更多地放在展示故事和人物身上。从演员的角度来看，环幕数字投影承担了更多的场景切换功能，如何平衡现实和虚拟之间的感知或将成为演员舞台表演的难点。从观众的角度看，不再有舞台的视觉中心，每个点每个角度都是中心，沉浸式体验更加强烈。

## 3. 用穿越模式打破时空

把历史文物或者文化典籍通过艺术化的改编方式呈现为完整的戏剧故事是近年来文化类综艺节目惯用的创制方式。《典籍里的中国》则在戏剧化呈现的过程中打破了传统戏剧的时空封闭性，让撒贝宁以当代读书人的身份穿越到戏剧时空中与历史人物直接对话，通过古今对话让观众在不同的时空中感受典籍中的故事，解读典籍中的思想文化。也就是说，《典籍里的中国》借鉴"穿越剧"的模式，运用古今人物对话的方式，实现了历史时空和现代时空的双向跨越，打破了时间的隔阂，把古代震撼人心的历史画面活灵活现地呈现给广大观众，使得对典籍的介绍更加富有人情味，让文化传播的过程变得更加亲切、真实、具有即视感。最令人感到惊喜的是，《典籍里的中国》在设计"穿越剧情"的时候，采用的是双向穿越的表现模式，在"今穿古"的同时交织"古穿今"，将古今时空一起置于节目舞台，给观众带来古今融为一体的错觉，流畅地展现了中华文明的诞生、发展、传承历程以及对后世的启发影响。

首先，节目中撒贝宁以当代读书人的身份恰到好处地融入整个戏剧的演绎过程中，或以旁白推动戏剧情节的发展，或向先贤请教问题，或回应先贤的疑问，告诉他们典籍在当下的社会价值。如在《尚书》这期节目中，在戏剧的开始今人撒贝宁请教先贤伏生《尚书》到底好在哪里，这推动了剧情的进一步发展；在戏剧的最后，撒贝宁带领伏生进入现代社会，在当今的藏书密府——图书馆里，与孩子们一起诵读《尚书》。通过这种跨越两千多年的双向互动的对话形式，既解答了千百年来读书人心中共有的疑惑，又展现了先贤们所期盼的典籍人人可读、人人爱读的景象，体现了典籍的时代价值。

其次，《典籍里的中国》里还有另一种形式的与典籍相关的古人与现代人的对话，如《史记》的作者司马迁与鲁迅谈论对历史的见解，长诗《天问》的作者屈原见证了中国航天发射的壮丽场景，世界上第一部关于农业和手工业生产的著作《天工开物》的作者宋应星与著名农业科学家、杂交水稻之父袁隆平共话"禾下乘凉"的理想，《孙子兵法》的作者孙武在当代大学课堂看今人如何研读《孙子兵法》等。这种形式的古今对话是对撒贝宁与古人直接对话的拓展，是对古与今在精神上碰撞与交流的一种强调。

这种贯通古今的"今穿古"与"古穿今"相交织的双向交流与互动令观众眼前一亮，满足了观众的穿越梦和对历史的无限遐想，也把先人与今人的情感世界相联结，引发今人的情感共鸣。

### 4. 典读会与访谈间

如果说第一现场的戏剧化展示是对典籍的艺术表达，使得典籍文本具象化、故事化，那么第二现场的访谈间和典读会的对话与专家解读就是对典籍的理性分析。典读会和访谈间两大叙事场景实现了仪式活动现场的联动。

在典读会上，戏剧专家与戏剧主创人员都集中在画面中间，以中式圆桌和五把太师椅汇聚成视觉中心点，凸显了中国文化当中注重和谐、有序的圆式相处哲学。在环境打造上分为内部和外部两个区域，内部区域抽取书架、灯笼、卷轴、竹帘屏风等文化符号进行点缀，外部区域则凸显中式园林的建筑特色，如竹叶青松与假山、中式建筑的雕栏飞檐等。在典读会上，戏剧主演与戏剧专家会对典籍中最重要的人物和要讲述的故事进行细致解读，让观众对戏剧化呈现的典籍中的主要人物和内容有基本的认知与理解，并通过戏剧主演带领观众诵读典籍经典段落的方式，让观众直接与典籍"对话"，为对典籍的理性解读奠定基础。

每期《典籍里的中国》都会邀请三四位著名的专家学者来到访谈间。在节目的前半段，他们在观看戏剧表演的同时，会从不同的角度向观众介绍典籍的历史背景、文本内容以及某些鲜明的文本细节。而节目最后部分的嘉宾访谈环节与前面戏剧演员的演绎在一定意义上构成了互文关系，从现实的角度诠释和升华了典籍故事，对整个节目的内容呈现和主题升华起到了画龙点睛的作用，让典籍里的文字和思想真正活起来。

至此，《典籍里的中国》通过舞台设计、故事呈现、舞美效果、技术后期等多重展现手段实现了多元化场景的建构。

总之，《典籍里的中国》的节目模式创新在于通过沉浸式场景人物的情感对话、跨时空的古今对话、第二现场的理性解读与对话等实现对典籍的当代性解读，也打破了以往文化类综艺节目创作的窠臼。它作为中华文化的记忆载体，通过仪式再现、文本解读、纪念物复现等象征符号，以现代化的社会实践把根植于中华民族骨子里的文化记忆[①]现时化，从而达到文化认同的目的。

### 3.2.4 河南卫视"中国节日"系列节目

近年来，传统媒体面临新媒体发展带来的冲击与挑战，作为传统主流媒体的河南卫视把握住了时代机遇，频频打造出出圈的"中国节日"系列节目。2021 年，河南卫视以"中国节日"为创作思路，立足中国传统文化，以春节、元宵、清明、端午、七夕、中秋、重阳七个传统中国节日为切入点，在中国传统节日到来之际，推出了一系列相互联系的"奇妙游"，为受众打造了一场场视听盛宴，从多维度传递了正能量和主流价值观，让受众由表及里地理解节目的内涵。[②]截至 2022 年 10 月 3 日，第二季"中国节日"系列节目完美收官，该节目共播出 2 季共 14 期节目。节目秉持着高度的文化自信和历史自觉，通过故事化、艺术化、人物化的方式展现中国经典诗词歌赋、非遗民俗、饮食文化等内容。节目频频"出圈"，在网络上引发热议，每期节目全网点击量突破十亿。节目的成功与河南卫视及时把握住媒介融合大趋势密不可分。节目围绕"跨媒介叙事""互动""数字技术"等关键词，创造了文化类节目的新价值。

以下将在媒介融合背景下，以河南卫视"中国节日"系列节目为例，探讨在"坚定文化自信""讲好中国故事"的政策导向下，文化类电视节目如何把握时机，通过以传统文化为魂、讲好中国故事来实现节目价值的构建。

河南卫视"中国节日"系列节目采用"剧情+综艺+虚拟空间"的创意形态，既保留了晚会的仪式感，又增强了晚会的情节性，完全突破了晚会的固定空间模式，大大拓展了艺术展演空间与表现空间。"奇妙游"系列节目在"游"中创造奇妙，在"游"中获得视听享受，在"游"中传播中华传统文化。而且"游"还将整个节目情节化、叙事化。此外，该节目不再设置传统意义上的主持人，由主持人视角转变为剧中人视角，由剧中人将观众自然地引入节目场景，依靠剧中人的行动轨迹串连整个节目。如《元宵奇妙夜》从活泼可爱的"唐宫小妞"唐小妹视角呈现行之所至、目之所及的中原文化与元宵节习俗；之后的清明至重阳奇妙游节目延续了唐小妹的节日游剧情，邀观众随她们一道回到唐宋，步入洛邑古城、老君山、嵩阳书院等地感受古时节日景象。

---

① 1925 年，莫里斯·哈布瓦赫在《记忆的社会框架》一书中第一次开创性地、明确地提出了集体记忆的概念，即"一个特定社会群体成员共享往事的过程和结果"，强调"人与人之间、人与社会环境的关系"。保罗·康纳顿在《社会如何记忆》一书中进一步提出了"社会记忆"的概念，他认为存在一种叫作社会记忆的事物，并且认为关于过去的形象和回忆性的知识是在仪式的操演中传播和保持的，仪式的操演和传播离不开实践的作用，而身体的实践是仪式得以完成，社会记忆得以成形、沉淀的关键，"习惯是一种知识，是手和身体的记忆；在培养习惯的时候，恰恰是我们的身体在'理解'"。而文化记忆理论主要从文化角度对记忆的形成进行了探究，文化记忆是集体记忆的一种特殊形式，是被集体共享的部分，强调文化与记忆之间的关系。

② 韩一帆. 融媒体时代媒体产品的营销路径——以河南卫视"中国节日"系列节目为例[J]. 视听，2022（5）：34-36.

### 3.2.4.1　审美价值的构建

河南卫视"中国节日"系列节目通过运用 XR、全息影像等数字技术，为观众打造视听盛宴，并运用丰富的镜头语言、服装造型、画面构图等元素进行叙事，来展现东方文化的独特美学。

#### 1. 巧用数字新技术，打造视听盛宴

近年来，虚拟现实、3D 建模、CG 技术、全息影像等数字技术快速发展，受众对节目的视听需求也在不断增高，"中国节日"系列节目借助数字技术与传统文化相结合，带给观众全新的视听体验，也践行了习近平总书记提出的"中华优秀传统文化是中华民族的突出优势……必须结合新的时代条件传承和弘扬好"①。

"中国节日"系列节目以中华传统文化为创作基础，运用 XR 技术将现实表演者与虚拟背景结合，使"技术、内容、艺术"三者完美融合，通过场景的变化打造出穿越时空的奇妙观感。如 2021《中秋奇妙游》中的节目《豫见》，在不同虚拟场景的快速切换以及强对比度彩色灯光的巧妙运用中，为传统民乐演奏赋予科技感，演奏者在传统山水、霓虹高楼之间穿梭，打造出中国传统文化与现代科技碰撞融合的中式赛博朋克世界。

数字技术的大量使用还让时空穿越成为可能，让古今对话变得真实可感。如《唐宫夜宴》运用增强现实（AR）和虚拟现实（VR）技术让博物馆里的唐三彩乐舞女俑们"复活"并化身为宫女唐小妹，在金碧辉煌的宫殿前、在静谧的湖泊边再现了大唐盛世的宫廷场景，还原度极高。再比如《端午奇妙游》也通过数字技术让虚拟与现实完美融合，让画作中的人物"复活"，跳起了传统的唐装古风群舞《丽人行》。舞者在现实户外场景和金碧辉煌的宫殿等虚实场景中表演，极其典雅与柔美，实现了传统文化与现代技术的融合，让观众沉浸在古今文化与时空变化中。

#### 2. 中国美学精神与地域特色相结合，展现东方文化之美

河南卫视"中国节日"系列节目通过与节日习俗、特色民俗、诗词文物、名胜古迹等中国独特文化资源的互动输出，将中国传统美学精神与地域文化相结合，让"中国节日"IP 有了更高的辨识度和品牌传播力。

"中国节日"系列节目运用丰富的画面构图、服装造型、镜头语言等元素，体现出中国画的留白美、线条美、意境美等中国传统美学精神，在无形之中唤起了华夏儿女心中的民族情感。实景表演中，演员的队形、走位、服装与自然山水融合，自然山水的"静"与表演的"动"结合后创作出了"活"的山水画，展现了独特的东方文化之美。如 2022 年《端午奇妙游》中的舞蹈《王风·采葛》改编自《诗经》中的同名作品，将古典诗词通过舞蹈的形式呈现，讲述了诗人与采葛姑娘之间无限缱绻的相思之情。这一节目在河南新乡醉仙潭、天河瀑布等景区拍摄，从节目内容到拍摄场地都蕴含着本土文化特征。在节目的 1 分 35 秒处，采葛姑娘们位于构图的下三分之一处，呈"一"字形排开站在潭中木筏上，舞者的舞姿与其水中倒影在山水之间相呼应，画面上方的留白营造了强烈的空间感和造型感。再比如 2022 年

---

① 中共中央关于党的百年奋斗重大成就和历史经验的决议[N]. 新华社，2021-11-16.

《重阳奇妙游》中《云窟万象》舞蹈表演以中国四大石窟即莫高窟、云冈石窟、龙门石窟、麦积山石窟为演出实景，舞者着"飞天"造型服饰在四大石窟背景下翩翩起舞，给观众带来穿越时空的美感和冲击力。

### 3.2.4.2 文化价值构建

"中国节日"系列节目通过"网剧+网综"多元素融合来创新节目形式，实现文化价值构建，增强民族文化认同，进行文化价值引导。

#### 1. 激活文化记忆，增强民族文化认同

"中国节日"系列节目将传统文化从抽象的概念化为具体的形象。这些具体的形象冲破尘封的记忆鲜活地呈现在观众面前，建构起观众与节目的认知互动新模式。如《唐宫夜宴》运用抠像、三维、AR 等技术，将《簪花仕女图》《捣练图》《千里江山图》等国画与安阳殷墟的"莲鹤方壶"、春秋时期的"妇好鸮尊"、我国最早的乐器实物"贾湖骨笛"等国宝，以及舞蹈演员们的舞蹈结合起来，打造"博物馆奇妙夜"，引发观众对传统文化的强烈兴趣及民族文化认同。

文化认同是人们对于文化的倾向性共识与认可，人们使用相同的文化符号，秉承共同的文化理念，遵循共同的思维方式和行为规范，追求共同的文化理想。[①] "中国节日"系列节目通过打造多矩阵传播进行全区域覆盖，在社会上形成讨论中国传统节日和优秀传统文化的氛围，为受众构建一个关注、学习、传承传统文化的公共意义空间，在潜移默化中加深了观众的文化自信以及民族文化认同感。

#### 2. 实现文化价值引导

"中国节日"系列节目主创坚持主流价值引领，注重从中华优秀传统文化和当代中国迅猛发展的现实中挖掘素材、汲取养分，精心创作出一系列高质量、有内涵、弘扬真善美的优秀节目，为观众提供了丰富的精神食粮，发挥了社会主义核心价值观的引领作用。青少年是新媒体用户中的主力军，传统文化类电视节目需要改变以往的创作模式，将互联网思维融入节目的选题、策划、传播中，用全新的理念观点创作节目，才能吸引年轻人的注意，实现对青少年的文化价值引领。

"中国节日"系列节目摒弃了传统的"主持人+表演"的形式，而是每期节目采用不同故事主题并通过"网综+网剧"的结构来进行节目之间的串联。如 2021 年的《七夕奇妙游》以唐小妹穿越回唐代感受传统民俗风情为主线，2022 年的《七夕奇妙游》则以唐小妹来到广寒宫协助嫦娥玉兔完成人间心愿为主线，通过幽默风趣的人物形象、结合流行元素的台词以及数字技术营造的逼真场景等增强了节目的趣味性，也更好地提升了观众的接受度、参与感和体验感。

此外，"中国节日"系列节目还将当下流行的二次元文化、说唱、街舞等流行元素融入不同的演出中。如 2021 年《元宵奇妙夜》中通过说唱形式讲述华夏历史文化，表演采用实

---

① 佐斌，温芳芳. 当代中国人的文化认同[J]. 中国科学院院刊，2017（2）：175-187.

景与虚拟现实技术结合，打造跨越时空的效果；2022 年《元宵奇妙夜》通过民俗秀的方式展现中国舞狮表演、绘画等传统艺术文化，将传统民俗文化、经典故事以情景再现、漫画的方式直接展现在荧屏上，创造出了内容丰富新颖的节目类型，激发青年群体了解、学习传统文化的兴趣，以古今联动的方式进行文化引导。

### 3.2.4.3　跨屏互动：实现立体高效传播

首先，河南卫视"中国节日"系列节目通过"大屏+小屏"的方式构建立体的跨屏融合传播体系。传统电视难以实现有效互动。而跨屏互动可通过移动互联网建立屏与屏之间的连接和交互。"中国节日"系列节目团队在其策划、制作、传播的全过程中，主动对接网络新媒体平台，从节目策划、角色选取、剧情走向到舞美细节等，都悉心听取网友意见。如唐小妹海选、剧本征集等活动均在线上进行，《重阳奇妙游》采纳了网民提出的增加慢镜头特写、减少特效等改进建议等。这不仅让网友感到互动有效且被尊重，还能提升网民对节目的好感度，从而更积极主动地参与在线讨论与转发分享。

其次，河南卫视积极践行"移动优先、互联互通"的发展理念，建构了台网联动的播放渠道。2021 年河南春晚与快手短视频 App、大象新闻客户端携手，移动端比上星平台提前半小时播出。这种"先网后台"的节目播放方式传播效果绝佳，2021 年河南春晚一经播出就登上了快手热搜榜榜首，全网关注度超过 3 亿人次。之后，河南卫视更加重视多屏互动，采用"开播前全网造势、直播时联合错峰、播出后花样点播"等传播策略探索台网联动。在每期节目播出前，河南卫视都会通过哔哩哔哩、快手、抖音等视频平台播放节目相关预告片以及宣传短片，持续营造节目热度和传统文化氛围。在节目播出时，河南卫视通过"电视+网络"联合大象新闻、优酷等多平台共同播出，让受众自主选择观看平台与方式，甚至为了满足不同观众的观看需求，仅网络点播短视频就分为"完整版""纯享版""拆分版""加长版"等众多节目版本。

河南卫视还在节目中不定期设置字幕条，引导观众到微博、优酷等平台参加相关话题讨论以及节目互动。传统文化的传播形式创新能够激活观众的文化记忆，而新媒体平台播放时的弹幕评论与热搜话题互动，则有助于信息传受的双向传播，促进观众之间的多元意义交换，逐渐形成更多元形式的认知互动。

在 2021 年河南卫视春晚《当潮不让你好牛》中的舞蹈节目《唐宫夜宴》首次"出圈"后，引发了人民日报、新华社、共青团中央等在全国具有影响力的媒体以及在地方具有一定知名度的媒体如南方都市报、河南共青团等媒体的广泛宣传，节目播出后进一步加强了河南卫视"中国节日"系列节目的热度和影响力。

综上可见，随着互联网的广泛运用以及新媒体的不断涌现发展，传统广电媒体迎来了巨大的挑战，电视节目的传播同样要适应媒介融合传播的内容生产与表达。在媒介融合背景下，河南卫视"中国节日"系列节目立足于以文化自信的姿态传承中华优秀传统文化、讲好中国故事，同时融入了新理念、新技术，通过内容、形式、传播等方面的创新赋予文化类节目新的时代意义，以情景再现和时空漫游等串联方式，勾勒中华历史，重现中国传统节日的繁华景象，激发了观众的民族认同感，增强了观众的文化自信。在节目的前、中、后期，河南卫视"中国节日"系列节目创作团队还因地制宜地把握住了不同平台的宣传方式,打造了多矩阵传播,实现了传统文化"火爆全网"的效果。

总之,当下依托网络平台制作传播的综艺节目、海量剧集和短视频等分流了大量的电视观众,给传统电视行业带来了前所未有的巨大冲击。面对这一冲击,以中央电视台为代表的主流电视媒体冷静应对、积极创新,针对网络制播产品内容深度挖掘不足、文化底蕴和思想高度不够等天然缺陷,确定了依托自身优势打造文化品牌的发展方向,即依托先进的数字技术,以传承中华优秀传统文化、传播社会主义核心价值观的文化类节目为出发点,通过内容传递来提升主流文化的传播力、影响力、鲜活性,以达到提升民族凝聚力、树立良好社会导向的传播效果。[①]这彰显了主流电视媒体的责任使命、文化担当与品牌影响力。

## 3.3　文化类纪录片的创意生产、传播策略与价值传达

21 世纪以来,中国纪录片的创作生产迅猛发展,尤其是文化类纪录片的数量逐年增多,且较之以往的文化类纪录片有很大的变化和进步。本小节将以近年来创作的《历史那些事》《如果国宝会说话》《"字"从遇见你》《美术里的中国》等典范之作为例,从内容创作上的创新、呈现形式上的创新、传播策略、价值传达等方面进行介绍和分析。

### 3.3.1　内容创作上的创新:以《历史那些事》《如果国宝会说话》为例

近年来更年轻化的制作团队为国产文化类纪录片带来了新鲜创意,调整了切入视角和叙事结构,以小见大、深入浅出,在现代观众与深远博大的传统文化间搭建了平等对话、交流的平台。

#### 3.3.1.1　《历史那些事》

《历史那些事》作为哔哩哔哩自制出品的国产历史文化类纪录片,也是自定位为"实验类"的文化纪录片,2018 年 10 月上线,目前已推出 2 季 16 集的系列。其在遵循典籍、保留传统的历史声画资料再现等形式的基础上,适当地融合独特的视角和搬演的叙事手段,展现不同时代的历史人物,如作为"吃货"的苏东坡、魏晋奇葩"爱豆"嵇康、在家里"偷"文物的溥仪、爱发弹幕的乾隆等,以趣味性的表达展现鲜活的历史和人物,加深了受众对传统历史人物的了解。

**1. 叙事视角:小切口让历史人物活起来**

《历史那些事》虽为实验纪录片,但所有故事、人物都有古籍记载,其中历史小剧场讲述的历史内容也都有史料支撑。这表明创作团队是在坚守纪录片"内容真实"的底线基础上进行的叙事视角创新,用非传统的方式来讲述历史,展现纪录片创作的真实性。如《在下东坡,一个吃货》以苏轼的诗集原文为支撑,《魏晋奇葩 爱豆嵇康》根据《晋书》记载来创作。

---

① 吴雁,袁瀚. 营造"共同体"意识:论主流媒体话语调适的转向——基于电视文化类节目的思考[J]. 现代传播(中国传媒大学学报),2019(8):111-114.

在遵循史实典籍的基础上，《历史那些事》在大人物身上寻找和现代流行元素相契合的个人生活的叙事视角，进行情景还原，如具备吃货属性的苏东坡、魏晋时期的"女装大佬"何晏、喜欢在书画上"题跋盖章"的"弹幕鼻祖"乾隆。这样就跳出了历史文化传统的厚重和无趣的刻板印象，探寻了大人物的小生活，展现多面的真实的历史人物，拉近了观众和这些历史大人物的距离，同时也突破了传统国产文化纪录片在展现民族文化时热衷的宏大叙事，以小切口的叙事视角展现纪录片创作对人的关注和对个体情感的观照。

### 2. 叙事手段：搬演的创造性运用

搬演是一种介于虚构和现场纪录之间的独特的纪录片制作手段。由于人们常常将它和虚构联系在一起，认为它有违纪录片"非虚构"的本质属性，因此搬演常常遭受非议。但是《历史那些事》巧妙地创造性地运用了搬演手法。

传统的文化类纪录片大多仅将搬演作为一种辅助性的创作手法来复现缺乏历史资料的场景，以丰满这类历史文化纪录片的画面，如广受好评的《河西走廊》中，搬演更多是作为辅助来交代人物场景的。

但在《历史那些事》中，这种搬演的叙事手法成为主要的表现方式，几乎全片都是由演员扮演历史人物来还原历史故事。

巧妙运用搬演的叙事手法弥补了文化人物纪录片的叙事不足。一方面《历史那些事》择取的历史人物都是古人，没有留存的传世影像资料，大量运用搬演的叙事手段能更直观地展现历史人物。另一方面这种叙事手段充满趣味性，使纪录片《历史那些事》故事化、影视化，吸引观众眼球。

### 3. 叙事结构："剧场穿插式结构"

《历史那些事》共 8 集，每集围绕"历史那些事"来选择人物和事件，每集的时代、人物与事件都有所不同，甚至基本没有太多关联。第一集《在下东坡，一个吃货》围绕"苏东坡是个吃货"来讲述；第二集《我在我家偷文物》讲"溥仪偷运文物"一事；第三集《请回答 604》则以隋朝杨坚与杨广父子为主题；第四集《一口锅的逆袭》是讲楚庄王问鼎王孙满、秦武王举鼎、秦昭襄王得鼎又失鼎的故事；第五集《魏晋奇葩 傅粉何郎》还原的是喜好穿女装、清谈、服药的何晏的故事；第六集《魏晋奇葩 爱豆嵇康》讲述的是嵇康的人生故事；第七集《爱发弹幕的乾隆同学》是关于喜欢在字画和瓷器上题跋印章的乾隆的故事；第八集《古战场二三事·兵器篇》讲述了从弓到弩、从刀到剑的发展历程。

每一集采用"正片+小剧场"穿插式的创新叙事结构，即在 25 分钟左右的正片中穿插 10 分钟左右的小剧场。小剧场的形式也多元创新，包括记者出镜采访、真人秀、脱口秀、访谈、综艺、广告等，用轻松诙谐的穿插中和文化纪录片整体的枯燥。第一集的"历史小剧场"部分的主要事件是苏东坡光顾百年东坡老店，制作东坡肉；第二集是庄士敦侦破皇室文物偷盗案；第三集用记者现场直播采访的形式解释杨坚逃出皇宫，流浪大街的原因；第四集是楚庄王改过而发奋图强、一鸣惊人以及秦武王举鼎；第五集是何晏等参加《爱情守卫战》节目，就女装、服散的爱好展开论争；第六集是樵夫山中偶遇嵇康，为之惊叹，嵇康打铁，无视前来拜访的钟会；第七集是乾隆在《快雪时晴帖》上题字盖章、命名"古玩"；第八集则是养由基与孙大壮比试。这种"剧场穿插式"的叙事结构，既满足了趣味化、碎片化的时代观看需求，又可以在不影响叙述真实性的前提下避免传统纪录片平铺直叙带来的那种沉闷感。

### 4. 叙事符号：年轻化表达助力"破圈"

《历史那些事》在掌握年轻观众的观看特点基础上，在视听符号建构上为其量身打造适当的表达方式，比如在画面符号上模仿热门IP、在声音符号中融合活泼风格、在文字符号中大量铺"梗"等来增强互动性，表达上突破以往的严肃，通过全方位的视听符号的创新，用年轻化的表达方式，助力这一文化纪录片迅速在年轻群体中取得破圈的传播效果。

（1）视觉符号

《历史那些事》一方面通过实景拍摄再现历史场景；另一方面通过融合虚拟的二次元漫画元素或模仿热门IP符号构建虚拟场景，如第一集《在下东坡，一个吃货》中的小剧场模仿了热播日剧《孤独的美食家》的片头、第六集《魏晋奇葩 爱豆嵇康》的片头借鉴了热门番剧《在下坂本，有何贵干》与搞笑迷你剧《万万没想到》等。虚实结合，既给受众视觉上的享受与浓厚的历史沉浸感，又有利于打破圈层。

（2）听觉符号

在配音旁白方面，叶清老师的表达是较为传统庄重的风格，此外《历史那些事》还邀请了年轻的杰大等配音演员在声音展现上进行较为活泼现代的表达，在听觉符号上保留文化类纪录片的历史厚重感的同时，运用活泼年轻的声音符号进行中和，突破了原有的文化纪录片的沉闷感。

此外，《历史那些事》突破传统的文化纪录片中大气磅礴的配乐，在背景音乐上融入现代音乐元素，如Rap等形式，还融合了地方方言，使得纪录片表达更接地气，实现历史文化的庄重感和年轻的趣味化并存。

（3）文字符号

《历史那些事》中的解说词也是一大亮点，融合了现代流行"梗"和网络语言，突破了传统文化纪录片的庄重严肃。在不影响历史真实性的前提下用风趣幽默的语言讲述历史，使解说变得趣味十足。如"IP""确认了眼神，遇上对的人""九鼎Plus""点赞收藏投币"等。正如《历史那些事》总监制金铁木所说："历史不是凝固的文字，不是僵硬的过往，它是那些活生生的人，活生生的事儿……"

而《历史那些事》正是国产文化类纪录片的一次探索与创新，它以历史故事为基础，通过独特的叙事视角、搬演的叙事手段、年轻化的叙事符号表达、剧场穿插式的叙事结构，在国产文化纪录片创作领域成功地进行了一次实验。

### 3.3.1.2 《如果国宝会说话》

《如果国宝会说话》是央视推出的一部纪录片，共100集，目前已更新到第四季，每集大约5分钟。这部纪录片拍摄了五十余处考古遗址、近百家博物馆和考古研究所，在每集5分钟的讲述里，没有神秘的曲折表述和渲染猎奇，也避免了高深的学术性叙事，而是用通俗易懂的语言与观众平等对话，"诉说"发生在文物身上的传奇。该片播出后，第一、二、三、四季都获得了 9.0 以上的豆瓣评分，收获了观众的广泛好评。

下面将从符号学视角出发，分析《如果国宝会说话》中的文字符号、图像符号和声音符号的特色，以为国产文化类纪录片的视听传播效能提升提供成功的经验。

## 1. 文字符号

"您有一条来自国宝的留言，请注意查收。""国宝留言持续更新，请注意查收。"这是《如果国宝会说话》每一集片头和片尾的文案，将一集集内容比作一条条"留言"，彰显了其长度短、体量小的特点，也营造出一种对话的亲切感。具体来看，其文字符号特征主要体现在如下几个方面：

（1）短小精悍，易于传播

片中的解说词多以简短词句为主，极少有冗长的叙述，既朗朗上口，又易于传播。如在讲述《竹林七贤与容启期砖画》时，"隐士、树木、题名 294 块编有序号的砖纵横堆叠，拼凑出隐隐远去的时代模范，以及沉寂已久的图像经典"概述了砖画的基本情况，"望穿云烟的山涛、酣畅醉卧的刘伶、吟诵《思旧赋》的向秀、擅长弹奏的阮咸、善于清谈的王戎"，古人的形象随着文案的讲述浮现在眼前。

短小的文案满足了受众快速获取高质量文化讯息的需求，带来了良好的传播效果，让受众在短短的 5 分钟内获取关于文物最精华的信息。

（2）富有诗意，优美动人

《如果国宝会说话》中的文字符号不仅呈现了国宝的历史，还用诗意的语言讲述了文物中的故事，让受众在感受文物历史韵味的同时，体验到文物中的故事美。

"飘浮，飘浮，蔚蓝天空下，缤纷花雨中，溅起彩色的涟漪，那是我们在向上，升腾，起舞。"这是第三季的《飞天》中的文案，诗一般的语言描绘了敦煌莫高窟富丽多彩的壁画，也让受众跟着文案的讲述欣赏壁画中蕴藏着的中华文明，而优美的文字并没有影响受众感受壁画，反而衬托出壁画的灵动，开篇便把受众带入"飞天"的故事情境中。

"六千年，仿佛刹那间，村落成了国，符号成了诗，呼唤成了歌。"这是解说人头壶时的文案，与其说这是解说词，不如说是一首直抒胸臆、饱含深情的小诗，帮助受众穿越古今，与先贤对话，在喧嚣生活里找到心灵的慰藉，引起情感共鸣。

（3）时间短句，穿越古今

文物是记录历史的载体，千百年来流传至今，在时间的长河里，它见证了朝代的兴衰、历史的更替。文物的"自我介绍"既回顾了文物身上的历史记忆，也与当下的生活进行了钩连。

如云想衣裳的《素纱单衣》中的解说："素纱单衣是属于那个时代的，却仍然在影响着两千年之后的中国人，它是中国服装史上的千古传奇，但又与今天的生活并无沟壑，因为它就是属于中国人的，自由浪漫的样子。"素纱单衣是历史上的传奇，但其中传达的自由浪漫的特质是古今通用的。彰显着"破碎与重聚"的《熹平石经》中说道："汉人早已用行动表明，回溯是为了接近本真……如今我们已经收集到八千多个熹平石经文字，一片一块，一字一句，等待破碎后的重聚。"过去汉人借助刻熹平石经回溯过往，当下我们收集熹平石经的文字也是一种传承。

### 2. 图像符号

（1）动画符号使文物"活"起来

数字技术赋予了文物新的生命，文物不再是博物馆里冷冰冰的摆件，文物身上的故事也变得更通俗易懂。如《殷墟嵌绿松石甲骨》运用甲骨文的卡通动画串联起了商人的一天；《凌家滩玉版玉龟》运用简笔动画拆解了洛书的数字奥秘；《立狮宝花纹锦》则运用现代平面设计动画解构和组合了大唐丝路纹锦的配色与多变织样。

这些动画对国宝的起源、制作、功能及文化故事进行了溯源、解释和情景再现，使画面充满了律动感，也使得古老的国宝文物成为擅长自述表白、充满思想感情的"有意味的活物"，更具有趣味性和观赏性。

（2）景别组合使文物"熟"起来

特写镜头呈现文物的细节，利于观众进一步观赏，如壁画的细节，步摇上的金叶子和图案，鎏金银壶壶把上的人物，唐代仕女俑中侍女的发髻、袖袍、襦、裙，水晶缀十字铁刀刀上的锈迹和文字等。中景呈现文物的整体形态，有利于观众对文物形成完整的感知，如《飞天》中的壁画、花树枝金步摇、鎏金银壶和水晶缀十字铁刀的形状以及侍女俑的形态。景别的组合使受众更全面地观赏文物，认识文物，熟悉文物，在声画配合下更有效地感知文物，获得良好的观赏体验。

### 3. 声音符号

（1）解说人声契合故事情节，带来沉浸感

解说人声使得文物的讲解更加通俗易懂，相较于单一的文字呈现更能吸引观众去了解文物背后的故事，根据故事的情节变化语调也使得故事更增趣味性。在解说《水晶缀十字铁刀》的过程中，解说人的声音在讲解不同角色时很有层次，干脆轻快的声音赋予少年唐刀以热血，沙哑深沉的声音赋予汉刀以稳重，雄浑厚重的声音赋予铁匠以老练。水晶缀十字铁刀的故事随着讲述缓缓拉开，解说人的声音使得文物本身充满故事感和沉浸感，每一个角色都变得具体而形象。

（2）背景音乐贴合画面与文案，增强代入感

背景音乐与画面文字的配合使得讲述的过程更加生动形象，当背景音乐随着画面文字的讲述响起，文物也变得更加具体可感。如说到"君幸食"三个字时，《舌尖上的中国》片头曲也缓缓响起；在讲述《狸猫纹漆食盘》时，标题旁出现了猫抓痕迹，背景音乐中出现了猫抓过的声音；在《莲鹤方壶》的讲述中，一开始便出现了鹤鸣、鸟叫、银铃声和水滴声等自然音响；讲到荷花中的白鹤时，音乐又趋于平和舒缓。背景音乐与画面文字的有机融合将观众引入不同的音乐情境和画面意境当中，让观众充分感受纪录片声画结合之美。

历史文物是中华优秀传统文化的重要载体。纪录片《如果国宝会说话》是历史文物讲述、传播文化传统的成功范例，其短小精悍而又富有诗意的文案易于传播，文案中融入的时间短句带领受众跟着文物的经历穿越古今，感受历史韵味与传承。在图像符号的使用中，动画符号使文物"活"起来，更具趣味性和观赏性，景别的组合从不同角度呈现文物，让观众与文

物"熟"起来。解说人声契合故事情节，给观众带来沉浸式体验，背景音乐贴合画面和文案，使得文物变得更加具体可感。视听符号的有效组合，使得文物的讲述不再是枯燥乏味的知识灌输，而是一种视听盛宴，从而实现了传播效果的最大化。

　　总之，当下的文化类纪录片更多采用多元叙事方式，不再是传统纪录片单一的线性结构叙事模式，记录事实、再现情景与解读内涵等多条叙事线索并行，寓教于乐，观众可获得更多样的视听体验和立体化的知识延展。而且，当下的文化纪录片不再局限于以往纪录片的第三人称叙事视角，部分作品从旁观者角色的客观镜头转换为第一人称的参与者的主观镜头。

## 3.3.2　呈现形式上的创新：以《"字"从遇见你》《美术里的中国》为例

### 3.3.2.1　《"字"从遇见你》

《"字"从遇见你》以短小精悍的 5 分钟单集片长，从哲学、文明、出行、生活及动物等 5 个方面，用影像解构 25 个中国汉字背后的基因密码和历史文化典故。

#### 1. 以小见大，微而不简

"微纪录片"是为适应新媒体语境和新媒体受众而衍生出来的一种独特的纪录片样式。囿于篇幅和时长的限制，微纪录片不能像传统纪录片那样按照完整的叙事逻辑展开叙事，所以创作者们在摸索中实践，逐渐探索出适合微纪录片的创作方法，即各集内容独立成章，短小精悍，以小见大，微而不简，用"轻"体量承载"厚"内容。

　　如微纪录片《"字"从遇见你》面对历史悠久的汉字文化，每集仅选择一个基本汉字，在不到 5 分钟的时间里讲好这个汉字，形成"少就是多"的效果，可以说一个汉字便可折射一段历史文化。如第一集讲"中"字时，从其甲骨文开始追根溯源，考究字形与字义演化，然后挖掘"中"字的深层含义——"天下的中心""中国的来历"以及"中庸精神"等；"福"的本义是"酒"，其甲骨文字形就像一个酿酒的器物，粮食充裕还可以用来酿酒，"幸福"的含义由此而来，延续至今。正如片中所说："如果谁的家里不但米够吃，还有剩余可以酿酒，这不是幸福是什么？"这是古代中国再实在不过的财富观。

　　在讲述汉字知识的同时，《"字"从遇见你》创作团队还将多种传统文化形式融入其中，以进一步揭示汉字的内涵。如用皮影戏演绎"败走麦城""西游记"故事；用昆曲唱"春香闹学"，讲述古代教学中棍棒的意义；用中国鼓演绎的古乐名曲《牛斗虎》，配以与"虎"相关的历史故事如武松打虎、义虎报恩等。

#### 2. 虚实结合，多维呈现

数字技术的发展使得影像叙事向虚拟真实、奇观化视觉、多模态感知、沉浸式体验转变。如《"字"从遇见你》中既有实景实物、动画场景，又有 CG 技术合成的虚拟场景，是一个多模态、多维度的影像系统。其中活用动画和 CG 技术，将汉字及其背后的文化内涵表现得更为形象活泼、直观生动。如第二集"鼎"中，行走跳跃的甲骨文"鼎"字，如同"hello kitty"，竖着"耳朵"，形象可爱。再比如在《画里有话》中，通过 AI 技术、动画抠图和修复技术，让画中动物、人物"活"起来，生动呈现当时场景，为观众创造一种沉浸式的观影体验。

### 3. 有趣互动，年轻表述

鉴于体量有限，微纪录片往往强调叙事话语的互动性，而不是单向传递。这种双向互动在文字符号上多表现为使用问句，因为发问会引起受众的思考，进而产生语言、情感和思维的互动。如《"字"从遇见你》每集都以"哎哟！那字儿怎么写来着？"这一疑问句开篇，用"今天你写字了吗？"这一疑问句结尾，首尾照应，中间还经常出现类似"说到这儿，还有人觉得鼎很萌吗？"这样的问句，由此通过引导受众思考同一问题而形成互动氛围。

旨在演绎汉字发展历程并挖掘汉字的文化内涵的微纪录片《"字"从遇见你》在呈现形式方面凸显了以年轻受众为目标的表达策略。该纪录片将厚重的汉字文化以一种年轻态的呈现方式展开，引导年轻受众了解并认同汉字文化，并为文化类纪录片扩大在年轻受众中的影响力提供了思路和借鉴。

### 3.3.2.2 《美术里的中国》

中央广播电视总台于 2022 年 3 月 30 日推出了美术文化类电视纪录片《美术里的中国》，每集采取仅 12 分钟的短篇幅，截至 2023 年 5 月已播出 3 季，共 37 集。节目选取了中国具有代表性的美术作品，每一集讲述一幅画作与画家的故事并普及相关的美术技巧和艺术理论，同时展现出作品背后的文化内涵、人文品格以及时代精神。

《美术里的中国》充分利用虚拟现实、3D 建模、CG 技术、4K 拍摄等新技术，将传统平面作品 3D 化，赋予艺术作品动态美，让艺术作品以更直观的方式呈现在观众眼前，缩短了艺术作品与普通大众之间的距离，丰富了视听审美形式。导演刘帆也表示："我们希望通过新的视听技术手段，让这些经典美术作品'活'起来，亲近更广大的观众，让《美术里的中国》成为影像化、数字化的美术馆。"[①]节目打破了时空的限制，人们能够足不出户就在电视、网络上欣赏到艺术作品。中国美术家协会副主席徐里也表示：《美术里的中国》通过艺术与科技的结合，为我们带来了前所未有的观看方式，从深度、广度、温度等方面诠释了美术经典作品背后的故事，不仅升华了美术作品的艺术表现，也拉近了优秀美术作品与广大受众的距离。"[②]如《太湖鹅群》一期充分运用新技术，让镜头带领观众穿梭在太湖中，以第一视角欣赏湖面上摇曳的渔船、随波摆动的水草、成群结队在水中嬉闹的白鹅溅起的滴滴水珠、渔舟中的炊烟和在风中晃动的衣服，让人们在近距离欣赏画作的同时感受到作品中的生活气息与生命的活力。又如《通往乌鲁木齐》用动画的方式表现了高耸入云的雪山、山间飞翔的雄鹰、草原上的袅袅炊烟、成群的牛羊、一列奔驰在高原上的火车、正在工作的施工车队、忙碌的工人，并利用景深镜头来表现草地、雪山、施工现场之间的空间层次感，描绘了壮丽祁连山下的劳动风光，通过创作者的想象将美丽的西部风光与火热的施工场景巧妙地拼接在一起，表现出创作者对祖国大好河山的自豪感和对国家建设者

---

① 闲情让经典美术作品"活"起来[N/OL].（2022-4-20）[2024-06-30]. http://passport.grzx.com. cn/html/2022-04/20/content_24092.html.

② 美术里的中国：艺术与技术的完美邂逅[EB/OL].（2022-04-09）[2024-06-30]. https://m.gmw.cn/baijia/2022-04/09/35646020.html.

的深切敬佩。

　　总之，《美术里的中国》采用"艺术+"的方式将艺术同技术和科普相结合，通过新技术构建了全新的数字美学范式并且打造了一个数字化美术馆，打破了艺术与大众之间的审美壁垒，并在节目中运用通俗易懂的语言和形象的表述对美术知识与理论进行简单化传播，让观众在学习美术知识的同时也能提高审美能力和审美趣味。

### 3.3.3　传播策略

#### 3.3.3.1　适应碎片化的观看时间

　　社会加速背景下，适应碎片化观看时间的微纪录片乃至竖屏微纪录片的兴起带来了全新的内容生产与表达方式，积极适应了受众在碎片时间段单手持握手机的观看习惯和移动端媒体时代养成的竖屏审美，降低了观看成本，打造沉浸式视听体验，进而强化了情感共鸣。

　　新媒介社会的高速发展使社会成员陷入了被动忙碌的表象之中。哈特穆特·罗萨（Hartmut Rosa）以宏观的视角将社会加速分为三个维度，即技术的加速、社会变化的加速、生活节奏的加速，以阐述现代社会的时间结构是如何被改变的。其中技术的加速被认为是"最显而易见和最有影响力的"。[①]科技加速指通过观察和测量的交通运输的更新迭代实现传播加速的过程。从古代车马驿站到现代社会的报纸电视，传播媒介的更新使得信息传播速度大幅度提升，再到如今互联网技术完成了传播学者麦克卢汉对"地球村"的预言。科技的加速发展使信息传播的速率飞速提升，与此同时，同一单位时间内的信息容纳量也在以倍速增加。社会变化的加速是指社会成员们的生活方式、社会传统、社会价值观念以及社会共同体结构都一直处在变化的流动过程中，这正好应和了学者鲍曼提出的"流动的现代性"的观点——"当时间和空间从生活实践中分离出来，并且易于从理论上来解释为相互区别的、相互独立的行为类型和策略类型时，现代性就出现了"[②]。总而言之，飞速发展的现代科技成为时间与空间的关系调转的关键性角色，借助速度新近获得的可变能力与扩张能力，"现代性"成为时间征服空间的工具[③]，即在"科技加速""生活节奏加速"和"社会变迁加速"的主导下，"社会加速"（social acceleration）成为一种"现代性症候"，整个社会进入一种高速运转的流动性状态中。[④]

　　在这样的社会加速背景下，新媒介技术的飞速发展为社会成员提供了更加广泛和便捷的信息来源，也因此导致社会成员的专注力随着信息量的爆炸式增加反而呈现出大幅降低的趋势，人们的观看方式由开始的"专注"转变成了加速视域下的"散视"，更倾向于追求简单、直接、刺激、吸引眼球的瞬时体验。而传统的纪录片故事情节复杂，需要更多的时间来进行拍摄、制作以及后续的播放。从体量来看，它具有更多的集数且每集的时长在 45 分钟以上，

① 哈特穆特·罗萨. 加速：现代社会中时间结构的改变[M]. 董璐，译. 北京：北京大学出版社，2015：86.
② 齐格蒙特·鲍曼. 流动的现代性[M]. 欧阳景根，译. 北京：中国人民大学出版社，2017：12+34+117.
③ 脱润萱，方格格. 社会加速理论视阈下的媒介批判研究——以"慢"游戏为例[J]. 中国出版，2021（19）：50-54.
④ 脱润萱，方格格. 社会加速理论视阈下的媒介批判研究——以"慢"游戏为例[J]. 中国出版，2021（19）：50-54.

较长的播放时间需要占据观众更多的娱乐时间，在现在"社会加速"的大背景条件之下表现出过于奢侈的意味。与之形成鲜明对比的是微纪录片靠着"微""短"的特点优势，恰逢其时地弥补了传统纪录片传播方式的短板，凭借着几分钟、十几分钟的碎片时间，打破了受众观看需要大段连续的时间以及长时不变的空间这些外在限制，以更加灵活巧妙的方式填补在高速率运转的社会生活中抽挤出来的时空间隙，让社会成员在拥挤繁忙的社会生活中体验短暂的放松，有片刻喘息的机会，并以"短"和"精"为目标满足受众对精神抚慰的需求。

微纪录片的创作可以追溯到 2012 年。那一年央视纪录片频道推出了 100 集的《故宫 100》，每集片长仅 6 分钟。《故宫 100》以微观视角讲述了故宫的历史流变，开创了一个纪录片形态和传播的新趋势，微纪录片从此真正走上"台面"。之后的《如果国宝会说话》《"字"从遇见你》《美术里的中国》等文化类微纪录片成功出圈，引入新的呈现方式和技术手段，顺应新媒介时代社会加速背景下大众生活方式、收看习惯等层面的变化，带来视听层面的全新体验和沉浸式的情境体验。

### 3.3.3.2 多渠道多平台宣发，打造矩阵效应

#### 1. 线下宣发

回顾中国古典诗词大师叶嘉莹先生传奇一生的纪录片《掬水月在手》在 4 个月的集中宣发期内，在全国 10 多座城市举办了 59 场活动。在每一座城市举办宣传活动时，片方都会找当地的文化学者、艺术家以及媒体人等一起来参与学术研讨或路演，而且针对不同的观众群体，片方还设置了不同的主题，如"穿裙子的士"这一主题是针对社会精英和知识分子的，"我听过叶嘉莹先生的课"则是针对南开大学的学生的。

#### 2. 衍生品开发

同样以纪录片《掬水月在手》为例，这部影片为了让传播效果最大化，秉持打造"长文化"产品的理念，与多家合作伙伴一起将"长文化"与快制造相结合，开发了不同形式的电影衍生品，如与活字文化合作出版同名图书，与看理想、得到、《十三邀》合作音频课程与谈话节目，与设计师品牌见萩、例外、慢物质等合作饰品与文化用品等。开发电影衍生品除本身能带来收益外，也能对电影起到重要的宣传作用。

#### 3. 利用网络平台，增强传播效果

文化类纪录片不仅在电视频道播出、电影院上映，也在网络流媒体平台上播出完整内容或由片段剪辑合成的短视频，拓宽了传播途径，以吸引更多的潜在受众。这种兼顾电视台、影院与网络平台的多渠道传播，实现了双向引流：用网络平台上的节目剪辑片段吸引观众观看影视播映，将网络受众引流成为电视受众、影院观众，同时利用优质的纪录片内容引导受众自发在网络平台进行剪辑等二次创作或参与线上宣传，扩大知名度。而快手、抖音等短视频平台有相对完善的分享、点赞、评论功能，哔哩哔哩有弹幕功能，观众在观看文化类纪录片的同时能够针对纪录片的内容与形式进行隔空讨论，讨论内容可以为创作者提供反馈信息以及新的创作思路。

### 3.3.4　价值传达：以《美术里的中国》为例

在全社会大力弘扬中华优秀传统文化的时代背景下，《美术里的中国》以中国美术作品为载体，用独具中华美学的形式来讲述中国故事，通过传递国家主流价值观、构建集体记忆、激发情感共鸣、推进全民美育等方式探索出了国家美学①新范式，向世界展示了中国精神，弘扬了传统文化，实现了文化自信。同时，节目立足中华优秀传统文化，融合全新的技术、丰富的叙事模式以及独特的视听语言，打造了一座"数字影像美术馆"，对美术作品的传播起到了积极作用，也成为同类型文化类节目的模范典型。

#### 3.3.4.1　彰显国家主流价值观，弘扬爱国主义精神

美术作为一门历史悠久的艺术门类，能够展现国家的壮丽山河、民族英雄的豪情壮志，也能连接游子们的乡土记忆。美术不仅能记录现实，也能反映特定时期的文化内涵、精神品质、时代价值观，让观众在获得视听审美体验的同时也能了解作品中所包含的主流价值观和传统文化的内涵。从时代使命、精神内涵等方面进行的新时代美术传播往往直接体现国家文艺政策的导向，是连接美术的个人化与社会化的通道。

##### 1. 展现中华自然观

老子有云："人法地，地法天，天法道，道法自然。"纵观历史，中国艺术作品中蕴含着独特的自然观与社会观。历代文人墨客一直在对"自然"做出新的解释，让创作立足于花鸟鱼虫、山川石木，探讨人与自然的关系，从而祈求从自然万物中获取精神上的自由。

如《美术里的中国》中张大千的《华山云海图》展现了巍峨险峻、云雾缭绕的华山风貌。张大千用几何图形勾勒出绵延的山体，由深入浅的云朵使得山路若隐若现，既具空间感，又别有一番韵味。自古以来中国人与山的关系密不可分，重阳登高、清明踏春都离不开山与自然，《华山云海图》不仅凝结了中国传统山水绘画的精髓，更是人与自然和谐共生观念的体现。介绍傅抱石的《待细把江山图画》这期节目，开篇便通过具有灵性的音乐引出渐渐显现在纸上远近交错的山峰，从远处飞来的雄鹰在云雾缭绕的巍峨华山之间穿梭，山脚树木丛生，松涛莽莽，空旷的山谷之间突然传来旅人的欢笑声，远处屋舍前孩童嬉闹，展现了山下别有中华审美意蕴的微观宇宙，通过华山的大与人物的小、自然的豪放与精微之间的对比直接反映了中国人的生态文明意识。黄宾虹的《万松烟霭》、李可染的《万山红遍　层林尽染》等美术作品同样聚焦于人与自然、人与天地之间的关系，展现出"天人合一"的观念。

##### 2. 讲述国家重大事件

《美术里的中国》聚焦于展现艺术作品中的中国，在讲述作品时将作品中的情感与国家

---

① 国家美学是一种审美权力话语，是由权力强势掌控并广泛渗入社会生活方方面面的博大的、开放的审美意识形态话语。其重点关注国家大事、国家形象、国家利益、国家历史的表现。"国家美学"重视审美的社会性特征及日常生活在审美权力生成和发育中的重要意义，重视当代美学研究与社会进步、国家发展的内在关联，从"重写中华审美意识"出发，主张后现代语境中大众文化的品格提升和价值创构。国家美学强调对国家形象、文化自信、国家话语的书写与构建。简言之，国家美学是集主流价值观、集体记忆、家国同构、传统文化、地域文明等要素于一体的一种具有国家意识形态的审美话语权力。

重要历史节点相结合，通过艺术化、审美化的方式向观众讲述国家重要历史事件与政治观念，让观众在观看节目时了解到作品的创作背景并进一步认识国家发展的艰难历程。如《流民图》这一期展现了 1942 年战乱中的中国形象。战火纷飞、饿殍遍地、破散的家庭、失去耕地的农民、超过四千万人民流离失所，日本侵略者给中华民族带来了深重的灾难，百姓们的愤恨与无助无处可发泄。作品全卷高 2 米、长 27 米，人物大小与真人比例相差无几，创作以骨法用笔为基础，还采用了西方绘画中的解剖、透视等写实的技法，丰富、拓展了画中人物的表现力，在刻画人物外在形象的同时，也注重对内心情感进行挖掘，烘染出悲怆的氛围，宣泄着作者愤慨的情绪，具有强大的艺术感染力。这幅水墨画作品以写实主义的造型语言让战争带来的悲剧更显真实具体，浩大而悲怆地展现了中华民族所遭遇的苦难。但这幅极具震撼性的作品在当时却屡屡被禁展、被破坏、被没收，现仅存上半卷。节目在介绍作品的同时，也向观众讲述了为何这幅作品会落到如此境地。同时，节目中还运用视频、图片等真实的影像资料向观众展示了 1937 年抗日战争全面爆发后，带着伤痛忍饥挨饿、背井离乡的人们的至暗时刻，讲述了当时中国真实的历史事件和社会状态，让观众更能体会作者的创作历程和心得。

### 3. 弘扬爱国主义精神

《美术里的中国》通过细致入微、写实主义且充满人文情怀的手法展现了中国人在危难之际的坚韧不拔与强烈的爱国主义精神。在《人民英雄纪念碑浮雕·胜利渡长江》这一期中，雕塑作品展现了解放战争时期人民解放军百万雄师横渡长江向南京城发起冲锋的壮观场景。整个作品采用波浪式构图，已登岸战士位于作品左侧高位，而处于画面左侧三分之一处的号手和指挥员是整幅作品的重心和最高点。作品中人物多而不杂，在有限的空间内却能够表现出宏大场面，展示出解放军激昂奋进的状态以及不可阻挡的胜利之势。船帆上的破洞在表现战争残忍的同时又凸显了解放军舍生忘死、无私奉献的爱国精神，作品中所展现的深刻内涵体现了中华民族的气概和时代特色，唤醒了人们的民族自豪感和时代使命感。在《洪荒风雪》这期中，黄胄先生采用仰视视角刻画了五位骑着骆驼在风雪中前进的地质勘探队成员，他们在柴达木盆地中冒着严寒大雪，不惧艰难，在杳无人烟的戈壁中为祖国建设勘探资源。同时作品将西方速写与中国传统水墨画、写实与写意相结合，也创造出了独特的艺术语言，让荒凉戈壁也呈现出浪漫与艺术的情怀。同时节目也对黄胄的妻子郑闻慧进行了访谈，她讲述了该作品的创作背景，当时黄胄一连半月随着慰问队冒雪前进，一天在路上偶遇意气风发的驼队，备受感动，一瞬间绘画的激情被点燃，从而创作出这幅作品。访谈进一步增加了节目的真实性和可信度，让观众更能了解艺术作品中所表达的爱国主义情怀。

### 3.3.4.2 构建集体记忆，引发观众情感共鸣与民族认同

"集体记忆"这一概念最早由法国社会学家莫里斯·哈布瓦赫提出，他认为集体记忆是在一个群体里或现代社会中人们所共享、共同传承并且一起建构的事或物，是一个社会建构的概念。[①]集体记忆与文化的传承密切相关，集体记忆能够凝聚文化认同感并增强文化自信，

---

① 莫里斯·哈布瓦赫. 论集体记忆[M]. 毕然，郭金华，译. 上海：上海人民出版社，2002：39-40.

而文化自信是实现中华民族伟大复兴实现中国梦的精神动力。民族情感来源于历史,历史是一个民族的共同记忆,这种共同记忆在民众差异化的日常生活中起到连接的作用,在媒介内容碎片化的当下,历史是共性的源泉,是想象共同体的根基。①《美术里的中国》聚焦于作品中的"中国形象"构建,将艺术中作品的时代背景、情感倾向与中国时代发展联系在一起,通过作品中的人物、物品、场景、国家重要历史节点等元素唤起人们的集体记忆,在人们欣赏作品时激发其强烈的共鸣。

### 1. 运用特定符号,激发集体记忆

从影像符号学的角度来看,特定的符号表达能够唤起拥有共同记忆、生活背景的人们的情感共鸣。如孙滋溪的作品《天安门前》中展现了 20 世纪 50 年代节日期间天安门前的状况,来自全国各地、各个民族的人们错落地站在天安门前拍合影。孙滋溪曾说:"渴望到天安门前照个相,这不是一家一户的心情,是全国人民的心愿。"②"天安门"这一符号便成为中国人心中共同向往的标志性建筑。解说词中也提到"总有一个地方是中国人合影的共同记忆",在天安门前合照即中国人的集体记忆。画面中所描绘的人物形象在当时极具代表性。画面分为三部分,位于画面主体位置的是社会主义建设的劳动者,右侧是海军,左侧是少数民族青年。整幅作品采用颜色鲜明、具有中国年画特征的艺术语言,在视觉上呈现明亮阳光的感觉同时,也表现出中国人的精神情感与思想境界。后来孙滋溪和女儿孙路又合作创作了《天安门前 70 年代》和《天安门前 90 年代》两幅同题材作品。《天安门前 70 年代》展现了冬季即将前往北大荒的知识青年,作品洋溢着年轻人建设祖国的理想与激情;《天安门前 90 年代》描绘了生机勃勃的春天,天安门前站着朴实粗犷的农民工、满脸笑意的外国旅游团、希望小学的学生们,再现了改革开放春风吹拂的崭新时代。在天安门广场前拍摄照片是一种社会景观,其中不同人物的行为和变化反映了一个时代文化思想的变化。天安门见证了中国的沧桑巨变,也反映着中国人民的集体记忆,激发出每个中国人的民族自豪感。

春节凝聚了每一个中国人心中对家乡、团聚的期待与憧憬,而"春运"则是一个时代的集体记忆和独有情愫。《春运》这一期节目介绍了一幅实验水墨与主题创作结合的绘画作品。作品在创新中碰撞出新鲜感,让每一个观者都感受到了春运的真实触感。冒着蒸汽的绿皮火车、月台上涌动的人群、脸上洋溢着幸福笑容的人们,拼贴剪辑带来的时空交错感带人们回到了 20 世纪 80 年代的火车站。节目通过音像资料、情景搬演再现了 1978 年改革开放初期的中国的生机与活力,让观众随着笔墨感受到中国的勃勃生机。

### 2. 讲述重大事件,唤起民族认同感

特定的重大历史事件能够唤起人们的共同记忆,激发对民族和国家的认同感,凝聚中国精神、中国价值、中国力量、中国故事,为人民提供精神上的指引。

《庆祝我国原子弹爆炸成功》这一期节目开头通过写有 1964 年 10 月 16 日的日历、发射中心操作台、正在倒数计时的科研人员以及原子弹爆炸的真实画面引出了吴湖帆的作品,并在展示作品时穿插了爆炸成功后人们回首欢呼的画面和音效。节目在短短 1 分钟的时间

---

① 张冠文, 刘然. 仪式传播下韩国电影中的想象共同体构建[J].电影文学, 2021 (12): 48-51.
② 于帆.肖像与秩序——孙滋溪《天安门前》中的领袖像与国家意象[J]. 美术研究, 2016 (3): 88+97-103.

里用影像的优势为人们构建起原子弹爆炸时的历史时空背景，将观众带入当时的时代和场景中，充分唤起人们的集体记忆。1964 年 10 月 16 日，我国第一颗原子弹在罗布泊爆炸成功，这一天和这一事件对全体中国人民都具有重要的历史意义，从此中国打破了超级大国的核垄断，用自己的实力赢得了独立与和平的底气，也是中国自信自强信念的体现，在唤起观众集体记忆的同时，也引发了强烈的民族自信与认同感。作者吴湖帆根据真实的影像资料，采用中国山水画的方式对云和气进行了全新的表达，水墨画的手法让整幅作品在具有诗意化的同时也充满着磅礴的力量感，现代化武器与传统山水画的结合更凸显出中国文化的博大精深和包容性。

### 3. 构建视听场景，实现家国同构

通过构建视听场，节目能够从声音和视觉上给人带来强烈的冲击，让人将虚拟的场景想象成为客观存在，产生穿越历史时空的体验感。《美术里的中国》充分利用电影片段、老照片、情景再现、剧情搬演、书籍资料等多元化的表达方式来讲述时代背景，通过视听影像唤起人们的记忆。《待细把江山图画》这一期运用了情景再现、剧情搬演相结合的手法。节目设计了一个场景，由一位演员搬演傅抱石，再现了创作这幅作品时的场景。在风雨飘摇的夜幕下，饮下些许高粱酒的傅抱石怀着对外族入侵的愤懑与民族自尊的豪情壮志，一改往日温柔的中锋笔，将画笔全部打开，用潇洒浑厚的画风来描绘华山的雄姿，这一次绘画手法也成为后人津津乐道的"抱石皴"。《东战场的烈焰》中大量运用视频素材和照片报纸来展现"亚洲第一图书馆"上海东方图书馆被炸毁时的情形，弥漫的烟灰与火焰形成了一个惨烈的断壁残垣的世界。在烈火中燃烧的老照片、书籍期刊的镜头还配上解说词"上海东方图书馆被日军炸毁，四十六万册的古籍珍本、中外期刊毁于战火，冲天的火光彻夜不熄，十里之外都飞扬着纸灰"。《老子出关》这一期中，3D 化的作品展现了老子微睁的慧目、宛如瀑布般洁白的皓眉和长须、随风飘逸的衣衫，用混沌万象的浓淡墨生动形象地展现了老子骑牛出关时的优游适意。而将中华美学理念融入其中的解说词"计白当黑，紫气东来，伯阳五千文，化作先贤容颜老子虽犹龙，此刻他未乘风云而上九天，他从历史的烟尘中走来，足音响彻函谷关内外"则讲述了中国人如何积极探索宇宙万物，传递出朴实无华的哲学理念和审美态度，将中华美学中追求自由、无为的思想贯穿于节目中，将观众带入道法自然的诗意境界。在《太湖鹅群》这一期中，解说词这样描绘湖面上成群的白鹅——"生命的白块在水上活蹦乱跳，我竭力追捕白色的变幻。"整句话极具中华文化的浪漫主义气质，解释了画面中大面积的白块看似毫无规律，实则匠心独运，将鹅群在湖水中展翅的形象描绘得更加轻盈灵动。"虽时间匆匆，实落笔千钧，画成如一气攀登了海拔 3000 米的高峰，累极"这句解说词讲述了吴冠中在创作时为了在油画中还原鹅群翻飞的瞬间，下笔速度极快，将眼前的鹅与儿时记忆中的鹅融为一体，连接了现实与想象。用笔的写意性既结合了欧洲油画特点又融合了中国画的技法，又契合了吴冠中在创作作品时用西方油画的技巧描绘祖国的秀美山河的理念，从诗画般的江南墨韵中流露出作者的家乡情结和对故土的眷恋，从而给观众带来艺术滋养和熏陶。

总之，《美术里的中国》立足近现代中国优秀美术作品，通过深入介绍作品背后的时代背景、文化标识、艺术技巧、名家故事等内容，反映中国在时代洪流中的沧桑巨变，展现了

中华传统文化的精神内涵以及中华美学思想，为观众提供了一个了解中华文化、民族精神、中国美学的途径。节目组还通过多元化叙事手法、运用新视听技术进一步丰富了节目的内涵，让观众在节目中感受到特有的国家美学和审美体验，体现了文化自信。

## 3.4　国产动画电影对中国传统文化的利用与再创造

20 世纪 20 年代，美国动画已经被引进我国东南沿海区域。这种新奇的艺术形式让人难以忘却，中国人也起了自己制作动画的念头。经过长时间的努力，1926 年《大闹画室》终于问世，打开了中国动画的大门。

30 年代，《白雪公主》在全世界的风靡又让国人生起了制作大型动画的念头。新华联合影业公司为此建造了"卡通部"，决定拍摄大型动画片《铁扇公主》。1957 年，上海美术电影制片厂成立，次年制作了我国第一部剪纸片《猪八戒吃西瓜》。1960 年，水墨画和折纸艺术同动画电影相结合的第一部水墨动画《小蝌蚪找妈妈》诞生。这些动画都具有中国传统民族特色，中国传统文化已然成为中国动画发展的动力和核心。1962 年，《大闹天宫》获得了第二届中国电影百花奖"最佳美术片奖"，1978 年获得英国伦敦国际电影节本年度杰出电影；1979 年，《牧笛》（1963）赢得第三届欧登塞城国际童话电影节金质奖，其所代表的中国水墨动画再次受到世界关注；《哪吒闹海》（1979）更是在全世界引起了不错的反响。这些作品将优秀传统文化与电影作品相融合，将中国动画电影推上了一个辉煌的巅峰。正是这一部部展现了中国民族性的动画影片的获奖才让我们了解到民族的才是世界的，只有将中国优秀传统文化更好融入电影之中，发挥好中国特色，才能够让中国动画走向国际。

但是改革开放后，伴随着大量外国动画的引进，中国动画一味模仿，让自己失去了特色。直到 2015 年，这种情况才得到了一丝好转。在国家政策的引领下，创作者将创作重心放在了传统文化本身，中国动画又以一种全新的姿态进入观众的视野中。《西游记之大圣归来》（2015）狂揽 9 亿票房，让人们见识到了不一样的大圣，同时也宣告了我国动画电影的再次崛起。之后几年的《大鱼海棠》（2016）、《哪吒之魔童降世》（2019）、《白蛇：缘起》（2019）、《白蛇 2：青蛇劫起》（2021）、《姜子牙》（2020）、《雄狮少年》（2021）、《杨戬》（2022）、《深海》（2023）等动画电影的上映标志着我国动画电影的发展势头不可阻挡，也代表着我国的优秀传统文化已经融入动画电影的制作全过程，为我国动画电影的题材选择拓宽了渠道。从这些优秀的作品中我们可以看出传统文化不可磨灭的印记以及难以掩盖的精神内核。

### 3.4.1　国产动画电影对经典 IP 的内容再创

经典 IP 之所以经典，是因为它们本质上是以优质内容为支撑的，沉淀了极高的艺术价值，在当代仍然具有非常高的知名度和一定的受众基础，能够满足当代人的艺术审美需求。这决定了经典 IP 兼具商业价值和艺术价值的双重性。

经典 IP 在与时代融合的过程中，受到政治、经济、文化和技术等多方面因素的影响，在结合当代元素后被不断赋予新的内涵。在与时俱进的过程中，经典 IP 不再局限于传统的单一形态，而是不断突破传统形态的限制，在满足消费者个性化、升级化、多样化的需求中构建起独特的价值传递体系。

### 3.4.1.1 《西游记之大圣归来》

于 2015 年 7 月 10 日上映的《西游记之大圣归来》是对中国传统神话故事《西游记》进行创造性改编的动画电影，讲述了名叫江流儿的小和尚（儿时的唐僧）误打误撞地解除了在五行山下被镇压了五百年的孙悟空的封印，然后两人在相互陪伴的冒险旅程中找回初心、完成自我救赎的故事。这部成人向的现象级动画电影打破了国产动画片总票房纪录，并获得了金鸡奖、华表奖、台湾电影金马奖等多项奖项，标志着中国动画电影的再次崛起，开创了我国经典 IP 改编的新征程。下文将从符号学的视角对其进行分析，解析它所建构的符号系统中对中国传统文化的利用与再创造。

#### 1. 符号本身

1）视觉符号

（1）视觉符号之角色符号

《西游记之大圣归来》对经典 IP 中的人物形象进行了创造性改编。

因为大闹天宫，孙悟空被如来佛压在五行山下五百多年。一天，江流儿在逃避山妖追杀的过程中无意中解开了镇压孙悟空的封印，孙悟空趁机逃出了山洞。但他沮丧地发现自己的法力已经尽失，性格也因此变得狂躁抑郁，于是看淡了功名，想回花果山过平凡日子。但为了报江流儿解封之恩，加上动了恻隐之心，他还是决定护送江流儿回家。护送路上他不得不与山妖厮杀，多次历险，狼狈不堪。后来他唤醒金箍棒，挣脱法印，大战群妖，大圣最终归来。

江流儿是一个年仅七岁的小和尚，他幼时父母被山妖所杀，自己被云游僧法明抚养。江流儿勇敢善良、天真活泼，崇拜齐天大圣。他无意中将孙悟空放出了五行山，却发现齐天大圣已然落魄。最终这个唠唠叨叨的熊孩子唤醒了齐天大圣的热血，让他在拯救别人的同时救赎了自己。

猪八戒是被孙悟空大闹天宫时打下天宫，错投猪胎而来。他经常利用自己的 36 般变化骗吃骗喝，爱显摆，但富有同情心。他在遇到孙悟空和江流儿后，与孙悟空一道护送江流儿回家。

白龙马隐匿在山湖中，按天命等待与悟空、八戒汇合，以湖鱼为食。但他常常魔性发作，袭击路人，最终被孙悟空成功降服，成为他的宠物。

混沌是五行山中的妖王，以吃童男童女维持妖身妖术，会变身为书生面相的道人，狠毒狡猾，最终被孙悟空打败。变身前的反派混沌，其面部设计参考了脸谱中的反面角色，其白色脸表现奸诈多疑，含贬义。变身前的人物服饰参照了唐朝道士的装扮。变身后的反派混沌，其形象设计参考了《山海经》中的魔物混沌巨兽，其大嘴可以吞噬世间一切。《山海经》第二卷《西山经》云："又西三百五十里曰天山，多金玉，有青雄黄，英水出焉，而西南流注于汤谷。有神鸟，其状如黄囊，赤如丹火，六足四翼，浑敦（混沌）无面目，是识歌舞，实惟帝江也。"

土地公实际与中国古代社会所祭"天、地、社、稷"中的社、稷之神有关，寄托了中国劳动人民祛邪、避灾、祈福的美好愿望。而在电影中，他可以化身为数个土地小老儿。他洞悉悟空、江流儿等人的前世今生，总是在关键时刻出现，表示命运的安排与指引，促成影片中的人物相遇、重逢。

（2）视觉符号之场景符号

《西游记之大圣归来》整体呈现出一派山峦迭起、流水潺潺、绿水青山的中国传统景观图。

影片开头部分讲述孙悟空大闹天宫的情节时，用了中国传统艺术"皮影戏"的形式进行呈现。

而影片中孙悟空和混沌大战的场景，取景于独具中国特色的著名寺院——悬空寺。建成于 1400 年前北魏后期的悬空寺位于悬崖峭壁上，以其如临深渊的险峻而著称，是中国仅存的儒释道三教合一的独特寺庙。

2）听觉符号之背景音乐

影片中多处穿插中国古典乐器作为背景音乐，烘托气氛，其中涉及的乐器包括古筝、竹笛、唢呐、琵琶、二胡、锣鼓等。影片中还出现了多个中国传统名曲，如孙悟空出场时的背景音乐为民族管弦乐《闯将令》；在江流儿直面反派混沌深陷危机之时，孙悟空出场的音乐为《小刀会序曲》。其中还不乏中国传统戏曲的展现。如皮影表演唱词部分由碗碗腔演唱与动画画面中陕西皮影戏相结合。该曲在唱法上吸收了京剧唱腔，极富韵味，所用到的歌词"五行山，有寺宇兮，于江畔……"与《离骚》所用韵相仿。

## 2. 符号的指代对象

1）中国传统佛道文化在影片中的呈现

影片中出现的如来佛祖是佛教代表人物，江流儿及其师父的角色设定为和尚，也体现了佛教文化。

江流儿及其师父穿着是传统的僧人服饰，孙悟空绝大多数时候也是身着一身僧服。变身前混沌的服饰参照了唐朝道士的装扮。

江流儿手中拿的符咒是中国传统佛道文化在影片中的呈现；他和师父化缘时拿的钵是佛教中出家僧人必备之物。

影片中出现的寺庙建筑也是佛道文化的体现。

2）传统价值观念和道德规范在影片中的呈现

影片中的角色符号鲜明地体现了中国传统价值观念和道德规范。江流儿只是一个孩童形象，但是他在妖怪横行的情况下，仍会毫不犹豫地去救人，体现了善良、勇敢、不畏强权的中华传统美德；影片中的孙悟空更像一个普通人，面对挫折无能为力时，他会想逃避，但面对不平他也会挺身而出，他的成长与蜕变，是中华民族自强不息、坚强不屈精神的映射。

### 3. 符号的解释项

#### 1）唐僧和孙悟空关系的新解读

在小说《西游记》中，"江流儿"是唐僧的师父给他取的小名。原著中，唐僧是孙悟空的师父，对他是教导、限制的角色；而影片中，唐僧用了一个可爱的小孩子江流儿这一符号来展现，对孙悟空的情感也变成了崇拜、依赖。孙悟空和唐僧的关系被重新诠释。值得一提的是，影片中江流儿与《西游记》中的唐僧仍有许多相似之处。除了身世之外，小说中的唐僧念紧箍咒的行为，在影片中也被巧妙地转化成了江流儿好奇心旺盛地不停发问，这种依托经典故事情节的改编，以一种趣味性的方式带领观众重新回顾了古典名著，为古典名著注入了新的活力，不失为一种传播中国古典文化的好路径。

#### 2）平民化的孙悟空英雄形象

相较于经典《西游记》中神通广大、无所不能的孙悟空，《西游记之大圣归来》塑造的是一个更趋向平民化的英雄形象，一个沧桑、颓废、被挫折打击的"中年大叔"形象。他更像一个普通人，他有法力被限的愤怒、对未来的迷茫与颓废、无能为力的自我怀疑，但他最终战胜挫折，找回自我。这样的一个中国英雄符号，体现了小人物也能成为英雄的思想，宣扬了"国家兴亡，匹夫有责"的民族大义。一方面，这样的角色设定更容易引起观众的代入感和共情感；另一方面，角色成长蜕变的背后，也弘扬了中华民族自强不息、正义、勇于担当的民族精神。这种重构为古典名著注入了新的活力，也推动着优秀的中华文化走向世界。

## 3.4.1.2 《哪吒之魔童降世》中的传统文化元素及美学风格

一直以来，中国传统美学思想都在为中国动画电影的创作与发展提供源源不断的动力，引导着中国动画电影的艺术发展方向。近年来中国动画电影在场景设计、形象设计等方面也融入了传统艺术与当代审美意趣，以新颖的视觉语言拓展了中国动画电影学派独树一帜的美学风格。

2019年上映的《哪吒之魔童降世》不仅以50.36亿的票房成绩登顶中国动画电影票房榜首，还刷新了当时中国电影历史票房纪录总榜。这是一个用6000万投资赚50亿的票房神话，也是在文化产业领域尤其是在新兴动漫产业领域对中国传统文化进行创造性转化和利用的教科书级别的成功案例。

### 1. 人物形象的解构与重塑

哪吒可以说是中国家喻户晓的少年神，几乎每一个在中国文化氛围中长大的人都对哪吒的传说有所耳闻，这是中国人共享的文化背景。而《哪吒之魔童降世》将灵珠转世的少年英雄哪吒变成了魔丸投胎的化着烟熏妆、走路手插兜、嘴里叼根草、说话小烟嗓的混世魔王。这一颠覆性的魔童形象不仅是对传统审美的冲击，也用多元化的个性设置、新颖的形象设计开辟出了新的市场空间，扩大了影片的受众范围，摆脱了动画电影低幼化、只适合于"合家欢"等刻板印象，为中国动画电影的创作与发展探索了新的路径。

而灵珠化身的东海龙王三太子敖丙则是身形飘逸、举止儒雅、温润如玉的翩翩美少年形象。在海边修炼的敖丙与哪吒不打不相识，因为二人都有着身份不被认同之苦，于是结为好友。作为被天庭利用并压制防范的龙族，龙王之子敖丙从小就秘密背负龙族复兴的期望，全族压力令他郁郁寡欢。在与哪吒的对决中，敖丙被哪吒"我命由我不由天"的精神所感化，他祭出龙族之宝万龙甲，豁出性命帮助哪吒对抗天劫。敖丙也正是在哪吒的影响下，学会了敢于做自己、不认命，并与哪吒联手抵抗命运。

《哪吒之魔童降世》中还有李靖夫妇与龙王所代表的"相伴快乐成长"以及"寄予厚望严格要求"这两种家庭教育方式的对比呈现。在过去的版本中，哪吒的家庭关怀是缺失的，他一直生活在一个父子关系相当紧张的家庭中。无论是在《西游记》《封神演义》等文学文本中，还是在《哪吒闹海》等影视文本中，李靖都是一个刻薄寡恩、刚愎专断的不称职的父亲形象。他托塔也仿佛是为了能时刻以宝塔镇住自己的儿子。而在《哪吒之魔童降世》中，哪吒阴差阳错成为魔丸投胎的"坏孩子"，历经劫难，却因祸得福收获了历史版本中的哪吒所不具有的一个真正意义上的幸福家庭。可以说，《哪吒之魔童降世》中最令人欣慰的改编就是李靖这一父亲形象的变化。他变成了一个给予孩子信心、信任和理解的好爸爸。他能体会孩子的痛苦，并鼓励他积极做自己，甚至为了儿子甘愿付出自己的尊严和生命。

### 2. 极具东方意蕴的叙事

《哪吒之魔童降世》中对观众原本熟知的哪吒故事进行了颠覆性的改编，巧妙融合了道教阴阳学说，利用阴阳这一中国文化解释世界本源的二元结构来设定人物关系，搭建叙事。

故事始于一颗混元珠。元始天尊将其提炼成灵珠和魔丸，但被申公豹调了包。本应是灵珠转世的哪吒成了魔丸投胎的混世魔王，而灵珠则投胎成了龙王三太子敖丙。影片将叙事重心放在了"魔童降世"这个概念上，讲述了哪吒从出生到三岁的成长过程。《哪吒之魔童降世》中的哪吒不再是《哪吒闹海》中那样的少年英雄，而是社会中的绝对少数派。他是魔，充当起了"反派"的角色。因为成见，陈塘关百姓对哪吒的态度是避之唯恐不及，是厌恶和恐惧。哪吒力图消除这种成见，他试着友好地向同龄人伸出手，勇敢地去追击海夜叉保护村民，尽力去解释……但是所有的努力都改变不了村民的态度。种种歧视最终引发了哪吒的反叛与暴戾。敖丙作为身份同样特别的绝对少数派，身上背负着整个龙族的期望，背负着妖族的身份和接受灵珠的负罪感，因此他承受着孤寂，压抑着情绪，到哪儿都要披着斗篷，以遮盖龙角掩饰妖族身份。当他的斗篷被掀开时，他顿时成为人人喊打的妖。他失去了理智，差点将整个陈塘关覆灭……这意味着，《哪吒之魔童降世》讲述的不再仅仅是哪吒的故事，也是哪吒与敖丙这两个统一又对立的个体以及他们家庭的不同故事。哪吒和敖丙无疑都是悲剧人物，这两个形象所折射出来的是"被成见""被歧视"群体中最常见的两种类型：一种变得叛逆，狂躁，用以暴制暴的方式反抗成见；另一种则变得抑郁、自闭，在不断的自我折磨中寻找解脱。[1]最终，哪吒的确践行了"我命由我不由天"的誓言，但那是以生命为代价的。

① 李滇敏. 善待传统文化这座巨大的 IP 库[N]. 江西日报，2019-08-20（8）.

### 3. 自由与成长的多重主题设置

《哪吒之魔童降世》中哪吒的诞生方式便注定了他的不平凡。而影片却在一次次地为哪吒找寻"平凡"的人生。这是有史以来哪吒第一次以"本我"的状态面对世界，也是人们第一次尝试让一个能力和责任都远远超过实际年龄的少年英雄形象回归他最原始、最本真的状态。弗洛伊德在人格结构理论中将"本我"定义为遵循唯乐原则的"本能的我"。它容纳着人性本能的欲望和未激发的原始冲动。它不代表善，也不代表恶，它是中性的；它就像一块形状不固定的橡皮泥，需要家庭教育、社会规范、道德标准、法律准则等诸多外力来塑造。[①]《哪吒之魔童降世》中的混元珠其实就是一个"本我"的象征——吸食天地日月之精华的混元珠尚且无法保持纯净，人类又怎能将自己的本性划分得善恶分明呢？在影片中，魔丸投胎转世的哪吒在玩世不恭的外表下掩藏着一颗悲天悯人、柔软细腻和英雄救世的心。《哪吒之魔童降世》中"我命由我不由天"、生而为魔却逆天改命的哪吒，更多地回应了当下社会的价值思考。在《哪吒之魔童降世》里，哪吒的独立和反抗意识是对自己命运的把握，也是对他人成见的反击与突破。

### 3.4.1.3 《白蛇》系列动画

《白蛇：缘起》与《白蛇2：青蛇劫起》是由四大民间传说之一的《白蛇传》改编的动画电影，极具中华传统韵味。

《白蛇：缘起》以白蛇为切入点，讲述了白蛇失忆后被民间男子许仙（宣）救起并相爱的故事。作为传统民间故事当代化改编的成功案例，《白蛇：缘起》凭借精良的制作和出色的影视效果展现，完成了对传统古典文化的现代化诠释及潮流化解读，为消费文化中传统文化的融入和壮大提供了良好的参考范本。

传统的白蛇传故事的主题不是赞颂"突破世俗枷锁"的爱情，而是告诫世人要警惕美色的诱惑。而《白蛇：缘起》的主题思想则上升到了"传统观念对自由人生的桎梏"，爱情在其中更多地起着推进和引导的作用。这更符合现代社会的价值观。

《白蛇：缘起》以传统民间故事为基本架构，通过对故事元素的大胆取舍以及调整叙事时间等创新的影视化表现，拓宽了传统故事的想象空间，让影片的主题思想变得更加尖锐和先锋。

《白蛇2：青蛇劫起》虽然借用了传统故事IP，但又跳脱出原有的设定框架，在光怪陆离的奇妙幻景与目不暇接的追逐打斗中，讲述了小白与小青姐妹情深的故事。影片通过对民间传说故事的颠覆性改编，提炼了传统文化的精神内核，形成了契合广大受众审美心理的动画电影新范式。

《西游记之大圣归来》《哪吒之魔童降世》《白蛇》系列动画等以经典IP为起点，通过创新的表现形式和情节叙事讲述经典故事，让其核心价值的精髓与当代文化价值相结合，构建起观众的文化认同，焕发出新的活力。

---

① 凌瀚. 哪吒的"变形计"与时代的价值关切[N]. 江西日报，2019-8-20（8）.

## 3.4.2　《大鱼海棠》的中华传统文化呈现

2016 年《大鱼海棠》的横空出世为中国动画电影市场注入了新的活力。《大鱼海棠》以中国经典神话故事为核心，结合了中国传统文化中的哲学思想，使受众耳目一新。

《大鱼海棠》的灵感来源于中国古代庄周的《庄子·逍遥游》："北冥有鱼，其名为鲲。鲲之大，不知其几千里也。化而为鸟，其名为鹏。鹏之背，不知其几千里也。怒而飞，其翼若垂天之云。是鸟也，海运则将徙于南冥。南冥者，天池也。"此外，作者还融入了一些自己的人生观、价值观，融合了一些古籍如《山海经》《搜神记》和中国神话"女娲补天"等中国的传统文化元素。影片主要讲述的是掌管海棠花生长的少女椿为了报答救命之恩而竭尽全力复活人类男孩鲲的灵魂的奇异玄幻故事。椿在十六岁生日那天为了完成成人礼而变成了一条海豚来到人间，却不幸被困在了一张网里，人类男孩鲲出现并救了她一命，自己却掉进深海中死去。为了报答鲲的救命之恩，为了让他的灵魂复活，椿去灵婆那里寻找办法。灵婆告诉她要在她所生活的世界里秘密照看鲲的灵魂——一条小鱼，帮助它成长为一条巨大的鱼，然后让他回归到大海里得到自由。经过椿的细心照看和重重磨难，人类男孩鲲终于回归大海得以重生，但这一过程却违背了椿所在世界的天道，从而引发了种种灾难。

《大鱼海棠》的主人公椿的名字取自庄子《逍遥游》："上古有大椿者，以八千岁为春，八千岁为秋。"这句话意在表达其寿命之长，而影片一开始老年椿的独白就向观众表述自己已经活了 117 岁。椿是掌管海棠花生长的，影片借花喻人，用海棠的花姿潇洒来表现椿善良倔强、率性而为的性格特点。正如宋代刘子翚所作的《海棠花》所描述的："幽姿淑态弄春晴，梅借风流柳借轻……几经夜雨香犹在，染尽胭脂画不成……"海棠花集梅花柳树的美于一身，如风姿绰约、优雅娴静的淑女一般妩媚动人。

影片中人类男孩鲲的名字源自庄子《逍遥游》中"北冥有鱼，其名为鲲。鲲之大，不知其几千里也"。鲲因救椿而死，他的灵魂变成了一条鱼，椿为了报答救命之恩宁愿牺牲自己的一半寿命将其解救并为其取名为鲲，希望它可以长成极大的鱼，这正呼应了《逍遥游》中"鲲"的意义。

影片中"湫"的名字出自《高唐赋》（宋玉）中的"湫兮如风，凄兮如雨"。这样凄冷的名字将湫的命运表露无遗。在潇潇冷雨、瑟瑟寒风中孤独又凄苦地生存着，这正是湫的写照。他自幼没有父母，由奶奶抚养长大，无怨无悔地深爱着椿但椿仅将他当哥哥看待。他为了救椿，宁愿违背天道令整个家族陷入危险之中，甚至不惜牺牲自己的生命去成全椿的幸福。

### 3.4.2.1　第一人称视角的线性叙事

《大鱼海棠》中存在一个很常规的线性故事叙述方式，即"开端—发展—高潮—结局"。这种故事呈现方式主要以单一的事件展开，以事情发展的因果关系为序，通常是以时间的发展顺序来叙述的。

影片中女主角椿来自人类之外的其他世界。在这个世界中，天空是和大海的最深处相连接的，这里的主人掌管着万物生长运行的法则以及人类的灵魂，并遵循着一条规矩，那就是16 岁这一年要去往人间了解万物运行的法则，只有平安地回到自己的世界才能够成年。在椿的成年仪式当天，她变成了一只红色的海豚来到了人间。在人间，椿远远地听见了一名少年吹奏的笛声。椿在人间待的最后一天发生了意外，她的尾巴被网缠住了，吹笛少年听到声音后去帮助她，却被椿打入了漩涡之中。在椿找到少年时，少年已经去世了。回到自己的世界之后，椿去询问自己的爷爷人死后会去往哪里，爷爷告诉他人死后灵魂会变成一条鱼，然后进入如升楼。椿为了报答少年的救命之恩，用了一半的寿命救回了少年，为其取名为鲲。

但是这样的日子不长久，因为椿的行为违反了自然法则，他们的世界出现了六月飞雪的非常规天气，天灾不断。其他的村民发现了鲲的存在并想要消灭他以保护自己的生存环境。而椿为了保护鲲，不惜与村民为敌。这时，另一个主角湫试图保护椿鲲二人，让鲲回到人间。海水不断倒灌，椿的世界逐渐被洪水淹没。椿在与鲲道别之后变成参天大树堵住了海水。湫不忍看着椿受苦，用自己的生命换回了椿的生命。椿复活后失去了法力，被湫送到了鲲的世界。湫自己则消失了。鲲回到了人间后又变回了少年。

《大鱼海棠》故事情节的推进都是以一系列事件为因果，以激化矛盾来展开的，经过一个个事件的线性发展形成了整部电影的故事呈现。同时电影以女主角第一人称视角展开，为了弥补完全第一人称的缺憾，电影中还添加了画外音的叙述方法，在这种交替的叙述方式下影响着观众的情绪。

### 3.4.2.2　电影语言的隐喻表达

#### 1. "秋水共长天一色"

《大鱼海棠》中有很多镜头语言都借用了古诗词中经典名句的画面。如传说中的嫘祖（在中国传统神话中代表的是蚕之主，正是因为她才教会了人类怎样使用蚕丝来织衣服）织布的场景，导演采用了全景的构图方式，嫘祖所织的布成了天上的银河，湖水也因此五光十色，这个画面的来源正是王勃《滕王阁序》中的千古名句："秋水共长天一色。"再如椿和湫乘坐小舟在湖上穿过，赤松子乘坐着仙鹤。一艘小舟，一支长篙，一幅美丽的画卷在我们面前缓缓展开，这种充满古色古韵的画面让我们想到了《滕王阁序》中的千古名句"落霞与孤鹜齐飞"。导演借用"孤鹜齐飞"与"长天秋水"两种意象，动静结合，为我们展现了海底世界的优美，将画与诗在电影之中结合。[①]

#### 2. 传统天定观念的注入

电影之中还依靠传统五行八卦的观念来暗示女主角的命运。在椿的世界，成人礼上会有一个倒酒怪来给这些即将成年的孩子送上酒，让他们能够顺利变成海豚去人间。倒酒怪的头上显示的是我国八卦中的坎卦，象征着水，也与电影中的海底世界相照应。坎卦还有一个名字叫作"习坎"，"习"为重，就有着"重坎"即双份危险的意思，这也代表椿这次去往人间肯定有危险。

电影中还加入了中国传统游戏——麻将。湫为了找灵婆救椿，被灵婆要求陪她打一场麻将，湫刚摆好牌就胡了，这时的特写镜头展示的就是湫的胡牌，分别是一、六、三、四筒，谐音"一路三思"。电影之中有多处这样对主角命运的暗示。

---

① 韩林袁.《大鱼海棠》的文化传统元素呈现研究[D]. 大连：东北财经大学，2022.

**3. 适当留白更显意境**

《大鱼海棠》采用了很多留白手法，存在许多空镜头。如椿在摇响那枚核桃样的物什后被三手带到灵婆掌管人类死去灵魂的如升楼的画面：傍晚的湖面很宁静，天空中是一片云海，而一艘小船缓缓驶来，意境深远。这个镜头就有着大量的留白，这种空灵的构图方式与虚实相生的意境相结合，增添了如升楼的神秘感。

### 3.4.2.3　中华传统元素的呈现

动画电影《大鱼海棠》在影片主题思想的表达以及影像的外在形式上都融入了中国传统文化的元素。这成为其杀出国漫重围、广受好评的关键所在。

#### 1. 场景的设计与运用

在任何电影中，场景都是很重要的元素，场景串联着故事情节，并且在一些特定情节中起着特殊的作用。《大鱼海棠》中就融入了许多民族化的场景，甚至直接将现实中的场景复刻，展现了中国优秀的传统文化与地域风貌。

《大鱼海棠》中最重要的场景"神之围楼"主要借鉴了中国福建客家土楼的建筑样貌和风格特点。客家土楼的设计是根据当地的环境不断进化出来的。为了防御猛兽以及外族的入侵，整个土楼的设计采用圆形封闭状，充分体现了客家人的智慧。外部造型为圆形，体现了中国古代的"天圆地方"的宇宙观，内部结构呈"高四层，里四圈，圆套圆，圈套圈"的八卦阵布局，体现了中国传统文化中的哲学观念，也更加贴合影片所建构的神秘的"其他人"的世界。影片中椿的家族就居住在这样一个围楼内，这样的群居方式更易让观众将所有人物看成一个命运紧密相连的整体。

在《大鱼海棠》中，其他几个主要的建筑承启楼、世泽楼、和贵楼、朝源楼、环极楼、如升楼和通天阁等也都是复刻现实场景。环极楼的作用是举行成人礼。现实之中的环极楼位于福建永定，最早建造于康熙年间。在永定土楼之中，它是极其独特的，它的中间没有祠堂，所以又被称作"忤逆楼"。在电影中，楼中央是一口龙井，成人礼上湫的奶奶会施法术召唤水龙，让年满十六的孩子幻化成为海豚前往人类世界。灵婆的住所如升楼也是体现我国传统文化的一个重要场景，现实中也位于福建永定，是所有土楼中最小的一座。因为它的形状和量米的工具有些相似，因此也被称作"米生楼"。电影中的如升楼位于北冥云海灵湖中央，人类死去的灵魂都会汇集在这里。中间还有一口阴阳井。在如升楼的门的两侧所挂的对联——是色是空，莲海慈航游六度；不生不灭，香台慧镜启三明——出自北京雍和宫法轮殿乾隆御笔钦赐的佛家对联。这一对联所展现的意境与如升楼存放人类灵魂的功能相匹配，也完全符合如升楼所营造的神秘气氛。

《大鱼海棠》中很多场景设计还融入了我国传统的阴阳观念。如如升楼门口的门锁就是仿造的圆明园的十二生肖兽首中的猪首，在猪首开门之后会出现一个太极样式的"阴阳锁"；椿去寻找灵婆的时候，在貔貅悬崖摇动了核桃样的物什，随即三手就来到椿面前并将她带到了如升楼，椿这个时候摇动的核桃就是"阴阳鱼核桃"，它的设计和之前猪首之中的阴阳鱼锁一模一样。在我国传统观念之中，"阳"代表生，"阴"代表死，阴阳鱼锁还有阴阳鱼核桃都代表着因果循环、生死轮回；如升楼开门之后可以看见一束光射入井中，这口井叫作"阴阳井"，在《大鱼海棠》的世界观中，人死后会通过这口井化成小鱼。阴阳观念在电影中多次展现也体现了电影的价值观。[1]

### 2. 色彩的运用

色彩是电影中的一个重要元素。《大鱼海棠》中不同的颜色被导演赋予了不同的象征义，色彩的不断变换也是叙述的节奏的变换。

《大鱼海棠》的色彩基调是红色和绿色，按照一般的认知来说，红绿两个颜色对比度太强，通常不会共同来做基调，但是导演打破传统观念，最终形成了一部极具美感的动画电影，彰显了中国传统意蕴和浓郁的中国风格。

从《大鱼海棠》这一片名就可以知道整部电影的色彩基调之一是红色，因为海棠花就是红色的。影片中红色的海棠树、红色的"神之围楼"、红色的天空还有红色的服装相互映衬，红灯笼、红对联、红墙朱门、红肚兜、红鞭炮、红色的大鱼、红色的河灯等又展现出浓郁的民族特色。而且不同色谱的红色交相辉映，显得极具层次感。红色是中华民族最喜爱的颜色，是中国的颜色，也是中国的一种象征，它代表着热闹喜庆、尊贵和谐、兴旺发达。在电影中，红色也象征着电影的主题：生命。少年死亡后变成红色的小鱼，椿牺牲自己变成了红色的海棠树，这些都将红色变成了生命的象征。全片中以"中国红"为主并搭配以青花蓝和水墨黑，体现出中国传统文化的精神内核，极具东方文化色彩，给予了观众无与伦比的视觉享受。

在电影之中，山川和树木等场景还是选择了绿色，但不是单纯的一种绿色，而是以不同的绿色显示不同的植被。绿色作为另一个主基调，与红色形成了对比，具有很强的冲击感。导演对树木山川的刻画采用了水墨画的技术，展现了我国山川的壮丽。

### 3. 源自典籍与神话故事的角色设计

《大鱼海棠》塑造了一百多个人物和妖怪形象，试图建构一个玄幻世界。这些角色大多取自我国古代典籍，并以神话故事为基础创造了很多角色，为影片奠立深厚的文化底蕴，还使得整部电影具有浓郁的中国风。[2]

椿，是影片的女主角，掌管着海棠花的生长，名字取自《逍遥游》中的"上古有大椿者，以八千岁为春，八千岁为秋"。椿的上衣以红色为主色，右耳有一个松子形状的耳坠，每一次椿做决定时，耳坠都会发光，这一点塑造了椿坚定的性格。

湫自幼就是一个孤儿，主要掌管秋风，还在学习召唤水龙。湫的名字出自《唐高赋》的"湫兮如风，凄兮如雨"。这暗示了湫的身份及其命运。湫的头发是白色，着装是一身红色的客家服饰，性格非常活泼。

鲲是人类世界的少年，在海边长大，和妹妹相依为命。其名字取自《逍遥游》中的"北冥有鱼，其名为鲲。鲲之大，不知其几千里也"。鲲的设计借鉴了哪吒，其眉心也有一个红

① 沈彦锋.动画电影《大鱼海棠》中蕴含的中国古典哲学理念[J].戏剧之家，2020（35）：161-162.
② 徐旭恒.国产动画电影中传统文化元素的应用——以《大鱼海棠》为例[J].牡丹，2021（12）：64-65.

点，死后化作鱼的鲲头上有角。鲲穿的服饰也是客家人经常穿的，鲲的一袭白衣代表其心地善良。

灵婆和鼠婆这两个代表是非善恶的二元对立的人物形象极具象征意义。灵婆掌管死去好人的灵魂，并终日与猫为伴，遵循天道惩恶扬善；鼠婆心肠恶毒，掌管死去坏人的灵魂并将它们化为老鼠，整日与老鼠为伍，触犯天规渴望人类世界。两个人物形象一善一恶、一正一邪，而与她们相伴的猫与鼠自古以来就是天敌，表明了善恶有别、天行有道。

中国民间神话传说中凶猛的瑞兽貔貅也在《大鱼海棠》中扮演了一个重要的角色。貔貅神通特异，有嘴无肛，只进不出，能吞天下财而不漏，因此是辟邪开运、招财进宝的象征。在电影中，它是联系椿和湫同灵婆的媒介，同时它还守护着椿和湫生活的那个世界的安宁。貔貅有去无回则表明椿和湫在去找灵婆后将会失去自己珍贵的生命和灵魂。

其中还有不少人物角色出自《列仙传》《搜神记》《山海经》等古籍，角色设定和其本领能力也符合古书和神话中的叙述。如影片一开始嫘祖在织布正契合了其华夏文明始祖的形象。片尾处又提及嫘祖为重生的椿制作了新衣，也符合其养蚕缫丝的中华民族的伟大母亲形象。再比如祝融的人物设置，《山海经·海内经》中描述他的出身为炎帝的第五代孙，《国语·郑语》中记述其掌管火被尊为火神的身份。而《大鱼海棠》中的祝融也掌管着火并利用火来保护家族，同时他的性格也像火一样热烈冲动。他对椿不顾一切拯救鲲的做法不能理解，并施以暴力来阻止。

### 4. 民俗化的道具

中华民族在几千年的发展中形成了不同的习俗，这些习俗有着丰富的文化底蕴。《大鱼海棠》中就有着许多民俗文化的表达。

（1）对联

对联是中国文化中一种独特的艺术，是以对偶句为主刻在柱子上或者书写在纸上的一种文学形式。对联的兴起是因为传说故事中想要镇鬼就要在桃木上题字，经过不同朝代的演化逐渐成为如今的形式。2006 年对联被列入第一批国家级非物质文化遗产名录，如今的对联已经成为中国人过年时不可缺少的元素。

对联这个元素在《大鱼海棠》中多次出现，每副对联都在暗示不同角色的命运与性格。在承启楼中有一副对联内容为"清如瘦竹闲如鹤，座是春风室是兰"，横批是"竹曳花舞"。这副对联有四个意象，分别是瘦竹、鹤、春风和兰草，对应了电影中的四个角色：句芒、赤松子、椿、丿。象征着瘦竹的句芒是掌管万物生长的春神。鹤这个象征很容易想到赤松子，因为它多次在影片中出现，并且与主角交流。春风本身就和椿的发音相同，春风也暗示了椿的性格。兰草有百草之王的美誉，电影中椿的爷爷丿就是掌管百草的。在如升楼门口也有一副对联，内容是"是色是空，莲海慈航游六度；不生不灭，香台慧镜启三明"，这副对联的内容源自佛家的宗教观，和如升楼本身的用途契合，也暗示了三个主角的命运。对联这个极具中国韵味的元素为电影添加了新的线索，增强了影片的文化底蕴。

（2）灯笼

挂灯笼这一习俗也是来自传说故事，百姓不小心错杀了天地的神鸟，天帝就想烧死这些百姓。百姓们就想出办法，挂灯笼、放鞭炮等，让人间都变成红色，让天帝以为人间已处于火海。《大鱼海棠》中出现了很多次灯笼这一元素，比如承启楼就挂满了灯笼，椿见灵婆的桥上也有许多灯笼。灯笼的设定符合影片生死观的设定，椿的爷爷在救了湫之后就去世了，爷爷去世之后他所居住楼阁的灯笼就熄灭了。

（3）河灯

《大鱼海棠》中给观众留下深刻印象的习俗还有放河灯。椿在游览人间的时候看见了海面上漂浮着河灯，可以判断这段时间正是人间的中元节。每到七月十五日，人们就会将制作好的河灯放入水中来纪念自己已故的亲人。传说晚上将河灯放入海中，亲人的灵魂就会回归，这也表达了在世之人对亲人的思念之情。

此外，《大鱼海棠》中许多其他民俗化道具也无不体现了中国博大精深的传统文化。如湫使用法术时戴的龙头面具和海天之门开启时龙的意象是中华民族的图腾象征，代表着至高无上的权力以及神圣的地位；还有陶笛、油纸伞、绣床、阴阳鱼锁、灵婆的麻将以及香囊等物品皆体现了我国的民俗文化，整部电影因此具有浓郁的中国风。

《大鱼海棠》之所以获得成功，就是因为它将传统文化与现代元素相融合，唤起观众共同文化记忆的同时，也让观众感受到了视听刺激。

### 3.4.3　《雄狮少年》对民俗文化的传承与重构

纵观近年来的中国动画电影，"神话 IP、奇幻风格、现代启蒙"成为票房准则。创作者大都从中华优秀传统文化尤其是中国神话以及历史典籍中汲取创作灵感和素材。而《雄狮少年》"没有前情、没有卡司①、没有原始 IP"，在一定程度上打破了国产动画电影对中国民间神话传说进行 IP 改编的创作模式，将传统文化和地域文化融入少年成长的现实题材。《雄狮少年》自 2021 年 12 月 17 日正式上映以来便获得猫眼、淘票票、豆瓣等几大平台超高口碑评分，被誉为"国漫崛起的又一部优秀作品"。

影片讲述了一个名为"阿娟"的留守少年在观看舞狮表演时，遇到同样叫"阿娟"的少女并受到她的激励，于是不甘沉沦，邀请好友阿猫和阿狗组建舞狮队，拜隐世高手"咸鱼强"为师，最终在一场舞狮比赛中夺得冠军，从"病猫"逆袭为"雄狮"的成长故事。

#### 3.4.3.1　《雄狮少年》对民俗文化的融合与传承

##### 1. 故事以民俗文化"南狮"为线索

舞狮古已有之，随着中原人民南迁，以及南北经济水平与社会习俗的差异，狮子的扮相与表现风格亦不尽相同，形成南北两派。相对于北狮注重"形似"，与岭南地域文化相互融

---

① 演员阵容（cast）的音译。

合的南狮更重"神似",注重色彩和装饰,并伴以振奋激昂的鼓点来模拟真狮子威武雄壮的气势。

《雄狮少年》将"南狮"文化融入创作主线,通过对"南狮"原型的采借、模仿与改造形成了影视民俗样态,为观众呈现出饱满的人物形象、生动的故事情节和深厚的文化内涵。尤其是影片利用高超的 CG 技术,从狮头的颜色、质感到毛发运动,再到狮子运动过程中的整体形态及细节的改变等方面逼真再现了醒狮的精妙,以高水准的拟真特效和渲染技术塑造出惟妙惟肖的醒狮形象。

### 2. 细节呈现中国传统元素

（1）水墨

水墨画主要是通过水、墨的结合来达到形神交融的效果。《雄狮少年》开端一头威风凛凛的水墨狮子跃然银幕之上,影片以极具创意的定格水墨画将醒狮的腾、挪、扑、闪、飞跃、回旋等动作表现得惟妙惟肖,并用"泼墨"这一水墨画技法来表现舞狮"千变万化"的特点。电影开篇气韵生动的水墨动画彰显了醒狮的精、气、神,从而起到了宣扬南北舞狮历史和文化的作用。

（2）脸谱

醒狮的脸谱造型以传统粤剧中三国历史人物的开面为基础,以刘备和跟随他的关羽、张飞、赵云、马超、黄忠五位将军的脸谱为标志,被赋予了忠、仁、义、勇、信等人格特征和传统道德观念,展现了民众的英雄崇拜情结、对民族精神的弘扬以及对民族文化的传承。如刘备狮威严有力,沉着刚健;关羽狮刚劲勇猛,仁义忠勇;张飞狮好战威武,动作粗犷。《雄狮少年》的主人公阿娟舞的是红色短须的关羽狮。这与片中师徒、兄弟之间的情义相对应。红面关羽狮给予了阿娟逐梦的勇气与胆量。

（3）佛像

千百年来佛教文化深深扎根于中国民间文化土壤,而佛像常常被当作佛教信仰的表征和思想上的寄托。在《雄狮少年》中,佛像一共出现了三次,分别与阿娟获赠狮头、父亲受伤和比赛夺冠三个叙事转折点一一对应,隐喻着阿娟的情感与信念的变化,象征着阿娟从孤独无助到不甘堕落再到自立自强的转变成长过程。

（4）岭南地域特色

《雄狮少年》中对广东传统建筑、牛肉丸、咸鱼等具有岭南地域文化特色的元素有着精细化的画面表现;在声音呈现上也特意选用了具有浓郁地域色彩的岭南音乐。带有地域风格的音响、音乐、语言的使用与画面水乳交融,同电影剧情巧妙结合,既能形成独特的叙事风格,又能让观众产生身临其境的视听联觉效果。

### 3. 传统"侠文化"的传达

《雄狮少年》从头到尾都有国粹传承的模范人物、中国武侠史上的传奇人物之一黄飞鸿的身影,融入并诠释了作为传统文化重要内核的"侠"之精神。动画中的主要角色身上都具有典型的传统"侠文化"特征。阿娟的师父"咸鱼强"是具有超高舞狮技艺却大隐于世的侠之形象；阿娟在城中村天台上独自练习舞狮的气势则塑造了在城市文明背景下勇于与命运抗争的当代游侠形象。

导演在《雄狮少年》中呈现的侠文化是肇始于春秋战国时期的传统侠文化在当代的发展，以此鼓舞在现实中艰难前行的人们争做平凡的英雄。阿娟由"病猫"蜕变为"雄狮"的成长故事则表明当代少年可以从中华优秀传统文化中汲取精神力量，在成长过程中接受磨砺，最终成为与现实抗争、为梦想努力的少年英雄。

### 4. 对民俗文化传承的反思

（1）民俗传承人经济收入过低

阿娟因为儿时的梦想接触到舞狮，然而由于父亲工地受伤，不得不外出务工来挣钱养家。虽然阿娟在舞狮大赛中取得了冠军，但仍旧无法从中获得更多的经济收入。

（2）民俗文化认同危机

咸鱼强曾经是个舞狮高手，却在结婚时被嘲笑舞狮没用，他动了舞狮念头时也依旧被嘲讽，甚至咸鱼强在教几位小徒弟舞狮时也会被村里的人说闲话。

（3）民俗文化传承制度不够完善

影片中的舞狮队以"陈家村"为队名，而阿娟想要学舞狮就必须要找师父。我国传统民间艺术的传承大多是家庭作坊式的，传承制度不够完善，文化的传承空间逐渐变小甚至可能失传。

### 3.4.3.2 《雄狮少年》对醒狮文化的精神重构

《雄狮少年》精准把握了醒狮文化的精神内涵，运用数字技术逼真再现了醒狮的精、气、神，并对农民工、留守儿童、霸凌、城乡差距等社会现实问题给予了人文关怀，以主人公阿娟的逐梦历程和成长故事诠释了醒狮文化的文化内涵以及当代传承与重塑。

#### 1. 勇敢拼搏，无所畏惧

《雄狮少年》中的加时赛环节，脚掌受伤的阿娟取下狮头，驻足凝视着他想要挑战的那根从未有人挑战过的擎天柱——警示人们"一山还有一山高"的标志，突然鼓声响起，女阿娟带领着大家击鼓以鼓励。鼓点越来越密集，这唤醒了阿娟心中的睡狮，激发了他勇敢追梦的动力，也推动影片剧情达到了高潮。《雄狮少年》赋予了传统醒狮以新的含义，用当代年轻人勇敢拼搏、无所畏惧的逐梦精神完成了醒狮精神的媒介化传承与重构。

#### 2. 雄狮梦醒，少年中国

文化意象（cultural image）指"具备相对特殊而又固定文化含义，同时还具有丰富内涵和文化联想功能的文化符号"。《雄狮少年》借助"雄狮梦醒"和"少年"的文化意象比喻处于民族复兴的"中国"，进而起到传承醒狮文化、塑造国家形象的作用。醒狮被赋予了睡狮梦醒、大众觉醒、救亡图存的精神内核。

　　总之,《雄狮少年》的成功之处在于：第一，在讲好故事的基础上没有仅停留于对中华优秀传统文化的致敬和崇拜，而是从更深层次探讨了诸如贫富差距、女性觉醒、留守少年、农民外出务工等现实主义层面的社会议题，拓展了国产动画电影的社会现实意义；第二，在当代文化语境下积极探索传统文化和地域文化的创新表达方式，吸引观众在感受传统文化和地域文化的魅力的过程中获得对现实的思考；第三,《雄狮少年》通过动画化手段实现了对民俗文化空间的再现，打破了传播过程中的时空限制，在保护民俗文化生存空间的同时，提高了民俗文化的影响力，使其焕发出新的生机。

　　综上，动画电影是一种重要的文化载体，可以传承一个民族优秀的传统文化和民族精神，建构普适的文化价值观，甚至直接反映一个民族的文化精神。从中国动画电影发展史来看，优秀的作品都是植根于中华优秀传统文化的。中国动画电影因蕴含的中华优秀传统文化以及透露出的传统意境美而被世界熟知，同时也担负着传递中华优秀传统文化与现代文化的责任。

# 第4章 网络营销与视听文化传播

随着我国大数据技术的发展和普及，网络营销的应用范围逐渐扩大。它逐步取代了传统的营销模式，发展方向趋于市场化、信息化及精准化。本章将从视听传播的营销场景与工具出发，介绍该领域下各类网络营销的内涵、模式和特征。

## 4.1 社交媒体营销

随着移动互联网和社交媒体平台的快速兴起，媒介不再只是单一的消费品，社交媒体向人们打开了一道自由分享信息与生产信息的大门，消费者本身成为具有公信力的媒体，他们迁移至社交媒体平台，获取品牌信息，参与品牌活动，表达对品牌的喜好或对品牌的不满。同时，许多基于移动互联网、物联网和云计算的新应用、新产业和新服务正在不断涌现，品牌更容易结合大数据技术对用户的消费行为、消费偏好所进行的深入分析提供精准服务，激发消费者的购买行为，为品牌创造更多销售机会。

以上种种现象都发出了一个明显的信号：互联网时代的营销思路需要变革，营销的内核也将随着营销思路的变革而改变。技术和营销早已不是商业竞争的最大瓶颈，互联网与生俱来的破坏性创造力，已经开始向价值创造环节渗透，对产品生产销售乃至整个营销模式进行颠覆。营销思路需要从以下几个角度进行变革。其一，传统商业盈利模式以依赖信息不对称为主，传统营销以产品思维为主导，而互联网让信息趋于透明化，由此导致传统商业赖以生存的信息不对称模式被打破，基于信息不对称的传统营销效果会变得越来越差。其二，随着产品的高度同质化，比传统广告传播更为重要的是用户体验，这已经成为营销成功与否的决定性因素。消费者对每款新产品的使用都意味着价值的产生，极致的产品体验会激发消费者的分享热情。他们会利用社交媒体为品牌创造口碑传播，甚至会让品牌成为一个个社会的热点话题。其三，对于品牌而言，消费者需要的不只是产品而是生活方式。

### 4.1.1 社交媒体营销的内涵

#### 1. 社交媒体营销的定义

社交媒体营销存在多种定义。技术营销网站 Mashable[①]的定义简洁明了，包含了社交媒

---

① Mashable 是一个互联网新闻博客。由 Pete Cashmore 于 2005 年 7 月创办，月访问量超过 7 百万，Alexa 排名 300 多。它是世界上访问量最多的博客之一。Mashable 撰写关于 YouTube、Meta(Facebook)、Google、Twitter、MySpace、苹果等的新闻，同时他们也报道一些其他媒体的消息。

体营销的大多数要点。

社交媒体营销是指通过社交媒体网站来获得互动流量和品牌知名度的过程。

社交媒体营销项目通常以努力创造不同形式的内容吸引消费者注意力，鼓励阅读者通过自己的社交网络将它分享出去。

公司的信息在用户之间传播，并可能在其间产生共鸣，这是因为它来源于可信任的第三方信息源，而不是品牌或者公司自身。这种形式的营销受到口碑的驱动，意味着它更依赖于有机传播，而非付费推广。与此同时，社交媒体营销还包含几个重要的方面：

① 创造轰动、具有号召力的事件、视频、推文以及博文来吸引社交媒体用户的注意，在本质上有成为"病毒"的可能性。用户关联使得社交媒体营销得以运作，通过用户间的社交关系网络不断复制、传播信息，由此产生巨大的影响。

② 建立社媒矩阵，品牌粉丝或者公司能够在多种线上社交媒体中自由传递信息。公司或者品牌应该在主流社交平台上创建主页，以便为其关注者提供信息或者优惠券等促销物资。在这些平台上，公司或者品牌能够收获大量的关注者，再根据这些关注者、订阅者的个人资料和平台的行为数据分析对用户的消费习惯进行细分，以便为目标受众推荐更有吸引力的产品或者广告。例如某头部带货主播，在各大平台上拥有自己的账号，不同的账号根据平台的特性和用户的特征生产不同的内容。微博上的内容主要是直播预告和直播笔记，负责为直播引流；而小红书账号则侧重于输出干货，分享美妆、穿搭等经验。

③ 社交媒体营销是基于在线互动的。在社交媒体平台上，消费者一方面可以与品牌进行互动，另一方面也可以与其他消费者分享信息和交换意见。互动性是消费者创造品牌相关内容的激励因素，同时也加强了他们对品牌的态度和购买意愿。社交媒体营销鼓励用户参与对话，重视用户的反馈作用和引流作用有利于社交媒体营销取得良好的效果。就 2020 年热播的电视剧《觉醒年代》来说，观众在短视频平台的二次创作和积极互动促进了《觉醒年代》在青年人群中的传播，既"叫座"又"叫好"。

④ 社交媒体只是媒介生态的一部分。也就是说社交媒体需要和企业品牌的自有媒体（品牌粉丝主页等）以及付费媒体（传统广告媒体——电视、广播等）合力营销。

### 2. 社交媒体营销的特征

与传统营销相比，社交媒体营销主要具备以下三大特征：

（1）社群是核心

社交媒体营销的核心是建立或连接一些由共同兴趣爱好或共同价值观而聚集在一起的消费社群，植入产品或品牌，打造一些基于提供线上、线下服务，建立归属感和黏性的品牌体验社区。社交媒体同时打破了传统物理场景中群体成员因不同差异所产生的隔离，消弥了地理界线，促使全世界范围内孤立的个体信息系统走向融合，并赋予了个体新的群体身份，衍生了许多具有相同诉求和认同的虚拟族群。

（2）数据为驱动

社交媒体时代，社交媒体营销的重要驱动力之一就是数据驱动。社交媒体营销的发展依托的互联网和社群都是海量数据构成的，大数据正在把追踪监测并满足消费者个体的兴趣和需求变成现实。寻找品牌的目标消费者，就必须对海量的互联网用户及行为特征进行实时和准确的分析，以此来掌握目标消费者的数据。了解消费者的需求和沉淀消费者的数据，从媒介思维向数据思维转型，已经成为企业应用大数据的重要标志。社交媒体时代，谁掌握和运用好了用户大数据，谁就可能在这个时代当中抢得先机。

（3）多维服务体系

社交媒体营销的另一个核心要素便是建立面向社群主体的多维服务体系，通过线上、线下的各种服务来无缝连接和粘住消费者，在获得销售产出和利润的同时最大限度地获取用户的忠诚度。企业通常将社交媒体与商场、电视、广播、报纸、户外营销以及事件营销等传统渠道相结合，以便对目标顾客群产生更好的影响，提倡"线上线下"协同，弥补社交媒体营销中顾客线下体验的缺失，例如线下体验店和快闪店。

## 4.1.2 社交媒体营销工具和基本模式

### 1. 社交媒体营销的现状

#### 1）国内外社交媒体营销发展现状

随着 Instagram（Meta Platforms 公司旗下社交应用），Snapchat（色拉布，是由斯坦福大学两位学生开发的一款"阅后即焚"照片分享应用）等新兴社交媒体的崛起，大部分品牌都在考虑多平台的社会化营销策略，总体来讲基本上形成了基于 Blog（网络日志）、Facebook、X（曾用名 Twitter，美国社交网络及微博客服务的网站，是全球互联网上访问量最大的十个网站之一）、YouTube（视频网站，由美国华裔陈士骏等人创立，用户可以下载、观看及分享影片或短片）、Instagram、Snapchat 六大平台的营销，它们共同承担了品牌长文章、短文章、图片、短视频、长视频的内容传播任务。在 2022 年，Reddit[①]的每月访问流量在全球网站排名第 21 位，在美国网站排名第 13 位、在社交类平台排名第 6 位。此外，Reddit 用户的平均花费是其他网站用户的 2 倍。而在 2022 年，视频内容营销依然是热门趋势，Meltwater 对全球 3000 多名营销和传播专业人士进行问卷调查，40%的受访者表示计划在 2022 年使用 TikTok 进行营销，TikTok 成为目前增长最快的社媒渠道。

相对于国外的社交媒体环境，国内的社交媒体环境进化更快，也更复杂，但总体来讲也并未脱出长文章、短文章、图片、问答、短视频、长视频、直播这几种主要形式。中国的全平台营销主要基于这些形式，形成了由微博、微信、抖音、知乎、豆瓣、网易云音乐、贴吧等主流平台，再加上特定行业的垂直平台组成的矩阵。据中国互联网中心第 51 次《中国互联网络发展状况统计报告》显示，截至 2022 年 12 月，我国短视频用户规模达 10.12 亿，首次突破 10 亿，同比增长 8.3%。短视频平台持续拓展电商业务，"内容+电商"的"种草变现"模式已深度影响用户消费习惯。中国网络视听节目服务协会副秘书长周结表示，随着行业的

---

① Reddit 是个社交新闻站点，用户能够浏览并且可以提交因特网上内容的链接或发布自己的原创或有关用户提交文本的帖子。其他的用户可对发布的链接进行高分或低分的投票，得分突出的链接会被放到首页。另外，用户可对发布的链接进行评论以及回复其他评论者，这样就形成了一个在线社区。Reddit 用户可以创造他们自己的论题部分，对发布链接和评论的人来说，既像 Reddit 用户提交的非正式的论题，也像社团的正式的论题。

发展，短视频内容不断丰富，带动用户规模增长和黏性加强，成为移动互联网时长和流量增量的主要来源。此外，短视频还与直播、电商、教育、旅游等行业相互加成，逐步渗透至网民的生活全场景。

2）社交媒体营销的优势与劣势

（1）优势

成本低。社交媒体营销能够在较小的预算下快速建立品牌口碑，让更多的受众在短时间内了解到品牌信息。在同等营销效果的状态下，使用传统媒体则需要投入更多的成本。与传统广告形式相比，社交媒体营销不需要大量的广告投入，相反，用户的参与性、分享性与互动性的特点很容易加深用户对一个品牌和产品的认知，形成良好的印象，降低营销成本。

精准定位品牌受众。由于社交媒体的用户注册数据相对真实，品牌在开展社交网络营销时，可以通过用户的场景、收入状况、自然属性等标签来筛选自己的目标用户，从而有针对性地向这些用户进行宣传并与之互动，实现精准营销。

门槛低、传播速度快。社交媒体本身对于受众没有限制，任何人、任何品牌都可以在社交媒体平台上宣传。并且随着互联网技术的不断发展，社交媒体营销也不像传统付费媒体营销一样有时空上的限制，传播速度快，传播面广。

互动性强。借助社交媒体开放平台，受众的评论和反馈增强了营销者和受众的互动性，既有利于品牌和受众建立信任，也有利于品牌的口碑营销。随着网民网络行为的日益成熟，用户更乐意主动获取信息和分享信息，社区用户显示出高度的参与性、分享性与互动性。社交网络营销传播的主要媒介是用户，主要方式是"众口相传"。

（2）劣势

信息冗杂。任何用户都可以在社交媒体平台上注册信息并进行传播，这就导致社交媒体上充斥了海量的信息，品牌的营销很可能被湮没其中，难以获取用户的关注。

营销手段同质化。复制、模仿、抄袭的营销克隆，相同的产品、类似的渠道、趋同的广告宣传、千篇一律的价格战……品牌间相互模仿的营销手段，让用户难以形成对品牌的差异化认知，不利于品牌的长远发展。

3）社交媒体营销的机遇

根据中国互联网中心第 51 次《中国互联网络发展状况统计报告》显示，截至 2022 年 12 月，我国网民规模已经达到 10.67 亿。人们在社交媒体平台上所花费的时间占全部上网时长的 40%。随着信息技术的迅速发展，公众越来越依赖网络获取信息，社交媒体改变了公众与企业的关系和交互逻辑，品牌的社交媒体营销已经不可或缺。

2. 社交媒体营销的基本模式

（1）AIDMA 模式

1898 年，美国广告学家 E. S. Lewis 提出 AIDMA 模型（Attention 引起注意、Interest 产生兴趣、Desire 培养欲望、Memory 形成记忆、Action 促成行为）。AIDMA 模型在大众传播时代是一个基于消费者行为的成熟的营销模式，这个模型认为消费者从最初接触信息到最后完成购买，需要经历 5 个阶段。首先，消费者需要注意到广告（Attention），然后对广告产生兴趣（Interest），接着产生购买商品的欲望（Desire），最后记住这个广告的内容（Memory），从而产生购买行为（Action）。在一对多、集权式、消费者缺乏主动权的传统媒体时代，这一模型非常透彻地解释了消费者对于营销信息的反应模式。但随着社会的不断发展，目前 AIDMA 这种单向线性传播模式已不再适用。

（2）AISAS 模式

日本电通公司于 2005 年在传统的 AIDMA 模型的基础上提出了适用于互联网传播环境的新模型——AISAS（Attention 注意、Interest 兴趣、Search 搜索、Action 行动、Share 分享）。新的 AISAS 模型当中有两个"S"，即搜索（Search）与分享（Share），这是现代互联网对营销模式的一个突破，凸显出现代互联网中搜索和分享对于用户决策的重要性，实际上意味着消费者的行为有了更多的主动性，也标志着互联网对用户购买决策行为的改变。AISAS 模式主要用于解释基于互联网环境生成的消费者行为变迁带来的营销新趋势。

（3）ISMAS 模式

伴随着移动互联网全面嵌入我们的日常生活，消费者行为与生活方式出现了巨大变化。手机"边移动边沟通"的模式进一步加速了媒介碎片化的进程，也导致消费者的注意力变得碎片化。手机如影随形，甚至"成了人体器官的一部分"，使得消费者使用媒介的主动性得到了前所未有的提升。这导致诞生于传统互联网时代的 AISAS 模式也开始部分失效。正是基于这些变化，北京大学新闻与传播学院教授刘德寰提出了移动互联网时代营销的改进模式——具有去媒体性质的 ISMAS（Interest 兴趣、Search 搜索、Mouth 口碑、Action 行动和 Share 分享），这个模型的重点在于通过口碑（Mouth）将网络与实体相互融合，弱化品牌商家主观推送信息的概念，强调消费者的需求与接纳度，并将忠实顾客与品牌忠诚度作为传播的核心。它顺应了社会化媒体营销的两个鲜明趋势：以媒体为中心的营销模式转化为以消费者为中心；以吸引注意为首要任务变成以消费者兴趣为出发点。

目前，社交媒体作为品牌与消费者沟通的接触点，已经广泛渗入消费决策流程的各个环节：借助社交媒体，主动检索（Search）有需要（Interest）的信息，主动产生对品牌的认知；经由搜索各方评论，消费者可以了解产品口碑（Mouth）；并在此基础上，完成消费者行为转化或直接促成线上下单（Action）；通过消费体验的分享（Share）影响他人决策。由此，社交媒体营销模式形成互动循环、精准营销。

### 3. 社交媒体营销策略

在互联网高速发展的情况下，社交媒体平台数量与用户基数达到前所未有的程度。发挥数据潜力、在社交媒体的交互体验中建立用户与品牌的关系、增强用户对品牌的忠诚度、推进品牌产品的口碑宣传、搭建更有效的传播途径，成为社交媒体营销策略的重要目的。

（1）活动营销策略

活动营销主要以活动为载体进行营销，使企业在活动中获得品牌的提升与销量的增长。无论是线上还是线下的营销活动，良好的品牌形象都是营销策略的根本，从根本上来说，品牌形象也是与时俱进的，即跟随产业结构调整与产品转型不断更新迭代。

IP 营销作为活动营销的重要手段之一，为品牌带来了巨大的销售势能。上海迪士尼在

2021 年圣诞节前夕发售的玲娜贝儿圣诞款玩偶，一小时内销售一空，在 3 个月时间内登上微博热搜 110 次，话题阅读次数达到 9.5 亿次，讨论次数高达 689.6 万次。而玲娜贝儿走红的背后，是迪士尼为其打造的"流量明星"IP。

品牌联名活动也时常让消费者眼前一亮，例如在 2020 年 11 月，海底捞联合可口可乐组建"深夜拨撩乐队"，发布 MV 单曲《Hi，晚点睡》，将食物拟人化，加上肥宅快乐水的设定，共同呈现出鲜活萌趣的画面。该活动的创新点就在于通过 ASMR（自发性知觉经络反应）来刺激感官，拉近了与受众的距离。除此之外，优酷平台推出的乡村爱情系列盲盒也极具营销创意。该系列盲盒有四款常规款和一款隐藏款，囊括了剧中的主要角色：谢大脚、谢广坤、赵四、宋晓峰和刘能。第一批盲盒预售上线仅 6 小时就售罄，可见创新的活动模式对年轻消费者的消费行为有较强的刺激作用。

（2）互动营销策略

互动营销，即企业可以通过资源整合的方式参与到某个组织活动或社会事件中。一方面，通过与消费者产生频繁有趣的互动来迅速提高品牌的知名度和影响力，引起消费者的情绪共鸣并培养用户忠诚度。另一方面，随着应用社交媒体的广泛使用，互动营销可以在社交媒体上进行，通过微信、微博、哔哩哔哩、小红书等平台进行多元化的宣传营销，用更有趣的方式编辑图片、文字和视频等，打造爆款，从而实现营销目的。

Keep，一款广受欢迎的健身应用，在抖音等短视频平台上发布视频，展示了健身教程和健康生活方式，吸引了大量观众的关注，相关话题的讨论热度也居高不下。Keep 推出的"每日健身打卡"系列视频，鼓励用户每日进行健身打卡并上传视频，这些视频在抖音上的播放量极高，观众的互动和分享也非常活跃。此外，Keep 还与多位抖音知名健身博主合作，推出互动活动和直播，让观众可以在线上与健身教练交流，进一步增强了用户的参与感和互动性。通过创新的互动方式和优质的内容创作，Keep 在短时间内大幅提升了品牌的曝光率和影响力，建立了与观众之间的深厚情感连接，实现了互动营销的最大价值。

（3）内容营销策略

互联网技术的快速发展模糊了营销方式的边界。在内容爆炸的时代，只有创新概念、丰富内涵才能有所突破，让内容圈层化产生"共振"，引起社会化共情，是内容营销的核心。无论时代和营销形态如何变化，优质的内容都可以承载起品牌的温度，肩负起深度沟通的重任，满足消费者更多的心理期待。

2020 年 3 月 8 日，NEIWAI 内衣推出了名为《致我的身体》的广告视频，视频以"NO BODY IS NOBODY"作为主题，力图打破传统意义的标准审美，通过 0～59 岁女性真实地展现"不完美"的身材来记录身体的美丽，传达出包容而多元的文化概念及品牌属性，引发女性消费者的情感共鸣。这一视频还登上了 2020 年 CAMA（China Advertising Marketing Awards，中国广告营销大奖）获奖榜单。

（4）名人营销策略

名人营销，即利用名人本身的高影响力，将受众的关注从名人转移到产品上，从而达到吸引受众参与消费、树立品牌形象、扩大消费群体等目的。目前名人营销可以分为两类：网红和明星。新市场的发展让网红如雨后春笋般涌现，他们在长期经营下与粉丝建立起信任关系，可以推动稳定的粉丝群体消费。例如李佳琦、雪梨等一众网红主播拥有强大的粉丝动员力。相对于网红来说，明星粉丝基数大、知名度高、粉丝黏性高、号召力强，营销效果更符合品牌预期。

2020年12月25日，由京东冠名的《脱口秀反跨年》以"滚蛋吧，2020的糟心事儿"为主题，为年底整体宣泄情绪需求提供了渠道。节目邀请了杨幂、张雨绮、李诞、王建国、罗翔、陶勇等各圈层人物，用轻松幽默的表达，触动用户的痛点和嗨点，利用名人效应的辐射，在社交媒体上引发热议。晚会在播放当日4个小时内观看量超过2000万，全网热搜高达148个，其中微博热搜43个，共上榜79次，累计在榜超过300小时。

（5）口碑营销策略

口碑营销大师马克·休斯（Mark Hughes）在《三张嘴传遍全世界——口碑行销威力大》一书中曾提出，最具威力的营销手法便是"把大众与媒体一起拖下水，借由口耳相传，一传十、十传百，才能让你的品牌与产品讯息传遍全世界"。口碑营销对于品牌来说是至关重要的推广方式，以产品质量为基石、营销为手段、口碑为目的，通过内容或者事件等引起消费者对品牌的关注，以及对其产品质量和品牌形象的认同和传播，在大众心目中留下良好的印象和广泛的品牌认知度。

国内很多企业都有成功的口碑营销案例。例如支付宝蚂蚁森林的口碑营销，用户的减排行为可以获得"能量值"，当数值达到一定的程度就可以让蚂蚁金服在中国荒漠化西北地区种下一棵树。三只松鼠锁定的口碑传播对象是他们的消费者，其创始人章燎原认为互联网思维的核心是高度关注消费者。消费者满意，就会通过社交媒体进行评价、分享，成为实际上的传播人员，从而影响其他顾客群体的购买决策。因此，三只松鼠坚持以数字化推动食品产业进步，以 IP 化促进品牌多元发展的品牌理念，全心全意为顾客提供新鲜、健康和高性价比的零食，追求极致的用户体验。

好的口碑营销可以起到良好的品牌导向作用，满足消费者被尊重的心理需求，消费者能通过产品获得信念与价值感，通过这种强化的意识，塑造品牌的形象，让产品形成"质量感"和"独特性"，实现产品与消费者之间的社会性和情感性的凝聚。

### 4. 社交媒体营销新趋势

在新时代，科技发展赋予社交媒体营销新的内涵和作用，营销不仅是品牌传播，更需要带来实际的销量，不仅当前销量要好，还要实现未来的持续增长。在这个背景下，社交媒体受到了更为广泛的关注。当品牌面临流量红利消逝与"黑天鹅"事件的挑战时，社交媒体的传播裂变、私域经营、交易布局等新价值凸显。新形态的交易，突破了以往"人—货—场"的关系，"人"成为商业的核心，越来越多的企业转向"以人为核心，以交易为目标"的业务模式。

那么，新形势下社交媒体会发生哪些变化？在头部社交平台的布局驱动下，社交媒体营销又会呈现哪些新趋势？品牌又如何才能更高效地实现增量拓展呢？

1）社交媒体营销走向"一人千面+品效合一"模式

在微博时代初期，当用户发出一条微博，所有的微博用户看到的都一样，这种模式被称为"千人一面"；到 2019 年左右，微信和微博做整合，不同场景下不同用户看到的内容不一，这种模式就被称为"千人千面"；到了短视频时代，用户在抖音看到一条以搞笑方式呈现的品牌介绍，到了小红书就变成了产品测评笔记，而到了哔哩哔哩就变成了游戏或者二次元场景，这种根据平台特点转变推广形式的模式被称为"一人千面"；在"一人千面"模式的基础上做到"品效合一"，即品牌声量和效果销量的统一是 2021 年以来社交媒体营销的最新趋势。

"品效合一"，所谓"品"即品牌效应，具体为顾客认知、顾客态度、顾客行为、市场份额、认知质量、顾客忠诚度和美誉度等指标；"效"即实际的销售转化和业务增长，表现为短期销售额指标。实体零售的数字化转型是零售端"品效协同"实现的基础，尽管消费者美誉度这些指标依然难以测量，但数字化所带来的可利用可分析的消费者行为数据、用户画像、购物篮数据等为品牌营销提供了精准营销和预测、广告效果量化的可能，其价值难以估量。

（1）"一人千面+品效合一"模式下的营销

在"一人千面+品效合一"的模式下如何进行营销呢？这需要从"人—货—场"切入。"人"是品牌营销的对象，"货"是商品的打磨与锚点式的名字，"场"是选择什么样的场景或者平台。"人"的关键在于了解目标人群的属性，比如目标人群的年龄、性别、所处地域、媒介习惯等，针对用户痛点，选择合适的营销模式。"货"的关键点是要有一个锚点式名字，首先要让名字跟产品的特性或者场景高度结合。其次，因为消费者的触点非常分散，在不同平台之间流转特别容易造成流量的流失，跨平台种草需要有辨识度的"关键词"作为链接点和流量收口。"场"分为社交电商场和传统电商场：社交电商场就比如抖音的抖音小店或者快手的快手小店；新的社交电商场会把流量做成封闭流量，尤其是抖音，目前只是直播，未来可能会有其他外链，做到自身的所见即所得。

（2）"一人千面+品效合一"模式下的整体方法论

"一人千面+品效合一"模式下的整体方法论主要为"测—埋—挖—播—拔—晒"六步，"测"是测试，先拿一个圈层测试产品卖点跟人群是否匹配；然后把头"埋"进去；通过明星大 V 来"挖"产品优势；"播"就是扩大传播，快速地把这个信息宣传出去；"拔"就是拔草，凑节点或者搞大促，把人群聚集起来；"晒"就是让 KOC（Key Opinion Consumer，关键意见消费者）把产品和使用体验晒出来。如此反复形成口碑循环。

2）充分发挥社交媒体特色优势，开发对话式营销的潜能

人性化、个性化的对话式营销，将成为品牌的重要营销方式。越来越多的品牌开始考虑采取一对一的内容来与消费者建立关系。比如利用私信、聊天机器人、社媒互动等方式与消费者沟通。随着 AI（Artificial Intelligence，人工智能）、AR（Augmented Reality，增强现实）、

MR①、XR②等技术的进步，对话式营销具有很强的适应性，机器人可以及时调整对话双方的关系，发展潜力将被进一步开发。未来，品牌在社交平台上可以为每一位消费者提供个性化的联系人。

3）社交媒体品牌直播常态化达成品销合一

从直播带货平台的营收目标来看，直播间正在成为新的货架。2022 年淘宝直播 GMV（Gross Merchandise Volume，商品交易总额）为 3.5 万亿元，快手、抖音电商 GMV 分别超过 7000 亿元、1.4 万亿元。对于品牌而言，直播是一次新的流量红利，也是一次达成品销合一的机会。有先见之明的企业，已经把直播作为新商业升级的抓手，实现企业的数字化转型。直播能够起到更强的带货作用，因为它能创造与消费者进行实时对话的空间，观看者如同身临其境，拥有强烈的参与感。同时，直播间里买家人头攒动的气氛，加快了观看者下单的速度，而不同的主播卖货，会让用户有一种逛庙会的感觉。

不同行业的线上化程度、消费者决策链路差异明显，在不同的消费场景中，企业只有精细化运营，才能最大化促成交易的达成。在这个层面，社交平台也在推出更细化的交易解决方案。抖音企业号针对品牌、电商、留资（留下个人资料）、到店四个典型场景，分别推出了精细化解决方案。微信也推出了广告—到店、广告—到家、广告—电商、广告—直购等多样化的生意链路，助力企业完成由公域到私域流量的协同与转化。

4）社交媒体营销新趋势下的营销路径

（1）提升认知

简单复制偶然刷屏成功的社交营销事件未必是正确的，但是成功的社交营销事件背后的逻辑和方法仍有可取之处。例如 2018 年由支付宝推出的锦鲤活动，用利益刺激、满足消费者暴富、贪心的消费弱点心理；利用转发抽奖等低门槛、高收益的形式让消费者充满期待地参与互动。这一抽奖互动背后的方法即利益满足。因此，社交营销不能只是复制，而是需要挖掘营销背后的需求点，在学习中创新传播逻辑。

（2）建立深度消费需求认知

包含品牌价值和消费需求的软硬广告更有利于精准传播。一则寓教于乐或者传递人情感的软视频广告、软图文广告能够引起社交话题讨论，流量迅速上涨。另外一则是主打某种需求的广告，产品卖点突出。当消费者真正准备购物时，可能会立即想起知名度高的品牌，但真正付款购买时却可能选择卖点突出、符合需求的品牌。因此，打造社交媒体营销广告的品牌，在选择创意策略的时候，除了注重创意策略，还需要注重传递有价值的产品卖点信息。

---

① Mixed Reality，混合现实技术，是虚拟现实技术的进一步发展，该技术通过在现实场景呈现虚拟场景信息，在现实世界、虚拟世界和用户之间搭起一个交互反馈的信息回路，以增强用户体验的真实感。
② Extended Reality，扩展现实，是指通过计算机将真实与虚拟相结合，打造一个可人机交互的虚拟环境，这也是 AR、VR、MR 等多种技术的统称。通过将三者的视觉交互技术相融合，为体验者带来虚拟世界与现实世界之间无缝转换的"沉浸感"。

（3）注重品牌传播媒介和环境

当一个品牌店铺选址在奢侈品牌门店隔壁，一般的消费者会下意识认为这个品牌也属于高端品牌，进而会直接认同该品牌，这就是品牌媒介效应。品牌在央视媒体等高门槛媒体上投放广告，也会产生这种认知现象。不过，社交媒体营销传播门槛较低，更合适大众消费品牌，高端、奢侈路线品牌适合投放在高级媒介场所。因为，媒介不仅是信息传递和表达的工具，其自身地位给品牌带来的传播价值更是不言而喻。

## 4.2　直播：直播电商、娱乐直播、公益直播

### 4.2.1　直播产业释义与溯源

#### 1. 什么是直播

广播电视术语词典将"直播"界定为"广播电视节目的后期合成、播出同时进行的播出方式"。按实际播出时间、场合也可具体分为电视台现场实况直播节目和播音解说室直播/演播室实况直播节目等播出形式。我们如今所谈的直播通常是指"网络直播"。网络直播是指将物理上存在距离的人和物联系起来，并利用网页技术和视频直播技术在虚拟现实平台上呈现，主要以主播来提供表演、展示，并与用户之间实现互动，具有实时性、社交性、直观性、互动性的特点，具体分为秀场直播、游戏直播、泛娱乐直播以及公益直播等类型。

#### 2. 什么是直播产业

近年来，国家越发重视文化产业与信息产业的发展，在"十三五"规划中更是明确提出要大力发展文化产业与信息产业，并从政策与资金方面支持信息产业。其中，《推进三网融合的总体方案》《关于金融支持文化产业振兴和发展繁荣的指导意见》等政策对直播产业的发展具有重要意义。与此同时，信息技术的高速发展和宽带流量费用的降低，也为直播产业营造了良好的发展环境。直播产业准入门槛降低，吸引了大批创业者，造就了今天直播产业繁华的市场局面。

一个完整的直播产业链可以分为以下几个模块：

① 内容提供方：用以生产高质量原创的内容产品和用以打造原创型网红产业平台的链路。

② 平台运营方：用以支撑优质内容平台及优质网红资源的平台运营方/运营管理团队的链路。

③ 传播的渠道方：用以进行内容的传播和分发的链路。

④ 服务内容支持方：用于内容运作、管理的服务技术支撑和服务监督管理的组合机构。

⑤ 直播服务方：用以提供围绕互联网直播服务产业相关的相关衍生增值业务模式和增值服务。

#### 3. 直播产业的发展

直播行业最早的公开投资发生在 2008 年，由 IDG 投资 2000 万美元给 9158（新芽投资），首次融资数据即破亿元，反映出直播产业的起点较高。随着网络技术的发展，直播行业也逐

渐从 1.0 时代来到了 3.0 时代,《中国网络表演(直播)行业发展报告(2021—2022)》指出,截至 2021 年年底,中国网络直播用户规模达 7.03 亿,占网民整体的 68.2%,其中,电商直播、游戏直播、体育直播、真人秀直播、演唱会直播等直播形态用户规模均上亿。同时,直播行业发展格局稳固,直播经济展现出了较强的韧性。2021 年,我国网络表演(直播)行业市场规模达 1844.42 亿元,直播行业以抖音、快手、微信视频号、陌陌、YY 等为代表的中头部平台有约 20 家。此外,我国共有 11 家网络表演(直播)上市主体,主要包括快手、挚文集团、欢聚集团、斗鱼、虎牙、哔哩哔哩、映客等。其中,快手在 2021 年于香港交易所挂牌上市。根据 2021 年财报,快手、哔哩哔哩、欢聚集团、虎牙等直播企业全年营收规模跨越百亿元人民币级别。2022 年年末,网络直播用户规模已达 7.51 亿,成为仅次于短视频的网络视听第二大应用。网络直播已经深入娱乐、教育、商业等多个领域。其中,新闻直播、娱乐直播、游戏直播在经常收看的网络直播类型中稳居前三位。此外,网络直播平台的市场集中度进一步提升,大致分为三个梯队,分别是第一梯队的斗鱼直播、虎牙直播,第二梯队的 YY、花椒直播以及第三梯队的映客直播、CC 直播、酷狗直播、快手直播伴侣和来疯直播。

直播行业的不断发展,形成了一条以直播行业为核心的产业链,如视频技术、宽带、游戏产业等,无论是硬件还是软件,一大批产业被直播产业带动发展。伴随着直播的热潮,网红逐渐成为一种经济产业。

## 4.2.2 直播产业治理与分类

### 1. 直播产业治理推进分析

直播行业的迅速发展伴随着三个主要社会问题。第一是部分直播平台过度追求商业利益,出现低俗化和道德无底线化的现象。第二是一些主播恶意传播虚假信息广告,销售假冒伪劣产品,以及从事网络诈骗、网络赌博等违法活动牟利。第三是内容侵权,一些主播非法截取其他正规渠道的直播资源用于牟利,侵犯了第三方的知识产权。

针对直播产业中初步显现的几点主要问题,国家有关部门、各市场主体以及网络直播行为参与者同受众都需高度重视。

第一,有关部门着力加快推进完善各级政府层面相关专项行政措施立法,明确规范相关执法内容标准,逐步消除相应法律法规的灰色地带,真正做到部门行政执法一体化、协同化、监管化和规范化的有的放矢。

第二,公安、网信、文化、广电、工信部门监管等各执法联动部门今后都应进一步加强统筹监管及相互协调,明确各自部门职责内的职能分工,弥补自身现有网络监管等职责空白,加强与跨界部门协作联动,开展更多次甚至不定期的集中和专项整治联合督导检查。

第三,平台借助技术手段,提升网络视频平台监管服务能力。积极完善利用互联网技术手段,推动平台进一步挖掘利用各企业依托自身现有平台技术优势,结合互联网移动大数据、人工智能、云计算大数据库等多项先进技术应用来整体提升业务运营的管理及监控能力,让各监管责任部门对各类移动客户端网络视听和直播等视频内容信息存在的重大异常行为及时进行精准监测和发现,全面实现精准防控覆盖,完善网络视频平台监管服务。

　　第四，加大对各类违法侵权举报、违规申诉举报和处罚以及奖励举报力度，建立并完善信用体系制度。鼓励移动互联网用户主动在中国移动网络信息投诉处理平台上举报违法问题和违规信息，进一步研究要求中国移动互联网平台企业主动整合或优化。

　　第五，逐步实行互联网"黑名单"制度。将中国目前网络视频行业公约草案中已提出要求的视频网络主播黑名单制度逐步扩大、深入中国相关领域行业及内部规范监管建设当中来；对列入涉嫌违法引发传播的影响极其深刻广泛、性质恶劣、具有网络社会舆情严重影响等名单的互联网直播平台，给予警告、限期改正或吊销该平台企业的营业执照等行政处罚，对相关违规经营从业人员实行终身警告或长期禁入广播网络内容综合传播、新闻文化娱乐传播、出版、广电与新闻产业等领域所有广电相关服务重点行业处罚，提高涉嫌违规的直播节目及内容平台企业的安全合规、风险管理及处置成本，维护国内网络直播持续快速健康有序平稳良性发展秩序。现将 2020 年 6 月至 2022 年 3 月有关部门针对直播行业出台的相关治理文件汇总如表 4-1。

表 4-1　2020 年 6 月至 2022 年 3 月有关部门针对直播行业出台的相关政策文件汇总

| 日期 | 文件/事件 | 主要内容 |
|---|---|---|
| 2020 年 6 月 | 《网络直播营销行为规范》 | 明确规定了商家、主播、平台以及其他参与者等各方在电商直播中的权利、义务与责任，是国内首次出台对网络直播营销活动的规范政策 |
| 2020 年 8 月 | 国家网信办等八部门工作部署会会议纪要 | 强化备案准入管理，全面排查清理未持有准入资格或未履行 ICP 备案，以及违法开展互联网新闻信息服务的直播平台 |
| 2020 年 10 月 | 《网络交易监督管理办法（征求意见稿）》 | 网络交易平台经营者若拟终止提供服务平台，应当至少提前三个月在其网站主页面醒目位置予以公示并通知消费者和经营者 |
| 2020 年 11 月 | 《关于加强网络秀场直播和电商直播管理的通知》 | 明确网络直播营销活动中的相关主体，特别是网络平台和网络直播者的法律责任与义务；明确网络秀场直播平台要对网络主播和"打赏"用户实行实名制管理 |
| 2021 年 4 月 | 《网络直播营销管理办法（试行）》 | 规定直播营销平台应当提示直播间运营者依法履行纳税义务，并依法享受税收优惠 |
| 2021 年 7 月 | 《网络表演经纪机构管理办法》 | 对网络表演经纪机构的证照资质、宣传要求，以及机构的服务对象做出明确规定。机构需获得《经营性演出许可证》，不得以虚假销售、带头打赏等方式诱导用户消费；同时，不得为未满十六周岁的未成年人提供网络表演服务 |
| 2021 年 8 月 | 《商务部关于加强"十四五"时期商务领域标准化建设的指导意见》 | 加强商务领域数字技术应用标准体系建设，促进直播电商、社交电商等规范发展。完善电子商务公共服务标准体系，加强服务载体、物流支付、监测分析、人才培养等标准建设，提升公共服务平台、示范基地、产业园区的服务承载能力 |

续表

| 日期 | 文件/事件 | 主要内容 |
|---|---|---|
| 2021 年 9 月 | 《加强文娱领域从业人员税收管理》 | 进一步加强文娱领域从业人员日常税收管理，对明星艺人、网络主播成立的个人工作室和企业，要辅导其依法依规建账建制，并采用查账征收方式申报纳税 |
| 2021 年 9 月 | 《关于加强网络直播规范管理工作的指导意见》 | 进一步加强网络直播行业的正面引导和规范管理，重点规范网络打赏行为，推进主播账号分类分级管理，提升直播平台文化品位，促进网络直播行业高质量发展 |
| 2022 年 1 月 | 《网络直播营销管理办法（试行）》 | 直播营销平台应当建立健全账号注册、注销、直播营销功能管理、信息安全、营销行为规范、未成年人保护、消费者权益保护、个人信息保护、网络和数据安全等机制和措施。直播营销平台应当制定直播营销商品和服务负面目录，列明法律法规规定的禁止生产销售、禁止网络交易、禁止商业推销宣传以及不适宜以直播形式营销的商品和服务类别。直播间运营者、直播营销人员应当加强直播间管理，确保内容符合法律法规和国家有关规定，不得含有违法和不良信息，不得以暗示等方式误导用户 |
| 2022 年 3 月 | 《关于抖音直播严肃整治不良直播 PK 内容的公告》 | 严格把控社区内容，严肃清理扰乱社区秩序、破坏平台生态、冲击正确价值观的违规内容。公告显示，平台将严格治理恶意炒作、拉帮结派、煽动"粉丝"等十大违规行为。对于违反相关规范的主播，平台将根据其实际行为的严重程度、主观恶意程度以及造成的影响，予以停播乃至永久回收直播权限等处罚 |
| 2022 年 3 月 | 《关于进一步规范网络直播营利行为促进行业健康发展的意见》 | 加强网络直播账号注册管理和账号分级分类管理，网络直播平台应当每半年向所在地省级网信部门、主管税务机关报送存在网络直播营利行为的网络直播发布者个人身份、直播账号、网络昵称、取酬账户、收入类型及营利情况等信息。网络直播平台和网络直播发布者等不得通过造谣、虚假营销宣传、自我打赏等方式吸引流量、炒作热度，诱导消费者打赏和购买商品 |
| 2022 年 4 月 | 《关于加强网络视听节目平台游戏直播管理的通知》 | 严禁网络视听平台传播违规网游；加强游戏直播内容播出管理；加强游戏主播行为规范引导，各平台应引导主播与用户文明互动、理性表达、合理消费，共同维护文明健康的网络视听生态环境；严禁违法失德人员利用直播发声出镜；督促网络直播平台建立并实行未成年人保护机制；严格履行分类报审报备制度 |
| 2022 年 5 月 | 《关于规范网络直播打赏 加强未成年人保护的意见》 | 禁止未成年人参与直播打赏，严控未成年人从事主播，优化升级"青少年模式"，网站平台应建立未成年人专属客服团队，优先受理、及时处置未成年人相关投诉和纠纷，规范重点功能应用，加强高峰时段管理，加强网络素养教育 |

续表

| 日 期 | 文件/事件 | 主要内容 |
|---|---|---|
| 2022 年 6 月 | 《网络主播行为规范》 | 适用范围不仅限于通常意义上的网络主播，人工智能技术合成的虚拟主播也同样适用。明确列出了 31 种禁止性行为，同时也为倡导性行为给出了明确答案 |

#### 2. 直播产业分类论述

（1）直播电商

直播电商是利用即时视频、音频通信技术同步对商品或者服务进行介绍、展示、说明、推销，并与消费者进行沟通互动，以达成交易为目的的商业活动。直播电商是传统图文电商的升级。相较于传统图文电商，在直播电商模式下，消费者能更直观、立体地了解产品，更及时、更直接地互动。

2016 年，直播电商行业飞速发展。2016 年 3 月，作为直播电商首创者的蘑菇街在全行业率先上线视频直播功能；2016 年 5 月，淘宝正式上线"淘宝直播"；2016 年 9 月，京东推出直播。

据中国互联网络信息中心（CNNIC）第 50 次《中国互联网络发展状况统计报告》显示，截至 2022 年 6 月，我国网络直播用户规模达 7.16 亿，较 2021 年 12 月增长 1290 万，占网民整体的 68.1%；其中，电商直播用户规模为 4.69 亿，较 2021 年 12 月增长 533 万，占网民整体的 44.6%，在直播分类中用户规模最大。

在"直播+"的潮流中，"直播+电商"的模式可以让用户更直观地了解商品，唤醒用户的消费欲望，逐渐成为商家达人变现的发力点。平台、品牌、达人、用户四方价值通过直播电商得到了有效结合。随着电商直播成为各平台的商业化重要布局，用户与达人的关系从内容消费逐渐转变为生产消费，品牌的投放、自播、矩阵搭建同时满足品宣与转化的双重需求。达人凭借自身影响力为品牌服务，品牌则通过投放等形式帮助达人实现商业增长，各谋发展又相互牵连。从推广形式来看，因品牌有完善的产品线，常多开设品类或品牌专场来提升账号的专业感，而带货达人则倾向用多类目的混播满足粉丝的多元需求。

近年来，抖音和快手大力发展平台自身电商直播。自 2020 年 10 月 9 日开始，抖音直播间全面禁止第三方商品链接，仅支持抖音小店商品来源，这预示着抖音平台正在形成自己的电商闭环。素来以视频内容为根基的抖音电商，正在逐渐"去内容化"，希望缩短从流量到交易的转化路径。2021 年，抖音和快手相继提出"兴趣电商"和"信任电商"概念，平台的直播闭环电商业务市场竞争形势愈加激烈。据星图数据统计，2022 年 618 大促期间，阿里点淘销售数据不及快手和抖音，淘宝直播电商排名第三。

"短视频+直播"的组合拳是电商达人的主要推广形式。其中短视频内容的产品传播及推广转化周期较长，适合企业推产品宣，而带货的直播内容则将企业产品进行实时快速的宣传销售以及推广转化。结合不同品类的消费特点进行推广形式配比，可更好促进品效合一。同时，有声直播、连麦直播、团购直播等多种直播形式增量明显，促进了直播生态的蓬勃发展。

此外，2022 年，抖音也在大力推进本地生活业务，来自不同行业的线下商家通过组件直播、团购直播等形式为门店促活。

短视频与电商进一步深度融合，内容电商市场竞争持续白热化。短视频平台持续拓展电商业务，"内容+电商"的种草变现模式已深度影响用户消费习惯。2022 年第一季度，快手电商交易总额达 1751 亿元，同比增长 47.7%，其中自建电商体系"快手小店"贡献了 99%以上的交易额。2021 年 5 月至 2022 年 4 月，抖音平台上每月有超 900 万场直播，售出超过 100 亿件商品，交易总额同比增长 2.2 倍。与此同时，淘宝、京东、拼多多等电商平台也不断加大在直播、短视频领域的投入，内容电商竞争日益激烈。

直播电商作为电子信息技术持续创新背景下商业模式创新的产物，已成为人们生活中重要的一部分，近年来展现出的社会经济价值显著，是当下我国社会经济发展的新助力之一。2023 年 1 月 30 日，商务部发布消息称，2022 年重点监测电商平台累计直播场次超 1.2 亿场，累计观看超 1.1 万亿人次，直播商品超 9500 万个，活跃主播近 110 万人。据 2022 年淘宝直播发布的《2022 直播电商白皮书》显示，预计 2022 年全网直播电商 GMV[①]能够达到 3.5 万亿元左右，占总电商零售额的 23%。

作为新事物，直播电商在快速发展的同时，也不可避免地伴随一些乱象，如夸大和虚假宣传、数据造假、偷税漏税等。随着规模迅速扩大，直播电商已成为一种重要业态，相关部门高度重视，一方面鼓励直播电商发展，一方面引导、监督、规范行业秩序。针对电商直播行业偷逃缴纳税款问题，国家互联网信息办公室等三部门于 2022 年 3 月印发《关于进一步规范网络直播营利行为促进行业健康发展的意见》，有助于推进网络直播电商行业的规范健康发展。

（2）娱乐直播

娱乐直播是兴起于移动端的以传播娱乐化信息为主的直播，时间短则数十分钟，长则数小时，带有较强的情感色彩与社交属性。当下，在包括短视频等大众内容平台的推动下，网络直播正在成为广泛使用的基础内容形态，这为娱乐直播培育了大量潜在用户。CNNIC 数据显示，2021 年，国内娱乐直播市场月活跃人数稳定在 3300 万人次以上，其中 6 月达到高峰（3640.26 万人次），1 月、7 月、8 月达到小高峰，与暑假、春节假期关联较大。

随着 5G 时代的到来和逐渐普及，各种新技术被不断引入直播间，直播式虚拟主播出现并迅速发展，VR、XR、MR 等虚拟直播间屡见不鲜。虚拟直播在应用中主要分虚拟场景直播和虚拟人物直播两种。虚拟场景直播，指主播所在的环境并非实景，而是利用数字技术将主播人像植入虚拟场景之中，实现更高级场景的展示和环境的快速更换。虚拟人物直播，近年来有平台在研发，也有由现成的动漫 IP 发展而成的，比如腾讯的虚拟歌姬洛天依、快手官方虚拟主播关小芳等。

自 2020 年以来，娱乐直播行业进入了新的发展阶段，形成了较稳定的竞争格局。在娱

---

① GMV 即 Gross Merchandise Volume，通常指网站的成交金额，包括付款金额和未付款两部分。

乐直播 App 行业渗透率方面，2022 年 4 月，花椒直播、映客直播、秀色直播处于第一梯队，行业渗透率分别为 25.95%、16.5% 和 14.97%。酷狗直播、腾讯 NOW 直播等也进入行业渗透率 Top 10。

从泛娱乐直播平台的核心优势来看，由于平台所具有的粉丝互动性，观众们通过公屏弹幕、刷礼物和连屏上麦等形式就能与众多知名娱乐主播进行实时互动。同时，有相当部分的主播本身就是和当下广大社会普通基层百姓接近度很高的草根素人，他们十分愿意以一个较为客观、真诚且平易的方式与目标观众沟通交流，因而这种主播通常能够和普通目标观众群体保持亲近的社会心理距离，观众会更加容易理解并信任这个主播。

从泛娱乐直播平台的营收来源来看，主要可分为 4 种：直播打赏、会员收入、佣金分成、广告收入。第一种直播打赏，用户在平台购买虚拟物品打赏主播，平台从中分成，是直播行业特有的一种收入来源。第二种采用会员制度，付费或成为会员可高清晰度观看直播、增加直播存储时间，享有勋章、特殊显示等权益。第三种直播佣金分成，直播销售商品后的佣金分成收入由直播、MCN 机构、平台进行分成。第四种广告收入，包括直播间广告及网站广告等，并通过滤镜、礼品、挂件、口播、背景等方式实现广告的融入。

从娱乐电商直播模式来看，传统的电商平台直播模式主打商品本身的服务促销，而垂直娱乐的电商直播模式则可以通过自己去开辟一条将服务和产品促销有机结合起来的新道路，以一种跨界商业合作的方式去完成一个破圈式的转型，即"泛娱乐直播+服务业"的模式。

并且，当下娱乐直播内容承载力提升，内容多元化，"直播+"已成行业标配。如今，娱乐直播平台所呈现的内容不再局限于才艺展示、生活日常等传统内容，游戏赛事直播、旅游直播、探店直播、直播综艺等新兴内容形态层出不穷，为用户带来新奇的观看体验。

在娱乐直播内容日趋多元化的同时，MCN 行业也整体处于高速增长期。据中国互联网直播行业协会消息，截至 2022 年 6 月，MCN 机构数量超 24 000 家（以企业营业执照数量计算）。中国 MCN 机构数量的增长体现出国内直播运营不断向专业化、精细化、规范化的方向发展，这为在线直播的持续发展提供了有力的支撑。

MCN（全称 Multi-Channel Network）是将不同类型和内容的 PGC（专业人士输出内容）联合起来，支持内容的持续输出，通过平台实现商业的稳定变现的组织。MCN 以其拥有的红人资源、IP 孵化优势、内容优势快速成为直播的重要参与者。MCN 不仅作为中介方发挥信息沟通的作用，还提供了更为丰富的服务，包括主播的培训、内容生产、多渠道分发、平台合作、粉丝运营、流量管理等内容方面的服务，MCN 机构作为连接品牌商、主播与直播平台的桥梁，其最大价值就体现在供应链的精准高效匹配、孵化主播和维持流量中。

对于 MCN 和娱乐直播发展，国家也出台了一些管理措施。2021 年 8 月，文化和旅游部关于印发《网络表演经纪机构管理办法》的通知，要求网络表演经纪机构从事演出经纪活动，应当依法取得营业性演出许可证。即机构办证之后才能与艺人或主播签约。在监管方面，对网络主播行为和未成年主播等的监管措施进一步完善。2022 年 3 月，国家互联网信息办公室等三部门联合印发《关于进一步规范网络直播营利行为促进行业健康发展的意见》，意见提出，要求直播平台每半年向税务部门上报在直播平台上面盈利主播名单和相关信息。针对游戏直播、真人秀直播存在的未成年人主播与打赏问题，中央文明办等四部门于5月发布《关于规范网络直播打赏加强未成年人保护的意见》，推进未成年人网络保护环境的改善。针对网络主播行为规范缺乏统一标准的问题，国家广播电视总局等两部门于6月联合印发《网络主播行为规范》，规定了31类网络主播禁止实施的行为，推进提高网络主播队伍的整体素质。

（3）公益直播

近年来，一种新型公益直播逐渐兴起，它突破了传统网络公益传播的营销思维范式，将公益理念、营销手段与互联网新技术相结合。公益平台全面接入移动社交互联网，进一步完善了全民参与式新型网络公益活动的信息传播模式，推动形成了良好的公益行业生态。平台提供的日均浏览页面时长、跳出率、捐款总数额等各项数据指标，可以用来精准量化判断各公益平台传播活动的效果优劣，并为后续的优化措施提供数据支持。尤其在2020—2022年疫情封控期间，公益直播得到了广泛应用，成为线上公益活动和募捐的主要方式之一。

在国家推进脱贫攻坚战略和疫情期间，各地区主流媒体、国家及地方政府积极采取全程直播带货社会公益模式助力脱贫。近几年，人民日报、新华社、中央电视台等十余家国家主流权威媒体轮流入场，连续举办了多场公益网络直播，如2020年4月6日，央视第一经济新闻栏目首次推出"谢谢你为湖北拼单"，实现了朱广权与李佳琦网上实时视频连线，直播为湖北产品带货，构建起一套安全高效的带货助农的数字公益模板。此后的公益直播大多沿用了央视主播结合流量明星或带货达人的模式，如人民日报新媒体联合淘宝直播发起了"为鄂下单"系列公益直播和"决战脱贫攻坚"专场直播；新华社客户端和淘宝联合发起"家乡的宝藏让电商大有可为"助农直播山东专场。公益直播借助互联网和直播技术的优势，将公益事业推广到更广泛的受众群体中，有效地提高了公益活动的宣传效果和募捐效率，成为一种新型、高效的公益方式。

据中国互联网络信息中心（CNNIC）第50次《中国互联网络发展状况统计报告》显示，公益内容成为网络直播平台的主要扶持方向之一。2020—2022年期间，电商直播平台对困难中小企业商户和特色农产品商户进一步加大帮扶力度。快手电商针对严重困难商家推出"暖春计划2022"，减免商户推广服务费，并提供流量与活动扶持等激励政策。

与传统的公益传播相比，公益直播打破了媒介形态壁垒，实时话语，即时交互，即时下单，不仅降低了受众的参与门槛，提升了受众的参与能动性，更是让受众一跃成为公益的参与者、互动者甚至发布者。在公益直播中，公益参与不再是额外支出，而是一种娱乐方式，公众的日常消费成为缓解贫困地区困境的"公益行动"，而农产品则作为回报，这极大激发了公众数字化公益参与的积极性。公益直播将公益行为内化成了公众的生活日常。通过网购贫困县水果蔬菜来助农成为一种多快好省的消费习惯，在非号召、无直播时，也有公众延续公益助农扶贫行为。

新媒介环境下，政府和公益组织向大众传播公益理念和价值观的手段也在不断向数字化靠拢。适应互联网的话语习惯，成为提升索取传播效益的前提。无论严肃的党政干部还是朴实的村民老乡，都在直播间中学习数字化话语体系，以网友喜闻乐见的"反差萌"让"市长带货""农人直播"成为热门话题，吸引了大量社会关注，提升了脱贫攻坚、扶贫助农的社会认知度，从而达成了公益目的。

作为一种新型的公益传播方式，公益直播不仅推广了公益事业，也能够提高直播观看者的社会参与和社会责任感，扩大公益事业的传播，唤起社会各界的关注和行动，让更多人参与到公益事业中来。

虽然公益直播在近年来得到了快速发展，但也面临公益信息真实性的验证、平台监管和规范等问题，需要进一步加强监管和建立更为完善的制度。

### 4.2.3　直播产业展望与未来

#### 1. 直播场景进一步泛生活化

2019 年前，网络直播主要集中于娱乐领域，尤其以游戏为代表的竞技类直播和以舞蹈、音乐为代表的表演类直播最受网民欢迎。由于网络直播的商业模式尚处于不稳定阶段，也出现了对娱乐化的过度追求等消极现象。当时，人们对直播的认知更多停留在表演、卖货、博眼球等方面，并没有将其看作一种日常行为。

如今，随着直播业的高速发展和政府、平台的大力扶持，以及直播平台技术的发展使直播进入普通用户的视野和生活，越来越多的中国普通人加入视频直播的行列，成为"草根主播"，如张大仙、郭有才等，直播正在从传统室内走向室外，从娱乐走向生活，并让越来越多的普通人从中获益。分享与陪伴将成为直播新动力，多元化、移动化、全时化正在成为直播新趋势，未来更加丰富的真实场景和更具内涵的直播内容将呈现在用户眼前。

无论是电商直播、娱乐直播还是公益直播，都已经体现出场景的多元化。户外、田间、饭局、酒席等，越来越多地方成为直播时的场景选择。明星艺人或网红可以通过直播间分享自己的生活经验，如美妆、健身、家居装修等，并与粉丝进行更接地气的生活化互动交流。

生活化场景一方面使直播的真实感和临场感更为强烈，另一方面也为主播提供了更多盈利点。生活化的场景有着推广产品的更多可能性，直播时的场景布置、服饰搭配、人物行为等都可以作为产品的广告位。

#### 2. 品牌自播、中小主播迎来更多机会

随着一些头部主播被曝出丑闻，直播行业的发展形势也发生了新的变化。头部主播的公信力受到怀疑，品牌和商家在确定合作与投放方案之前也有了更多顾忌和考虑。随着大主播的垄断地位动摇，大主播在与商家合作时也丧失了一部分议价权。由此，中小型主播有了更多机会。品牌和商家在进行投放和推广时，开始将目光投向粉丝体量相对小但流量更为精准的中小型主播。一般情况下，因为这类主播粉丝体量较小，在合作时的配合度更高，且在议价方面有着更多商讨空间。

另外，移动直播技术的迅猛发展使得技术下移，直播门槛与成本大幅下降。直播电商带

货的效果和巨大收益已经被越来越多的品牌关注到，而相对较低的技术准入门槛让品牌自播有了无限可能。品牌自播指品牌方自己在直播平台上进行直播宣传和推广，品牌自播可以让品牌方更加自由地掌控直播内容和形式，以达到更好的宣传效果。此外，品牌自播还可以避免代理方的佣金和中间成本，节约了品牌方成本。无论是国际大品牌还是国产新品牌，大多都开始采用自播的形式，将直播卖货视作一种常态化的辅助经营手段，并由此培养起品牌自己的直播团队。

为了吸引更多的品牌和主播入驻，直播平台也在不断提升服务和支持。例如，提供更加丰富的营销工具（如 DOU+、巨量星图、蒲公英等）和数据分析功能，以及更好的技术支持和客户服务，让品牌和主播可以更加轻松地进行直播推广。

头部主播的丑闻让用户的信任从主播流向了品牌和产品本身，而品牌自播有官方身份背书，用户在产生购买行为时会减少很多后顾之忧，也会由此提升对品牌和产品的信任与认同。对于消费者和品牌而言，直播带货的新鲜感和热度已过，但其高效连接人与货的实用性仍然会得到重视和体现。

### 3. 直播内容与直播形式进一步细分化

直播活动领域内容与形式的细分是指在传统网络直播平台现有的分类标准体系基础上，对覆盖每个领域类型下的所有网络直播服务活动进行更细致化的内容分类。作为移动应用和国际互联网深度连接发展的重要信息载体之一，直播平台可以根据目标用户信息来源的多个具体领域类型特征，逐步划分为不同领域。无论哪个分区的主播都需要确定清晰的目标用户群体和直播产品自身发展定位，以满足网络直播行业大众消费者日趋多样化的需求，最大化、低成本地拓展国内直播平台用户市场。直播服务产品内容平台和分众化平台发展战略是国内直播企业实现"全民直播"新模式的重要切入点，也是提升直播平台内容品质、满足中国直播服务行业用户需求的有效途径。

近年来，我国的直播教育行业发展成熟，这得益于其独特的教育培训方式和体系模式。主播的职业素养和针对直播从业人员群体提供的职业教育等专业性、垂直性优势也在直播行业的快速发展中不断得到增强。主播们越来越注重自己在各个垂直和细分垂直领域布局，并不断地探索创新的直播形式，以挖掘行业潜力，开拓新的市场。目前，直播的细分化趋势已经初显，商务领域、教育领域、财经领域、医疗领域等多个不同的专业领域都涌现了不少内容优秀的主播。而在未来，互联网直播用户会更为分众，定位也将更加清晰。比如，教育类主播可能会直接将内容细分到英语教育，甚至进一步细化到单词背诵、语法讲解等方面。除此之外，主播们也开始注重个性化内容的生产，如根据用户反馈和需求推出定制化的课程、主题直播、互动活动等，以更好地满足用户的需求和期待。

除直播内容进一步细分外，随着近年来媒介技术的高速发展，直播形式也越来越多元化。除了传统的单人直播，还出现了多人连麦、互动游戏、VR 直播等形式。这些形式不仅能够满足用户对内容的需求，还可以增加直播的趣味性和互动性。

## 4.3　知识付费：耳朵经济、视频内容付费

知识付费就是知识生产者将知识、信息、技能等进行加工处理，变成结构化的商品与服务，通过知识付费平台卖给消费者的经济行为，本质上是一种为了满足自我发展需要购买信息内容和服务的互联网经济模式。互联网背景下的知识付费与传统的为获取知识而付费的方式有一定的区别，主要表现在两个方面：其一，知识付费与网络发展密切相关；其二，知识付费的用户一般是为了获得特定的知识产品，有别于以往的花钱买图书。

2016 年是我国知识付费高速发展的一年，问答社区知乎的"值乎"功能、付费语音问答应用"分答"、喜马拉雅 FM "付费精品专区"相继上线，互联网"知识经济"兴起。经过几年的发展，知识付费逐渐走上了成熟化的轨道，产品更加多元，受众更加广泛，影响更为深远，其中耳朵经济和视频内容付费的蓬勃发展尤其具有代表性。

### 4.3.1　耳朵经济

#### 1. 耳朵经济的概念

"耳朵经济"是与优酷、爱奇艺、哔哩哔哩等流媒体视频网站所引发的"眼球经济"相对的一个概念，泛指人们用耳朵进行信息消费而引发的一切经济现状及行为。目前，"耳朵经济"主要分布于在线电台、广播剧、有声读物、播客、在线音频直播等新兴网络音频业务中，是音频产业围绕有声内容产品的生产、交换、分配、销售而形成的一整套经济关系。它在音频内容生产方、音频平台、智能硬件终端、用户及服务支持方等经济主体之间建立了良性互动与合作共赢的价值网络，由此构建起一个互融共生的循环经济生态圈，推动着音频产业的可持续发展。

#### 2. 耳朵经济的发展现状

目前"耳朵经济"行业的产业布局已有一定的规模，从上游的有声书版权方、内容的生产方到下游的综合内容分发平台，再到底层硬件及技术研发，构成了相对完整的经济体系。上游的版权方多由传统出版商背后支持，原创 IP 的有声书版权成为继影视剧版权后的又一大盈利渠道。

技术研发和硬件研发往往不会割裂开来，许多公司都在同时进行两者的研发，为了实现利益最大化，形成自己的商业生态。例如小米，在进行智能音频技术、智能硬件研发的同时，还在进军智能汽车领域。相较之下，音频平台在抢占垂类流量的同时，在智能技术能力建设上还有所欠缺，加深与智能技术的融合是未来发展的重要方向。

《2021 中国网络视听发展研究报告》显示，在我国的在线音频市场中，位于第一梯队的喜马拉雅占据的市场份额达 67.1%；蜻蜓 FM 和荔枝位于第二梯队，占据了 18.6% 的市场份额。除了以上三个抢占了市场第一波流量的大型平台，猫耳 FM、企鹅畅听、中央广播电视总台推出的音频客户端"云听"、即刻推出的"小宇宙"等都在市场中占据一席之地。目前

"耳朵经济"对于资源和内容的抢夺也逐渐进入下半场。如果说上半场是跑马圈地的时间战，那么下半场就是版权资源、原创内容以及智能技术的比拼。

### 3. 耳朵经济的内容类型

"耳朵经济"下的有声内容主要包括近年来出现的新型消费产品，如播客、有声书、广播剧、音乐付费、知识付费、社交音频等。

（1）播客

播客并不是一种新鲜的传播形式，在2012年前后播客就在美国受到了一些用户的喜爱。2019年年末，我国播客的发展有一个较快速的发展期。当前播客的内容生产偏向专业化，因此用户都有着较高的学历和不错的薪资水平，在年龄的分段上也比较年轻。

（2）广播剧、有声书

广播剧和有声书都是基于文本转化而来的音频内容，它们的生产主要依靠上游的 IP 版权方、声音演员以及后期方的制作。作为连续的长音频内容，它们都能培养用户稳定的收听习惯，提高用户黏性，进而拓展内容付费和粉丝经济的可能，同时具有 IP 生态化的潜力。

（3）在线音乐付费、音频知识付费

随着国内版权法规的完善与大众版权意识的提高，我国的音乐市场正逐步向在线音乐的付费化转型。音乐作为在线音频的重要组成部分，与其他音频内容相比，更早被大众熟知并使用，但在近几年才逐渐向付费化转型。这也意味着对用户付费意识的培养有较大的惯性阻力，这一市场空间还有待进一步拓展开发。

在知识付费的浪潮中，音频以其陪伴性、低成本等特点成为知识付费的一大主要形式。如今，音频知识付费正继续朝着细分化、垂直化的方向发展，不局限于科技、财经等强技能领域，人文、心理、音乐都成为炙手可热的付费知识，以满足用户对于知识的专业度和深度的需求。

（4）音频社交

其主要代表产品为美国的一款音频社交软件 Clubhouse，在其爆火后，音频社交开始重新受到国内市场的关注，映客、阿里巴巴、小米、网易云音乐等都下场推出类似产品，但显然，这样的音频社交风潮并未在国内引起很大的反响。

### 4. 耳朵经济崛起的原因

（1）感官基础

视听感官的注意力争夺一直存在，20 世纪 60 年代，高度的视觉化导致人的感官失衡，以麦克卢汉为代表的很多学者都在呼吁听觉的回归以平衡视觉的过度膨胀。多数人对视觉符号更加偏爱，在有声电影和移动短视频大行其道的时代，视听兼备的产品已经成为最成功的大众文化。但目前来看，默片几乎绝迹，广播却依然能守住自己的一方阵地。声音的传播与听觉紧密相连，无论是从自然还是从感官的角度，聆听是我们收集信息的一种本质方式。

（2）技术基础

AIoT（人工智能物联网）引领我国的"人工智能"逐渐向"应用智能"发展，人工智能语音崛起的主要动力就是语言科学的发展。AIoT 带来的万物互联更是助力音频走向了全场景的应用。各大在线音频平台和互联网巨头都正在加紧布局车载端、智能硬件端、家居端等各类场景的应用。万物互联就意味着万物发声，未来，生活中的任何事物都可能成为音频行业的流量入口，任何配备智能设备的场景都将是耳朵经济的市场。智能音箱和人工语音平台的崛起就是很好的例子。

（3）场景基础（用户基础）

进入移动碎片化时代。一是媒介使用场景的碎片化，移动游牧式的媒介依存方式使人们越来越重视使用场景的普适性。不同于人们接收视频、图片、文字时需要眼睛的投入，音频仅需要用耳朵收听。二是内容呈现的碎片化。碎片化的内容呈现是移动互联网兴起以后所形成的特定的内容需求。声音媒介特有的伴随性属性是其重要的优势，随着生活场景变得越来越精细和小众化，这一伴随性特点适宜对不同场景进行"润物细无声"的"侵入"，扩展到生活的各种时段，满足用户不同场景下的个性化需求。

（4）经济基础

2013 年开始，移动网络音频行业成为互联网产业新一轮的投资风向，多家移动网络音频平台先后开始了首轮融资。之后行业进入快速发展期，资本频繁介入，为移动网络音频平台的发展提供了强大的经济支持。

## 5. 耳朵经济产业的发展特征

（1）传播主体平民化

目前音频产业形成了 PGC、UGC 和 PUGC 结合的生产模式，既有专业能力较强的 PGC 生产模式，又有准入门槛较低的 UGC 生产模式，突破了传统广播电台对传播者专业资质方面的限制。在新媒体时代，人人都有机会成为主播，录制属于自己的作品传播到全网，专业和设备不再成为传播的门槛。荔枝 App 自上线起，就以其特有的节目便捷录制编辑系统受到大量普通用户的喜爱，迅速培养了一批素人主播，从而在移动音频领域站稳了脚跟。

（2）内容多元化

互联网和云技术的发展使得移动音频平台可以在网络上建立一个庞大的数据资源库，为用户提供丰富、多元、专业化的各类音频资源。喜马拉雅 App 拥有小说、直播、儿童、地区、广播、相声、人文、历史、娱乐、音乐等十几个门类供用户选择，精准提供用户需求产品。荔枝设置情感调频、音乐、二次元、脱口秀、商业财经、语言学习等几十个标签为用户自我标记，为合理推荐用户产品提供便利。

（3）使用便捷化

移动互联网技术和终端设备的发展使网络音频的收听场景得到延伸，更具开放性，使用场景扩展到人们学习生活工作的任意时空点，随时随地，想听就听。此外，受众可以通过网络音频平台中的存储介质随时随地对以往的信息进行查询，也就是说，信息的发送与接收过程不需要同时进行。

（4）受众掌握主动权

从被动的"听众"到主动的"用户"。网络音频一改传统广播体系的单向传播模式及传受双方不对等的地位关系，传播者与受传者的地位和角色发生了颠覆。听众转变为用户，掌握着主动权，可以选择自己感兴趣的方面获取信息，窄播的小型专业音频平台从此有了立足之地。如猫耳 FM 注重挖掘二次元声音的价值，通过签约 IP 作品，拥有网络广播剧独家版权；推广网络广播剧付费模式，培养听众付费习惯；融资扩展网络广播剧的营销渠道，从而确保平台的长期发展。大批二次元爱好者由此成为该 App 的深度用户，在此处形成一个小众文化圈层交流的基地。

### 6. 耳朵经济产业的发展趋势

（1）流量听觉化生长

当下以短视频为代表的各种内容形态已经将用户的注意力资源开发殆尽，用户的注意力呈现饱和之态。因此，当人们重新把注意力投放到听觉市场时发现，听觉的不饱和传播、听觉的平行伴随、听觉的自然真切、听与说结合形成的交流互动能够开创一个巨大的生态位，重新生长出流量，创造新的场景、平台和商业模式。一旦信息走向听觉化，不仅可以缓解注意力短缺，还能开发听力资源，进而开创传媒经济的新领域。

投资者瞄准了粉丝经济的巨大利益，力图创造中国式声优偶像，于是关于声音的"造星"模式在商业驱动下开启了新的听觉文化。2020 年国内首档声音竞技类节目《我是特优声》开播，配音演员满足了粉丝的虚拟想象与现实的客观真实，创造出了商品经济下的新听觉文化。

（2）产业去界化融合

音频产业的去界化融合主要体现在以下几个方面：音频产业内部生产的去界化融合、音频内容供给产业的去界化融合以及音频内容产业、软件产业和设备制造业之间的去界化融合。这种融合，使得音频产业整合内外部资源和力量，快速扩张成为一个立体的服务体系，有能力在更广泛和更深入的场景下满足用户的需求。

现有的会员订阅和广告创收并没有完全挖掘出用户的付费潜能。各大平台也已经意识到这类问题的存在，正在逐步创新中，比如喜马拉雅联合站内主播，打造线上店铺，海蓝之谜、五粮液等知名品牌也逐一在喜马商城上架。一些嗅觉敏锐的品牌也开始抢占声音市场，将声音与其产品紧密结合。比如天猫便曾开展"理想生活深夜地铁"项目，以自由的品牌播客联合六家不同风格的播客，用声音向用户"种草"。宜家则根据产品的使用场景，用冥想、催眠类音乐，与主播催眠的声音相伴，帮用户改善睡眠。

（3）主体平台化扩张

判断现象级的互联网风口是否形成的一个重要标志，就在于有没有规模化的平台显现。平台意味着资本、用户、内容等产业资源聚集的方向，平台发育的规模和质量也代表着行业的演化程度和创新水平。音频产业在移动化、智能化、场景化的发展大潮中，逐渐跳出内容聚合平台的框架，通过场景化布局全面延伸，正在实现向用户服务平台的转型。

（4）内容精准化匹配

音频是典型的依托"场景"的内容。在考虑音频产业的场景应用时，最关键的因素就在于内容能否与用户的场景相匹配。基于大数据、5G、LBS 技术、传感技术和人工智能的发展和应用，音频机构可以对用户和用户场景进行画像，从而提高向用户精准推送内容的能力，这意味着内容的推送乃至生产都可以和用户需求实现更加精准的匹配，进而不断提升传媒业的场景应用能力。

（5）人机语音化交互

人工智能是推动经济发展的重大基础设施，在智能音频内容的生产、分发、场景拓展及其应用中占据着非常重要的地位。智能语音识别技术使得音频产业的应用场景从耳朵的听觉逻辑升维为"耳朵+嘴巴"的听说对话交互逻辑，从而把人对世界的倾听重构为人与世界的连接与互动。语音界面（voice interface）带来的一个主要变化就是不仅让用户被倾听，还允许他们参与声音内容的生产并融入声音的全场景中。

## 4.3.2　视频内容付费

视频内容付费业务自视频网站产生起便开始推行，在推行之初并没有取得很好的成效，但是近几年却逐步实现了较大的突破。根据各公司发布的财报显示，截至 2022 年 9 月底，爱奇艺和腾讯的付费会员数目分别为 1.06 亿和 1.20 亿。经 CNNIC、中商产业研究院整理预测分析，到 2022 年末，网络视频付费用户总规模将达到 7.7 亿人次，至 2025 年视频付费用户复合年增长率为 4.4%。从包月到包年付费，越来越多的用户愿意成为付费会员。不可否认，"视频内容付费时代"已经来临。

### 1. 视频内容付费的原因

（1）国家政策的支持

国家对知识产权的重视态度和保护行为推进了付费会员模式的到来。自 2005 年开始，国家版权局便联合有关部门开展打击网络侵权盗版专项治理"剑网行动"。2013 年至 2018 年，"剑网行动"不断加大对网络侵权盗版的打击力度。五年间，共查处了 22 568 起侵权盗版案件，其中包括网络案件，并依法关闭了 3908 个侵权盗版网站。随着互联网的快速发展，"互联网+"逐渐上升到一个新高度，国家知识产权局通过技术性措施来实现知识产权保护方式的创新，在保护网络版权的同时，也为付费会员模式的发展提供了可能。

（2）视频网站的盈利模式亟待创新

依靠广告投放几乎是所有互联网平台增收的主要方式，可事实证明，广告增收的强劲势态已经放缓，瓶颈期实难突破。优酷在合并之初，虽然被寄予厚望，但并没有获得非常令人满意的成绩。究其本源，合并之后的优酷仍然主要依赖广告增收的商业模式，而这也决定了它在短时间内无法实现扭亏为盈。

（3）用户观念的转变

当代网民越来越重视"体验感"的获取。过去，受生活水平的影响，用户并不愿意在视频方面投入过多的金钱，通常会寻找免费视频并选择等待长时间的广告。但随着国民收入水平的提高，消费水平也随之提高，人们开始追求高效、精致的生活方式。因此，购买付费会员逐渐变成了一种习惯，越来越多的人愿意为视频内容付费，以此获取更佳的使用体验。

## 2. 视频内容付费的现状

### （1）网络视频的政策分析

随着互联网的发展，国内的网络视频产业市场规模、内容体系都在不断发展和完善，但针对网络视频行业鱼龙混杂的现状，国家出台了一系列政策给予相关指导，在规范市场体系的同时大力弘扬社会主义核心价值观。在产业发展层面，给予制度、资金等政策指引，规范国内在线视频的有序发展；在版权保护方面，打击各种盗版侵权行为，加强知识产权保护；在内容监管方面，重视内容的审核，打击各种"黄暴"情节，保障视频内容的健康产出。制度层面的重视为用户付费市场的形成和发展提供了合理、合法的基础。

### （2）视频网站的经营现状

"免费"模式一直是互联网的潮流，人们可借此享受互联网企业带来的各种服务。然而，天下没有免费的午餐，免费是为了更好地收费。前期，互联网企业用免费模式快速占领市场，为自身赢得了更多的流量和注意力，吸引消费者形成依赖性消费，后期则利用优质内容和高端服务实现收费模式。根据公司财报，2022 年第四季度爱奇艺的内容支出为 39 亿元，全年内容成本 165 亿元。接下来我们以两个典型的视频网站为例，分析其付费现状。

第一，芒果 TV——"一体共生"塑造资源优势。芒果 TV 是湖南广播电视台打造的自主可控平台，湖南广电采取"一体共生"战略，成立芒果超媒股份有限公司集中全力发展芒果 TV，从而使芒果 TV 能以低成本和专业团队制作并独播特色年轻化内容，不仅缔造了台网联动的优势，亦使得自制内容获得了建设性的发展。首先，虽然与央视频同属国有视频网站，但与央视频大多呈现较为传统的电视节目相比，芒果 TV 延续了湖南卫视的年轻化风格，借《爸爸去哪儿》《歌手》系列等 IP 的独家网播吸引了大量消费能力强的年轻用户。其次，在 2021 年，芒果超媒将芒果影视文化有限公司、湖南芒果娱乐有限公司调整为芒果 TV 的子公司，分别聚焦季风剧场自制和综艺内容创新，这为芒果 TV 提供了专业的团队保障。《我在他乡挺好的》《猎狼者》等热播自制剧和《乘风破浪的姐姐》等综艺体现了芒果 TV 的原创生命力。云合数据显示，第三季度芒果 TV 上新 24 部剧集，其中独播剧达到 16 部，占比高达 66.7%。低成本网播和自制内容的专业化生产是使芒果 TV 摆脱版权购买的成本陷阱并实现营收的关键。

第二，爱奇艺——剧场化运作形成 IP 效应。爱奇艺虽不具备奈飞多年积累的专业创作能力和芒果 TV "一体共生"的优势，但近几年通过剧场化运作，打造出原创剧集品牌，借助 IP 效应为会员增长添加新动力。2020 年 5 月，爱奇艺推出定位于悬疑类短剧的"迷雾剧场"，目前已打造出《隐秘的角落》《沉默的真相》等 11 部高热度优质作品，成为国内视频网站自制剧场的代表。爱奇艺对"迷雾剧场"进行风格统一的物料制作和宣传，连续推出风格各异、但紧扣悬疑特色的短剧进行联动营销。2020 年爱奇艺年度财报显示，当年订阅规模 66.8% 的会员观看"迷雾剧场",这说明"迷雾剧场"对拉动会员数增长起到了关键作用。在无法依靠持续"烧钱"实现盈利的困境下,爱奇艺深入内容产出的上游,凭借低成本和独特的剧场化运作,带动会员增长,探索出了盈利道路上新的照明灯。但悬疑题材面临的监管风险较大、精品 IP 数量较少,平台难以保证持续性更新,未来爱奇艺的剧场化该如何运作,我们拭目以待。

### 3. 视频内容付费的问题

（1）网络视频的内容质量问题

首先,网络视频尺度较大。网络视频作为一种媒介传播载体,具有音像一体融合的特点,其对民众行为的影响不可小视。然而,由于网络视频付费的兴起发展历程较短,鱼龙混杂的市场主体无规制地追逐眼前利益,其结果必然是泥沙俱下。市场经济的逐利性,对于那些为逃避行政主体规制的网络影视作品,其内容涉黄涉暴、涉烟涉毒,给未成年人身心健康成长造成了潜在危害,其倡导的价值观与主流有所偏差。根据 CNNIC 数据,2020 年中国网络直播用户规模达到了 6.17 亿,占整体网民规模的 62.4%,其中互联网直播平台企业达到数百家,市场规模达到 1826 亿元,但是在这些行业快速发展的同时,也出现了各种各样严重的问题。

其二,网络视频质量低劣。市场经济是商品经济,在网络科技推动和大量资本介入下,网络视频节目异彩纷呈却也纷繁杂乱,数量多而巨,生存少而短。例如,网络影视综艺泛娱乐化,无视节目质量,为娱乐而娱乐。个别制片人利欲熏心,肆意出品影视剧集,或篡改历史,或歪曲史实,或戏说古人。投资方以当今受追捧的"流量小生"粉饰历史,彰显个人英雄主义;以"粉丝小花"戏说历史,突显宫斗利益心机。这般内容,于历史是不实歪曲,于生活是无益追逐,于观众是导向错误,于文化是腐蚀侵害。网剧的兴起使其成为流量的收割机。各大网站平台竞相开辟了付费板块,为使流量变现为经济利益,不加审慎地制作或购买网络视频,导致网剧质量参差不齐。

（2）网络视频版权侵权问题

随着网络视频技术的发展,视频网站和网络直播平台不断涌现,与网络活动相关的法律规则尚不完善。随着市场规模不断扩大,网络视频产业链逐渐成熟,视频正版化已成为视频网站和网络直播平台能否生存的关键因素。近年来,网络视频版权纠纷在我国法院受理的知识产权案件中所占比例越来越大,最高人民法院在调研基础上将考虑制定司法解释,以适应互联网产业发展和司法保护的要求。根据相关研究可知,网络视频盗版侵权现象普遍主要是因为避风港①原则滥用、侵权成本与违法所得差距悬殊、法律规定欠缺。

另外,从视频内容本身出发,现今正版视频内容质量参差不齐,并且价格设置过于高昂,

---

① "避风港"原则是指在发生著作权侵权案件时,当 ISP（网络服务提供商）只提供空间服务,并不制作网页内容,如果 ISP 被告知侵权,则有删除的义务,否则就被视为侵权。如果侵权内容既不在 ISP 的服务器上存储,又没有被告知哪些内容应该删除,则 ISP 不承担侵权责任。

相较于盗版视频，内容性价比低，网络视频的版权和内容保护不可避免地面临内部规制改变的挑战。市场经济中，各市场经济主体具有逐利性特点，而网络视频付费直接关乎网络视频的内容和服务，当前通过网盘传播"盗版视频"的产业模式愈发成熟，其背后巨大的经济利益值得我们深思。

（3）民众付费观念与付费习惯问题

其一，民众付费观念淡薄。我国具有悠久的历史传承，形成了深厚的法律传统，而这种涵盖法的观念、制度的总和的传承，我国学界习惯将其称为中国古代法的传统。而法律文化更多是指称现代中国的法律、制度及相应的观念。由于一国的法律文化决定着国民的法律意识的整体水平，因此法律文化的建设就更显重要。网络视频付费依靠的主要力量是高度发达的网络视频技术，其对象是网络视频的内容和内容服务，其目的是网络视频的内容和内容服务的经济变现。此外，网络发展与法律普及有差距，两者之间难免出现不一致现象。网络视频科技飞速发展，对网络视频版权立法及保护提出新的考验，各项立法规定有待修改调整。法律之于日新月异的网络视频科技来说具有滞后性，再加之法律宣传、普及到掌握运用都需要时间，两者间存在相当差距、步调不一致也是导致民众付费观念淡薄的原因之一。

其二，民众无偿享用习惯。当人们习惯了互联网的"免费"模式，要想让网络视频的内容和内容服务从免费跨越到经济变现似乎不太现实。曾经人们在互联网上用时间成本获得免费网络视频的内容和内容服务，但是随着消费环境的变化和网络视频产品快速更新换代，网络视频的内容和内容服务的经济变现已经展现出新趋势，突出表现在付费用户对更具专业性、个性化的内容和内容服务的付费。人们面对免费的东西久了，慢慢就变成了习惯。随着时间推移，人们逐渐发觉自己需要的东西不再免费，付费的内容才是自己最需要的。这种因为对内容的关注而不得不为内容和内容服务进行付费最后演变成了"免费的东西，其实最贵"。在网络世界里，本就没有"免费午餐"，之所以免费是基于商业营销考虑。视频网站和网络直播平台所提供的网络视频的内容和内容服务都有一定经济价值，其本质是一种商品，在法律规制下，网络视频的价值属性得以体现。

### 4.3.3　知识付费的困境

#### 1. 知识获取成本提高，加深知识鸿沟

新媒体环境下，人们不仅要为媒体支付费用，更要为媒体平台上的知识付费。高昂的问答费用并非每个人都有能力支付，因而经济能力一般的人只能借助网络获取免费的知识，对有偿的知识望而却步。在这种社会情境下，知识鸿沟可能进一步加深。

#### 2. 信息传播碎片化，降低用户深度思考能力

新媒体环境下，付费者通过向知乎、分答等社交媒体平台上的知识生产者进行提问，获得一条条的信息。在这种情况下，完整的知识体系经过条状化的分割后被传播给付费者，付费者无须再深入地思考问题，便轻易得到碎片化的答案。长期接受这种碎片化的信息不利于

人们深度思考能力的培养。

### 3. 追求明星效应，迎合用户偷窥心理

知识付费平台的经营者也追求明星效应，为粉丝提供了近距离接触明星及向明星提问隐私问题的机会。用户较少向明星提问严肃的问题以获取知识，反倒是偏向娱乐化，充满了窥探欲。

### 4. 知识产权保护机制缺失，侵权行为频现

对于知识付费平台而言，线上知识产权的界定难度增大，加之相关部门并未制定出一套针对知识付费平台知识产权的保护机制，因而知识侵权行为时常发生。由于新媒体节点式传播的特点，盗版内容不仅传播速度快且传播范围广，对原创性付费内容造成极大的破坏力。长此以往，知识生产者解答问题的主动性降低，知识消费者也将放弃对高价格原创内容的尊重，转而购买价格相对低廉的盗版内容，如此恶性循环，最终导致知识付费平台再无优质内容产生。

## 4.3.4　知识付费的未来发展路径

### 1. 从碎片式的知识"美颜"到系统性的知识"健身"的扩张

一种像"美颜"那样的知识，可以迅速在外表上修饰人们，并在一定程度上帮助人们获得工作中所需的新能力。然而，这种知识的传播常常是碎片式的，人们对这些知识的吸收也往往只停留在表层。另一种知识类似于"健身"，这些知识需要人们自己花费较多的时间与精力代价去获得、消化、吸收，转化为自身"机体"一部分。这类知识可以更深层地改变人的能力、思想与思维方式，获得这些知识往往需要通过系统的学习。目前的知识付费产品主要是前者，而后一类知识产品的生产将是未来发展的重点。

### 2. 纯知识产品向复合型产品扩张

从喜马拉雅、得到等知识付费平台近年的实践情况来看，它们已经不再局限于知识付费这个狭窄的领地，而是开始向知识服务、泛知识或知识加娱乐等其他地带扩张。未来这些平台也可能向出版业、影视业等其他行业扩张，这也会促进纯知识型产品与其他产品的结合。

### 3. 从人工生产向联合智能化技术生产扩张

在知识内容的生产中，未来智能化技术也将会扮演更为重要的角色。一方面，智能化技术可以更好地洞察用户群体或个体的需求，带来更多定制化的知识产品，或者提供更多个性化的知识服务。另一方面，智能技术也会促进知识生产与知识管理的发展。

### 4. 从知识传播向知识生产、知识管理扩张

知识是信息深加工的产物。知识管理就是要使知识在信息系统中加以识别、处理和传播，并有效地供给用户使用。而从市场角度看，目前需要重点解决的知识管理问题是碎片知识的

整合。今天的碎片知识呈现爆炸状态，但知识间的整合、关联仍然有限，因此对不同来源、结构和特征的知识进行整合将成为知识管理的重点，也应是未来知识产品开发的重点。

### 5. 从面向个体的产品向面向机构的产品扩张

目前的知识产品基本都是面向个体用户需求的，但随着技术的推动，知识管理水平得以提高，未来的知识产品也可以面向机构型的使用者，如为其提供决策依据方面的知识产品，这也是今天的大数据技术的重要应用方向。

### 6. 从专业平台分发向场景型平台分发扩张

从分发方式来看，一些垂直资讯或知识产品不一定通过通常意义上的内容分发平台来传播，而是可能在其他平台集散，特别是与知识相关的场景型平台。

## 4.4　网络视听节目：网络综艺、网生电影/电视剧

### 4.4.1　网络视听节目内涵

#### 1. 网络视听节目的概念

借助互联网制作、编辑与传播，并向用户提供观看和下载传播视听的活动就是所谓的网络视听节目。这一类型的节目受到广大群众的青睐，与传统媒体提供的音视频节目有所不同，网络视听节目在内容丰富程度和传播表现形式上能更好地迎合观众具体需求。随着移动互联网的大力发展，节目也能更好地摆脱时间和空间的束缚，充分利用观众的碎片时间。当前，价值精品节目、原创自制节目正蓬勃发展，视听节目传播制作机构的收益也节节攀升。

#### 2. 网络视听节目的类别

数字技术和网络技术的发展赋予了网络视听节目更为丰富的表现形态，当下网络视听节目门类众多。综合各种因素，网络视听节目大体可以划分为网络剧、网络电影、网络短片、网络纪录片、网络综艺和网络直播六大类。

（1）网络剧

网络剧是随着互联网产生，以网络为播映平台的演剧形式。根据业界的具体发展状况，网络剧可以分为网络电视剧和网络广播剧。网络电视剧是指"通过网络作为平台播出的专门为网民定制的一类剧种，投资拍摄网络剧的主体包括专业机构及个人"。网络电视剧的内容大都改编自网络文学，少量原创，制作成本一般较低，一集故事时长从几分钟到几十分钟不等，题材类型多样。网络广播剧实际上是一种从策划、制作到推广各个环节都在网络上进行的广播剧新形式。网络广播剧制作主体来源广泛，包括广播剧爱好者或专业声优团体等。总体上说，网络广播剧市场正在兴起，作品的数量和质量不断提升。

（2）网络短片

网络短片可分为微电影、纪实短片和公益短片。微电影是一种主要通过互联网新媒体平

台传播的虚拟类影像叙事作品，其时长较短，多数微电影时长在 3 分钟以上，10 分钟左右的居多，也有少数微电影的时长达到 30 到 50 分钟。相较于院线电影和网络电影，它具有"微时长""微制作周期"和"微投资规模"的特征，适合在移动状态和短时休闲状态下观看。网络纪实短片"主要指以真实为原则，从自然和社会中取材，表现作者对事物认识的简短非虚构活动影像"，其长度短则 30 秒，长则一般不超过 30 分钟，具有制作个性风格突出、制作成本低、紧跟社会热点等特点；网络公益短片是指"利用 PC 互联网和移动互联网等新兴媒体互动终端传播公益价值观念，让公众分享并参与公益活动，最大化地发挥出公益视频的传播效益。"网络公益短片除了具有公益广告的一般特征，还具有视觉综合性、传受交互性、受众自主性等优势。

（3）网络纪录片

网络纪录片相比传统纪录片增加了评论区、弹幕等互动交流方式。与传统影院或电视上的纪录片叙事相比，在大众传播视角下，网络平台的影片已经打破了传统单媒介线性叙事的逻辑结构，并且突出强调屏幕叙事之外的信息、开放式结构、多元化信息以及受众的主体解读。传统纪录片的制作者以专业人士或组织机构为主，而网络纪录片不断朝着"全民记录"的方向发展。

（4）网络电影

网络电影是指在网络传播时代，专门针对网络传播而制作的具有电影艺术特征，并以互联网为首发平台的视听艺术作品，其时长通常在 60 分钟以上。电影制作精良，具备完整电影的结构与容量，但拍摄、演员、导演等成本都比院线电影小。20 世纪 90 年代末网络电影开始出现，经过十几年的发展，历经恶搞、原创、业余、专业的不同阶段，其艺术品质得到了极大提升。目前，越来越多的传统影视公司和专业人员参与到网络电影生产中，随着他们的介入，网络电影巨大的商业前景逐渐清晰起来，正在改变中国电影的生产与传播格局。

（5）网络直播

网络直播是新兴的高互动性视频娱乐方式。在这种直播中，主播通常使用视频录制工具，在互联网直播平台上直播他们的活动，如唱歌或玩游戏，而受众通过弹幕与主播互动。网络直播可以分为两类，一类是在网络环境中观看节目现场直播的"网络电视"；另一类是指利用流媒体技术在网络上直播或录播，通过连接摄像头的手机或电脑，直播唱歌等自主性的表演形式。

（6）网络综艺

网络综艺顾名思义是由互联网传播平台主导，基于互联网生态制播，面向网络用户的综艺节目新形态。它通常只在网络平台播出，大体呈现娱乐性、竞技类、流量化的节目特点。不同于传统电视综艺，以纯网内容为依托的网络综艺意味着最前沿的价值观、最新的传播逻辑、最复杂的应用场景。如今，依托于媒体融合，网络综艺借助新媒体发力，逐渐在文化娱乐市场中取得优势。

### 4.4.2　网络视听节目的主要特征

#### 1. 网络视听节目灵活性高

网络视听节目的体量"微"、灵活性强、效率高、制作成本低、潜在营销空间庞大等优势，都在无形中提升了其在内容生产市场上的竞争力。网络视听节目的灵活性主要体现在以下几个方面：在线传播更高效，多中心裂变式的传播模式成为主流；节目制作成本更低廉，无须特意烧钱设计搭景、布置灯光舞美、租用大型演播厅；潜在营销空间更为广阔。

#### 2. 网络视听节目的交互性强

所谓网络视听节目的交互性，是指节目制作人与视听节目受众之间可以实现良好的互动，也能互相变换位置。在一定的条件下，网络视听节目的制作人与播出方同受众之间有相对的对等性。以网络直播为例，观看直播内容的受众可以与主播及其他受众通过弹幕或评论进行互动交流。在与主播的交流中，受众可以及时提出疑问，主播则可以及时解答。受众之间可以交流他们观看网络直播内容的体验。

#### 3. 网络视听节目具有分众化倾向

相对于传统视听节目而言，网络视听节目适合在垂直细分化的内容领域进行深耕，而在长尾经济理论所定义的广阔"蓝海"市场里，垂直细分化的内容带来的小众经济不容小觑。现在各大网站的视听节目都有其自身的特点，以打造分众化传播的形式形成了各自的特色，针对亚文化群体、小镇青年、农村居民等群体的视听节目层出不穷。

### 4.4.3　网络视听节目营销的基本模式

#### 1. 网络视听节目的供应链模式

新媒体时代，向来占据主导地位的电视节目声量逐渐减弱，而全面开花的网络视听节目则开启了分庭抗礼的新篇章，从数量、热度、播放、口碑等实现全面逆袭。以网络剧的制作成本为例，2015 年，中国网络剧迎来了最为红火的爆点，各大视频网站都纷纷推出了原创网络剧，单集百万制作费的网剧比比皆是。网络剧《盗墓笔记》整部剧投资 6000 万元，单集投入 500 万元，以电影为标准进行置景；《无心法师》整体投入 4000 万，其中特效占了 800 万。2020 年，中国电视剧制作产业协会倡议，将电视剧、网络剧的制作成本控制在每集 400 万元以内。2020 年以后，网络剧《长歌行》《斗罗大陆》等的制作费用仍突破亿元。可见，现在网络剧制作已然十分精良。

网络视听节目的供应链主要有两种模式，即买断模式和分账模式。这些模式对影视公司和视频平台的决策目标及利润来源有重要影响。自网络视听节目诞生以来，买断模式一直是最主要的供应链模式，该模式以视频版权交易为核心，影视公司通过版权交易的方式将视频卖给下游的视频平台，视频平台支付版权费后将视频面向消费者播出。版权费是影视公司的主要利润来源。在买断模式下，视频播出的所有收益归视频平台所有，盈亏均由视频平台承担，所以视频播出总收益最大化是视频平台的决策目标。

互联网的发展使视频播放数据的有效收集、监控与管理成为现实，同时消费者在视频平台付费观看视频节目的习惯已逐步养成，在线视频行业出现了按视频播放数据进行播后结算的供应链新模式，即分账模式。分账网络电影、网络剧的概念最早由爱奇艺平台提出。顾名思义，分账网络电影和网络剧与平台自制影视剧及版权影视剧有所不同，它以用户付费观看为前提，平台和片方按一定比例获得分成，双方收入与剧集的市场表现（点击量、有效播放等数据指标）直接关联。这样一来，对于分账网络电影、网络剧而言，观众的重要性进一步凸显。

据中国各大视频平台的官方网站显示，2015 年，爱奇艺率先提出网络剧分账模式（如表 4-2 所示），并于 2016 年 11 月上线了首部分账网剧《妖出长安》，最终以 450 万元的低成本成功获得 2000 万的分账收益，投资回报比高达 1∶4.5，可谓首战告捷，成功轰动了视频内容市场。2017 年和 2018 年，腾讯视频和优酷视频也相继采用该模式。

2019 年以来，视频平台加大投入，视频网站付费会员规模不断扩大，单部影视剧的分账金额大幅提升。爱奇艺播出的《绝世千金》上线一年累计分账 6600 万元；2020 年，《少主且慢行》跟播期分账金额达 5600 万元；《人间烟火花小厨》分账金额破亿，创下了网络剧分账票房的新纪录。2022 年的分账票房最高者当属爱奇艺分账票房超 1 亿的《一闪一闪亮星星》，优酷《我是赵甲第》收官票房 7050 万。相比前几年爆发式增长态势，这几年分账剧市场逐渐理性踏实。目前，除常规形式的分账剧以外，短剧、互动剧、竖屏剧等网剧形式也开始采用分账模式。

表 4-2　爱奇艺网络剧分账模式

| 版本 | 分级定位 | 合作类型 | 会员收费分成比例 | 会员收费合作方分成 | 广告分成比例 | 广告合作方分成 | 规格要求 | 补贴 |
|---|---|---|---|---|---|---|---|---|
| 爱奇艺2016 版 | A 10 元/季（部）B 8 元/季（部）C 6 元/季（部）C 4 元/季（部） | A 独家B 独家C 非独家D 非独家 | 50%∶50% | 会员有效播放次数×每集单价 ×50% | 未查到具体比例 | 贴片广告收入×（1−运营成本比例）×分成比例 | ≥12 集/季≥240 分钟/季≥20 分钟/集 | 无 |
| 爱奇艺2018 版 | A 10 元/季（部）B 8 元/季（部）C 6 元/季（部）C 4 元/季（部） | A 独家B 独家C 非独家D 非独家 | A 30%∶70%B 30%∶70%C 50%∶50%D 50%∶50% | A、B：会员有效播放次数×每集单价×70%C、D：会员有效播放次数×每集单价×50% | A 级30%∶70%B 级30%∶70%C 级50%∶50%D 级50%∶50% | A、B：贴片广告收入×（1−运营成本比例）×70%C、D：贴片广告收入×（1−运营成本比例）×50% | ≥12 集/季≥240 分钟/季≥20 分钟/集 | 优质 A 级增加 40%，优质 B 级增加 20% |

**2. 网络综艺节目营销**

**（1）模拟式环境的场景营销**

罗伯特·斯考伯、谢尔·伊斯雷尔在 2014 年所著的《即将到来的场景时代》一书中首次提出"场景"的概念："场景"这一词汇源于英文单词"context"，可译为情景和场景。场景偏向于实体的空间环境，情景则偏向依托于场景所形成的感情氛围。

在观看综艺节目时，观众会更愿意接受与自己生活相关或相似空间环境的内容。以辩论类网络综艺《奇葩说》为例，它对于空间环境的设定是将日常辩论场景融入节目之中，让评委坐于中间进行判定，正反方辩手分坐两边，100位场内观众通过座位上的"啪啪"按钮来选择自己的支持方。真实辩论场景的营造让受众能够在不同表现形式中感受到辩论的魅力，拉近与节目的距离，也让受众对辩论和语言的艺术产生了兴趣。

场景营销时代已经到来，人们都生活在场景之中，从以往的产品和服务消费需求转向场景体验。这就要求综艺节目的工作人员运用场景化思维来设计节目内容，并在营销中更加注重满足消费者的场景价值需求。

用户的消费行为都是在特定的场景下进行的，他们透过场景来认知产品，在不同的场景中有着不同的需求。将产品卖点与用户需求相对接能够有效地触动用户的痛点，引起消费者的情感共鸣，并形成消费者黏性和忠诚度。2020年，腾讯视频推出职场观察类网络综艺《令人心动的 offer》，在该综艺中，节目组与"麦当劳"合作，瞄准职场早餐场景，通过嘉宾行为潜移默化地影响受众。《令人心动的 offer》结合用餐场景，生动展示"点餐自取""小程序点餐"两大点餐功能，帮助实现"职场早餐"与"麦当劳"的绑定联想，凸显了麦当劳订餐方式，从而引导消费转化。

（2）沉浸式体验的交互营销

观众是网络综艺节目运营的终端消费者。注重受众体验，从而增加网络用户对节目的感知度与参与度，进而提升节目收视是节目方的主要目标与诉求。沉浸式体验的互动营销以实时互动为特性，通过互动激发受众的分享和体验，进而增强受众与节目的黏合度成为节目日益青睐的推广方式。交互营销的核心是打破传统营销传播"告知"消费者的模式，通过文化娱乐资讯提供互动体验，让消费者彻底参与其中，核心是提高消费者的主动性和参与度。

《明星大侦探》是芒果 TV 推出的一档网络推理综艺节目，该节目以"角色扮演+推理游戏"为内核，游戏内容是六位明星玩家通过不在场证明、现场搜证、集中讨论等环节摆脱自己的嫌疑，最后找出"真凶"。2020年，《明星大侦探第六季》推出衍生互动微剧《目标人物》，它充分凸显了网络综艺较电视综艺的互动优势。该微剧采取"悬疑+互动"模式，通过真人实拍互动剧情，使观众从观看者转变为参与者。此外，芒果 TV 为《明星大侦探第六季》新增了"防剧透弹幕"和"明侦笔记本"功能，方便观众梳理案件推理，互动性与体验感也得到进一步提升。在媒体融合的背景下，交互视频作为媒体发展的新形态和文化交流的新方式，为《明星大侦探第六季》提供了有力支持。刺激内容研发，也成为《明星大侦探》IP 提高用户参与度、实现观众沉浸式体验的新窗口。

（3）亲密式互动的"粉丝"营销

"粉丝"经济是由"粉丝"、明星及第三方资本家支撑起来的新型经济形态。在这个利益体系中，明星是商业价值的承载体，"粉丝"是商业价值的实现者，资本家是商业价值的投资者。由此可以推算，"粉丝"营销是网络综艺推广中不可或缺的一环。

与传统电视综艺节目相比，网络综艺的受众在新媒体平台活跃度更高，更愿意分享自己的观点和感受。因此，保持与"粉丝"的亲密互动，是增强节目亲和力与用户好感度的重要手段。网络综艺节目运营方需要加强与社交媒体平台的合作，通过社交媒体获取目标用户的行为数据，进一步了解受众需求。各大网络综艺的视频播放平台与社交媒体平台相联结，推动用户参与综艺节目的话题或其他任务，有效引导社交媒体平台的用户转化为节目受众。例如，节目的官方微博可以为用户提供链接，直接引导他们参与视频平台的点赞、投票等活动。同时，观众也可以在微博上支持他们喜欢的明星，实现媒介的双向传播。

2019 年，腾讯推出了网络选秀综艺《创造营》，节目官方极其重视在新浪微博平台上与观众进行的实时互动。该节目别出心裁，将观众称为"男团创始人"，将投票称作"点赞"，竞演结果由"粉丝"决定，学员的去留直接取决于"粉丝"的投票，巧妙地将受众代入节目过程中，十分符合当下的网络文化。在此之前，爱奇艺平台推出的同类选秀综艺《偶像练习生》显示："95 后"的女性观众是网络选秀综艺的主要受众群体，而网络综艺的节目内容与形式需要契合目标受众的情感需求，以保持观众对节目的持续关注。《偶像练习生》的拍摄素材量巨大，除正片外，节目组选择剪辑更多的内容来覆盖"粉丝"群体。除了两支以推进比赛赛程为主的正片剪辑组外，《偶像练习生》节目组设置专门的团队制作呈现明星个性的个人剪辑视频，辅助练习生们建立人设，用节目中呈现的练习生的生活细节提升"粉丝"对练习生们的情感。除此之外，节目自成立宣传组之际就设立了一个专门针对"粉丝"的运营团队，保持与"粉丝"群的互动沟通，维系庞大的"粉丝"群成为节目成功宣传的因素之一。而每一名参与的"粉丝"无疑都是一个新的传播渠道。通过内容的针对性剪辑和后期"粉丝"群的维护，"粉丝"营销成为节目宣传的强大推手。

近年来，"粉丝"的盲目追随及资本不良的营销策略（平台、娱乐公司的引导、诱导等行为）造成"饭圈"乱象。早在 2018 年，《偶像练习生》《创造 101》等选秀节目火爆一时，"粉丝"经济顺势发展，也暴露出诸多弊端。《偶像练习生》以"粉丝"集资超 2000 万元、决赛门票炒至 1.8 万元的消息震惊业界，偶像制造业带来的经济效益引发各界关注。紧随其后播出的《创造 101》，"粉丝"应援更是突飞猛进。除去"粉丝"集资，"粉丝"还可以在节目播出平台花钱买票。公开数据显示，《创造 101》"粉丝"集资金额翻倍超过 4000 万元，都是实打实的"粉丝"金钱付出。

由此，为整治"饭圈"乱象，遏制"流量至上"的歪风，中宣部、中央网信办、文旅部、国家广电总局等多个部门出台一系列整治举措，对文娱行业的市场秩序进行整顿，遏制了一些不良网络风气。除去国家监管层面的重拳出击之外，文娱行业各方都需努力，如艺人自律自爱、"粉丝"理智追星、平台尽职引导等，让流量向上向善，发挥正能量。

### 3. 网生电影/电视剧营销

随着互联网技术的提升，网生电影和网剧凭着简单快捷的移动放映终端、强化黏性的社交互动设计、灵活多元的播放方式呈现高歌猛进的发展趋势。更重要的是，根据新媒体时代的相应变化，网生电影和网剧的营销模式同样也发生了与时代相贴合的变化和调整，各种与新媒体时代相切合的营销方式正对传统营销模式进行补充，也对其进行了创新发展。

（1）话题营销——社交平台的内容互动

话题营销是在互联网环境下进行的一种重要传播营销手段。网生电影和网剧深受网络环境的影响，社交平台的线上属性给予了受众即时性和交互性的双重体验。把握话题营销，主动营造网生电影和网剧在社交平台的内容互动，能够更有效地促进网生电影和网剧的传播，提升其经济价值和社会价值。

例如，网络电影《卧鱼》在爱奇艺上线后，其在抖音平台以"#电影卧鱼#"为话题的内容播放量超 2.9 亿次，讨论的话题主要围绕网友们在大学期间做过的"最热血的事"。除此之外，在话题内容引导上，《卧鱼》重点选择在男性用户集中的垂直渠道如虎扑上进行了"校园兄弟情""毕业怀旧"等话题发酵，话题评论里充满着对大学好兄弟的回忆。这让更多男性用户加入有关该电影的话题讨论中并在平台内实现内容的二次传播。

再如网剧《原生之罪》，主创团队在其播出期间，以"原生之罪"等为关键词的话题频繁登上微博热搜并引发网友对其内容的互动讨论。同时，截至 2019 年 1 月 8 日，微博话题"#原生之罪#"讨论量达到 38.1 万次，阅读量高达 4.7 亿次。《原生之罪》通过社交平台的内容互动引导流量不断增长，最终促成了该剧话题营销的成功。

（2）"粉丝"化营销——培养用户付费观看

"粉丝"化营销、培养用户付费观看的模式正在引发网络电影、网剧原有 IP 内容所带来的"粉丝"转化经济，因为一些网络电影和网剧多由该题材小说二次改编或二次改良而来。除版权收益外，对于网络电影、网剧而言，可利用原著自带的"粉丝"引流以及"粉丝"化的营销，在各大平台设置独播，引发用户付费的趋势。

例如，《盗墓笔记》这个大 IP（原著为同名小说）本就有一批庞大的"原著粉"，他们的支持和宣传能有效转化为经济价值，粉丝化营销可抓住此机会利用原有的"粉丝"黏性为改编网剧宣传发挥预热作用。网剧《盗墓笔记》在爱奇艺视频平台上被包装成独播 IP 剧，视频平台对独播设置了一系列与会员有关的活动，比如 VIP 抢先看，一经推出，5 分钟内达到 260 万次的会员需求。

又如《传闻中的陈芊芊》是由小说《传闻中的三公主》改编成的网剧。腾讯视频自 2020 年 6 月 1 日起设置了新的会员观看机制，腾讯会员额外尊享超前点播特权，三元解锁一集，提前看大结局。但是如果你只想点播大结局那一集是不行的，只能按顺序进行点播。虽然这个会员机制被众多网友抱怨，可是改变不了"粉丝"们对这部剧的期待和付费观看，粉丝化营销的作用在此凸显。

再如由蒲松龄编撰的民间故事集《聊斋志异》不仅吸引了众多拥趸，根据其改编的影视作品又吸引了大量的"粉丝"，成为经典大 IP。2022 年由该小说改编而来的古装奇幻网络电影《倩女幽魂：人间情》在固有"粉丝"的黏性助力下，上线仅 4 天，分账票房就超过 1700 万，上线 56 小时播放量便突破了 1 亿次。

（3）体验营销——开发剧集/影集衍生品

体验营销在网生代用户更高的体验需求下应运而生，并在网生电影和网剧的衍生品开发中发挥了推动作用。具体来说，体验营销从受众的生活情境出发，抓住消费者的体验心得，塑造符合受众的感官体验和情感认同，包括以网生电影或网剧的内容为着力点进行内容的抓取从而实现实体开发，从书籍、游戏到玩具、服饰以及周边产品开发促使 IP 衍生价值拓展。网生电影和网剧播出后引发的关注度和订阅度也使其 IP 拓展性增强，通过体验营销，相关衍生产品也随之热销。

比如《陈情令》网剧中呈现的服化道展演，充满着其自有的独特风格和优雅气质。剧集官方抓住受众心理，在剧集播放热度达到高峰时售卖剧中相关的服装和道具，以及根据主演们的形象生成的萌趣小玩偶等。

再如网剧《河神》紧抓契机，基于其剧集本身的类型属性打造出由剧中主演代言的灵异探险游戏，为同步播放的剧情增加了热度，增强了受众的体验感和代入感。衍生产品让网剧和游戏的受众人群达到了契合，从而促进了双方受众的相互引流。

（4）整合营销——渠道扩展的联合推广

打破渠道壁垒，提高分账"天花板"是网生电影和网剧进行整合营销、实现渠道扩展联合推广的目标所在。就视频平台而言，尽管优酷、爱奇艺、腾讯视频、哔哩哔哩平台用户数量都不容小觑，但平台竞争所带来的壁垒却在无形中成了网生电影和网剧分账利益的隔阂层。如果头部网生电影和网剧能在多平台进行联合播出，一定程度上不仅能让网生电影和网剧实现渠道"破圈"，也有可能联合打造出高质量的现象级作品。在这样的机制下，优质内容得到最大支持实现持续产出，最终迭代成可衍生的有机整体，对网生电影和网剧的可持续发展具有重要的价值意义。

再如广告渠道，"影视+广告"的模式能够帮助投资方实现影视价值的提前变现。迷雾剧场是由爱奇艺独家打造的悬疑类型剧场，在其品牌价值的升华中得到了众多广告主的青睐，大众、南孚、感冒灵等品牌纷纷入驻，在前情提要、中场转播等环节中投放广告。其中短剧场模式产生的品牌效应更是让一些广告商多部连投，如安慕希在《在劫难逃》《隐秘的角落》《非常目击》中有自带品牌特性的广告衍生呈现。除此之外，爱奇艺还联合肯德基开展线上、线下推广活动，推出限量 K COFFEE 产品提供迷雾剧场六部剧的专属线索，爱奇艺会员购买该产品可兑换迷雾剧场超前点播福利。迷雾剧场还与谢谢茶推出"喝谢谢茶揭迷雾"活动，将线上观看与线下消费充分结合，助力合作品牌方价值转化，不仅实现渠道扩展的联合推广，也实现网剧的变现价值。

除此以外，借助明星联动、社交平台直播等各种形式也能够帮助影视作品实现推广的渠道拓展。网生电影《卧鱼》通过明星联动的形式，利用主演王栎鑫的个人影响力，带动了不同群体对影片的关注。再借由社交平台直播间进行展演，在微博、奇秀、快手、抖音四个平台进行马拉松接力直播，跳起《无价之姐》，展示吉他弹唱《请回答 1988》主题曲，更与快手红人郭老师进行有趣的连麦互动……通过不同传播渠道展现电影主演王栎鑫本人年轻阳光的一面，传递出《卧鱼》青春向上的内容特质，从而帮助电影进行整合营销推广，实现价值变现。

## 4.4.4　网络视听节目未来发展趋势

随着网络视听节目的不断涌现，如何抓住新的发展机遇实现未来的持续、稳定发展，成为值得我们重视和思考的问题。在我国经济文化愈加繁荣、新媒体技术高速发展的背景之下，网络视听节目在未来或许会朝着为原创赋能、联系时代特色与发展、进行多平台定点宣传、重视受众互动与沉浸式体验、激活制度改革、实现多方持续盈利，精准定位、差异化创新等方式和路径发展，不断提高节目质量，提升网络视听节目的综合水平与竞争力。

### 1. 原创赋能，联系时代特色与发展

随着互联网的发展，网络视听节目应顺应时代的进步，制作出具有民族特色、地方特色的原创节目，提升网络视听节目的核心竞争力。例如《舌尖上的中国》通过讲述中国传统美食的做法，展现了中华民族深厚的文化底蕴，受到了广大观众的喜爱。《世界青年说》在节目中选择不同国家的青年坐在一起讨论每期的话题，使观众从中感受到各种文化的碰撞，以及不同成长环境所带来的思维差异。这种以世界文化融合为主题的节目契合了我国当前的社会特色和传播中华文化的要求。

值得注意的是，特色化、个性化文化内涵的融入要符合我国当前的社会特色、社会文化传播需求，同时要有底线，有正确向上的社会价值观、人生观。网络视听节目不能为追求个性化和商业效益而陷入"低俗个性"，应放开眼界、勇敢创新，联系时代特色与发展，以原创为动能，激发其自身活力。

### 2. 多平台定点宣传，重视受众互动与沉浸式体验

网络视听节目的宣传应充分发挥新媒体优势，掌握受众和市场信息，把握流量密码。可利用各平台算法的侧重点，合理选择和规划各平台的宣传策略，依据平台特点和受众群体在内容和形式上进行有针对性的宣传，以低门槛、多类型的特点，全方位吸引受众。冲破单向维度，激发受众参与和社交圈层的沉浸式互动，为节目的创新优化提供用户数据，描画用户图像，从而更好地为网络视听节目的未来发展服务。

受众向个性化、规模化和多样化发展的同时，网络视听节目应充分发挥自身优势，提升受众体验，为受众营造"看不到、觉不到、摸不到的超越时空界限的泛在体验"。《娱乐猛回头》作为一档爱奇艺自制综艺节目，选题根据社会大众感兴趣的内容而定，在圈拢了大量受众、注重和受众互动的同时，还顺应了受众分化的发展趋势和信息碎片化的传播特征，为受众提供了沉浸式的体验渠道与平台。

### 3. 激活制度改革，实现多方持续盈利

网络视听节目作为一个新兴产业，在我国发展的时间不长，监督机制尚不健全，法律制度也不完善。我国公众的版权意识一向薄弱，有关部门缺乏相应的宣传，观众往往只考虑节目精彩与否，很少会去关注背后的版权等问题。因此，有关监督审查部门必须尽快出台相应的政策法规，并进行系统化的整顿，以期实现视频网站行业规范化的运营，从而促进网络视听节目积极有序地发展。

只有实行了制度化的建设，才能更加有效地把握盈利的长效机制，控制好各种盈利途径的持续发展。除了在节目中投放赞助商广告，延展网络视听节目的产业链条、探索出适合网络视听节目发展的电商模式对网络视听节目的长远发展来说同样至关重要。爱奇艺自制节目《爱上超模》，不仅在节目类型上开创了新题材，更为值得一提的是，它将内容与电商巧妙地融合在了一起。在受众欣赏秀场的同时，产品相关信息通过浮屏、扫码等方式提醒观众，将观众引导到电商网站和购物平台，使用户享受一边观看、一边购物的体验，满足受众观赏、

消费、购物等多样化需求。

除此之外，塑造节目自身品牌，注重品牌化建设，形成良好的品牌形象与品牌效应，也有助于其效益实现持续、稳定的增长，使网络视听节目的发展走上一条长期合作、互赢互利的道路。

### 4. 精准定位，走差异化创新发展道路

当前网络视听节目走上了差异化发展的道路，在节目形式和内容选择上别出心裁、创意独特，尽量避免了雷同效应和同质化竞争，同时也结合了受众需求和互联网自身的特性。在选题、策划、制作、播出、类型、受众、优势、品牌等方面有了更准确的定位和创新发展。2019 年 5 月，爱奇艺和米未联合推出的纯网络音乐节目《乐队的夏天》集结了痛仰、新裤子等 31 支最具代表性、最具影响力的中国青年乐队，以不同主题单元的内容设计及音乐表演，展现乐队原创音乐的魅力与创造力，通过这种创新的叙事形式，为音乐表演搭建了具有完整性和感染力的故事语境，从而打造出一个高品质、重人文、有生命力的网络视听节目，助力我国文化的繁荣发展。

同时，网络视听节目的发展还应注重一些问题，如对社会主流文化的探究和引领，任何一门艺术形式的发展和传承都离不开丰厚的文化底蕴。一味追逐流量红利和观众喜好而不对其进行筛选和取舍，行业发展必将风险重重。网络视听节目应结合设计、经济、教育、体育等领域，增加节目的深度及其在某一专业领域的影响力，加强受众黏性，实现节目的专业化和创新化发展。

# 第5章 技术赋能与模式创新下的视听文化传播

## 5.1 人工智能与算法推荐

### 5.1.1 智能视听的内涵

《2023 中国网络视听发展研究报告》指出，截至 2022 年年底，中国网络视频总体用户规模达 10.40 亿，网民使用率达 97.4%。智能视听作为广播电视、网络视听与战略性新兴产业深度融合的产物，是在人工智能、大数据、5G、虚拟现实等新技术的共同推动和经济社会发展的强烈需求下，迅速发展壮大并渗透至各行各业和广泛应用场景的新兴领域。它代表了网络视听在创新科技支撑和赋能下的升级版，同时也是未来的必然趋势。

在智慧视听体系建设中，5G 传输速率+4K 分辨率+人工智能是最核心的技术标准。智能视听通过大数据和人工智能技术对用户进行捕捉、感知和洞察，从而为用户在各种场景中的需求制作和传输视听内容。

智能视听和万物互联的全维度发展正在创造新的机遇。智能视听不仅局限于资讯和娱乐，其延伸的价值还体现在全部数据集的应用；视听设备也不再仅仅是电视或手机，而可能涵盖一切智能硬件和设备的交互界面。随着近年来的爆发式增长，智能视听行业正逐渐迈入新的阶段。

### 5.1.2 智能视听的基础：大数据和人工智能

大数据和人工智能的结合是智能视听的重要基础。

大数据就是指基于用户行为的海量的数据合集，可分为三种：结构化数据、非结构化数据和半结构化数据。结构化数据是有明确格式和组织结构的数据，可以通过关系型数据库等方式进行存储和处理。它使用二维表呈现，便于关系型数据库的处理。半结构化数据是结构化数据的一种形式，虽然不符合关系型数据库或其他数据表的形式关联，但包含相关标记，用于分隔语义元素、对记录和字段进行分层。半结构化数据的结构和内容混合在一起，缺乏明显的区分。非结构化数据则是指没有固定结构的数据，包括各种格式的办公文档、文本、图片、XML、HTML、报表、图像，以及音频/视频信息等。这类数据不容易通过传统的关系型数据库进行有效管理和分析，通常需要其他处理手段。

首先，数据是智能视听传播底层逻辑中不可或缺的关键要素。在万物互联的数字媒体时代，在大数据分析技术支撑下，可以实现量身定做的信息模式。依据受众用户需求，设立无限多的用户终端，让个性化的信息选择落地；启动大数据追踪机制，用户市场调查前移；建立广泛的用户群平台，并确保大容量的优质内容资源供给。在大数据时代，对用户兴趣的获取与分析变得易如反掌，在知悉用户偏好的基础上，向用户推荐其感兴趣的内容可以有效促进用户的内容消费。微信平台的视频号采取了独特的传播机制：熟人社交+算法推荐。视频内容会按照一定比例分发给微信好友，通过作者的社交关系链在私域内裂变，当点赞观看达到一定热度，被判定为优质内容，便会接入算法推荐，在公域流量内进一步推荐给更多用户。腾讯发布的 2022 年 Q2 财报显示，视频号的日活跃创作者数和日均视频上传量同比增长超过了 100%。

其次，人工智能是智能视听发展的支撑要素。人工智能是一种由计算机程序控制的系统，能够模拟和执行人类智能任务的技术，包括语音和图像识别、自然语言处理、决策制定等人工智能技术提供了一些基础工具，如机器学习、深度学习等。这些工具可以帮助智能视听系统更好地理解音视频数据，并对其进行有效的处理和分析。

由人工智能研究公司 OpenAI 开发的 ChatGPT 基于 GPT（Generative Pre-trained Transformer）架构。2022 年 11 月，OpenAI 发布了 GPT-3.5；2023 年 3 月，发布 GPT-4；2023 年 11 月，发布 GPT-4 Turbo。ChatGPT 可以理解人类语言并进行对话，协助撰写邮件、视频脚本、文案、翻译和代码等任务，但在处理复杂任务上仍有局限。

李开复认为，我们已进入 AI2.0 时代，AI 通过自我监督和全球数据的反馈强化学习，不再需要人工标注，形成的基础大模型横跨不同领域。ChatGPT 作为 OpenAI 开发的智能聊天机器人，使用模拟人脑的算法，参数超过 1750 亿，由多模态、高质量的大数据支持，使其具备了人类思维和表达能力。随着大量用户每天使用该系统，其算法不断优化，智能化水平提升。ChatGPT 的出现不仅改变了人们对人工智能的认知，还推动了人工智能向通用人工智能（AGI）演进。人工智能生产内容（AIGC）将成为视听内容的主流形态，视听传媒的运营模式和产业结构也将发生深刻变革。

### 5.1.3 人工智能在视听媒体中的应用体现

以人工智能为代表的新兴智能技术对媒体革新浪潮的引领，伴随智能化进入现代传媒内容生产、信息分发与互动反馈的各个环节，在 OGC（Occupationally-generated Content，职业生产内容，即以内容提供为职业的人所生产的内容）、UGC（User Generated Content，用户原创的内容）、PGC（Professionally-generated Content，专业生产内容或专家产生的内容）、MGC（Machine Generated Content，即机器生产内容或技术生产内容，指通过数据挖掘和智能算法生成海量的传感器资讯）等不同主体生成的形态各异的视听文本（如网络综艺、短视频、直播秀等）中，价值传播的拟态环境也在潜移默化中重建。

随着人工智能（AI）等新兴信息技术在视听领域的深入应用，基于人工智能的网络视听智慧媒体需要运用大数据来分析用户的环境、行为和偏好，进行用户群细分与定位，并以智能化手段进行媒体内容服务产品的识别、采集和生产；再以开放、聚合、跨界整合为特征的互联网思维，结合人工智能、云计算、大数据、物联网、4K/8K、虚拟现实（VR）、区块链等新兴信息技术，重构媒体平台。在此基础上，通过大众传播与个性传播有机结合的方式，精准匹配用户基于不同个性、场景、社群的视听需求，改善用户体验，构建跨终端、跨业务、跨网络、跨平台的智慧体系。

### 1. 人工智能助力视听用户分析

自互联网和社交媒体普及以来，信息生产的海量性与用户有限的注意力之间的矛盾不断突出和显现，信息接收者所面临的主要问题从传统媒体时代的"信息稀缺"转向互联网时代的"信息过载"。与此同时，人工智能、大数据、云计算等新技术的发展应用为智能推荐算法技术的全面崛起提供了必要的技术条件。智能算法技术在视听传播领域中广泛应用于分发环节的个性化推荐主要分为两种：一是基于内容推荐，其原理是平台收集用户基本数据、记录过往行为数据，精准描绘用户画像，分析用户信息全貌，在此基础之上将与用户兴趣相似度较高的信息推荐给用户；二是协同过滤推荐，通过找出与目标用户相似的用户集群，再向目标用户推送集群用户感兴趣的新闻。

短视频和直播的兴起为大数据标签提供了更广泛的应用场景。通过系统学习和对已有数据的分析，大数据可以通过标注的方式识别主播的年龄、性别、惯用的动作、表情、着装风格、场景等，对其加以区分并打上相应的标签，实现对主播特质的精准描述。这样的标签系统不仅有助于更好地理解主播，也为直播平台提供了差异化的内容推送机制。通过人工智能技术为产品打上相应标签，可实现对产品分类、匹配使用人群的智能化管理。在视频内容的个性化推荐中，符合主流审美标准的标签有助于提升用户体验。

新用户注册后，直播平台和视频平台引入"自我标签"供用户选择，通过这些标签推送与用户兴趣相关的内容，从而在首页呈现相关性更高的优质内容。此外，平台可以基于用户的历史行为进行推送。这种个性化推荐和标签系统还为广告投放和宣传提供了更为精准的定制和场景化投放机会，提升了广告的效果和回报率，同时为用户提供更加个性化的广告体验。

（1）算法和用户"互为主体"：短视频协同过滤推荐机制

推荐算法是一种借助大数据分析和信息过滤机制从而将信息内容和用户进行精准匹配的技术，已广泛应用于资讯、电商、搜索引擎、短视频等互联网平台中，算法内容推荐已占整个互联网内容分发的 70%。算法技术对于内容分发的重要意义在于实现从"人找信息"到自动"信息找人"的转变，既极大地解放了人力，又大大提高了人们获取信息的效率。

当前视听内容的推荐算法有多种类型，如基于内容、用户关系、创作时间与内容质量权重、地理位置等推荐。一个视听平台不是局限于一种推荐算法，而是同时采用多种推荐机制，使用户（接收者）对算法所推荐的内容感到"千人千面"或个性化。当前，短视频平台大多采用了协同过滤（CF）推荐算法，包括基于用户和内容的记忆型协同过滤和基于模型的协同过滤两种类型，推荐核心是相似度，即依据相似度对用户和内容进行分类后再进行推荐。

协同过滤算法的思想，即"用户分类中属于同一类别的用户会对同一类内容感兴趣，或者内容分类中属于同一种类的内容将受到同一用户的喜爱"，具体而言，就是当用户上传的视频内容通过机器审核并加内容标签之后，平台推荐算法会将视频匹配给相关用户人群，从而找到用户的兴趣和爱好，带来推荐结果的丰富多样。协同过滤算法对短视频内容的推荐主要以用户画像和用户反馈为依据，即根据算法对用户画像所形成的标签与内容标签进行大致匹配，随后根据用户对所推荐内容的反馈（浏览、点击、点赞、转发、评论、关注）调整下次推送的内容以及与之匹配的用户人群，从而实现算法的不断优化。

以抖音为例，首先推荐算法会根据视频内容标签推送给对视频可能感兴趣的 200～500 个在线用户，并计算单位时间内（一般 1 小时）用户的完播率、点赞数、关注数及关注主页数、评论数及评论点赞数、转发数（权重依次递减），据此计算所推送短视频内容的热度。若热度较高则进行多次叠加推荐，推荐给更多潜在用户；第二次推送 1000～5000 人，第三次 1.5 万～2 万人，第四次 12 万～15 万人，第五次 60 万～80 万人，第六次 300 万～500 万人，第七次 800 万～1300 万人，第八次即标签人群推荐，推送给 5000 万人以上，直至成为热门短视频。与此同时，那些在第一次推荐中被过滤掉的视频内容被爆款内容带动获得巨大关注（赞评转）时，算法还会据此（即流量）重新放入推荐池进行推荐。由此可见，抖音算法的协同过滤推荐机制本质上就是一种流量至上的推荐方法，需要以算法与用户之间的互动为前提。在短视频内容分发的行动者网络中，作为非人类行动者的推荐算法与人类行动者——用户的关系是"互为主体"。一方面，算法对用户的动作特征及行为数据进行收集并算出用户的需求，再根据用户需求进行个性化内容推荐；另一方面，用户行为也在调整和修改算法并影响算法的下一次推送。算法和用户始终处于动态的变化之中，二者的实践呈现出结构二重性特征。

（2）行动者的价值逻辑：视听内容推荐算法价值观念六要素

在将视听内容匹配给用户的过程中，不仅仅以用户反馈为推送依据，还涉及推荐算法作为行动者的价值逻辑及价值观念。在这一过程中，算法进行"内容—用户"精准匹配的标准，即算法行动的根本依据是平台管理者、算法设计者等"代言人"的价值逻辑，而算法"代言人"的价值观又受到了商业逻辑、行业政策、用户等行动者的影响。算法自动决策主要通过排序、分类、关联和过滤四个过程实现。尽管算法看起来是一套计算机程式，大部分人也都将它看作不涉及价值的技术工具，如技术决定论者认为，和人类的主观价值判断相比，算法是公平的、中立的。国内较早采用推荐算法技术的网络平台今日头条也宣称"没有采编人员，不生产内容，没有立场和价值观，运转核心是一套由代码搭建而成的算法"。然而从行动者网络理论来看，算法并非中立的，而是由行动者共同建构出来的，算法的设计研发、更迭等过程受到许多社会性因素的影响。如判断标准的选择、数据提取、语用分析、结果解读等都会对算法施加重要的影响，这些人为因素内嵌于算法规律之中。叶夫根尼·莫洛佐夫在《技术至死：数字化生存的阴暗面》一书中以"自动完成"功能为例揭示了 Google 搜索引擎算法并非客观中立而是有价值观的事实。美国学者迈克尔·德维托（Michael DeVito）通过对公开发布的专利、新闻稿、博客等进行内容分析，总结出 Facebook 内容推荐算法的九大价值要素，分别是朋友关系、用户公开表达的兴趣、用户先前的参与、用户含蓄表达的偏好、发布时间、平台优先级、页面关系、用户的负面表达、内容本身的质量。我国学者王茜通过定量法揭示了今日头条平台推荐算法的价值观四要素，即场景、内容、用户偏好和平台优先级。而具体到短视频平台的推荐算法，其价值观体现在用户偏好、社交关系、公共议题、场景、差异化和平台优先级六个维度（如表 5-1 所示），包括了公开表达的兴趣、用户先前的参与、用户含蓄表达的偏好、发布时间、平台优先级、页面关系、用户的负面表达、内容本身的质量等。

表 5-1　短视频平台算法的价值观

| 价值要素 | 价值内涵 |
| --- | --- |
| 用户偏好 | 主动表达的偏好：主要通过用户的动作特征；<br>被动表达的偏好：通过手机号属地、年龄、性别等 |
| 社交关系 | 一级社交关系：关注好友、通讯录好友；<br>二级社交关系：关注好友的好友、通讯录好友的好友 |
| 场景 | 特定时间（节日、休息时）、GPS 定位、IP 地址、WLAN 接入点/蓝牙/基站等传感器信息 |
| 差异化 | 试探用户兴趣边界的差异化内容 |
| 公共议题 | 主流媒体账号发布的新闻资讯 |
| 平台优先级 | 优先推荐抖音平台活动或西瓜视频中的热门视频 |

**2. 人工智能助力视听内容生产及分发**

（1）智能内容生产

① 科技感：AIGC 带来内容生产方式变革

在智能内容生产方面，出现了以 AIGC 为代表的内容生产新机制。AIGC 是指利用人工智能技术生成内容。它可以根据输入数据生成相同或不同类型的内容，如输入文字生成文字，或输入文字生成图像等。AIGC 可以在创意、表现力、传播、个性化等方面充分发挥技术优势，且拥有更快的迭代周期。

数据算法可以精准抓取内容，而人工智能机器人参与了素材的采编和录入。通过人机交互，完成用户画像的数字化分析，为受众提供个性化的体验与服务。如 5G+视听云服务、5G+云游戏和 AI+视频应用等，都使视听节目多样化呈现。随着数据的不断丰富，算法的持续改进、算力的大幅提升，人工智能将向视听传媒全领域渗透，人工智能生成内容（AIGC）将成为主流视听节目形态，基于人工智能技术构建的视听媒体将成为市场主导力量。为用户提供优质创作工具的智能平台，将汇聚内容生产者和消费者，成为新的产业巨头。

在新闻领域，国内外新闻机构已经广泛使用人工智能；在自动语音、音乐创作、图片创作领域，人工智能也已经有了成熟的应用；在影视制作领域，剧本优化、演员甄选、市场预判、拍摄剪辑等环节，正在加速应用人工智能技术。人工智能在视听传播中的应用主要在文本、音频、图像和视频创作方面，但在视频生成和跨模态生成的技术领域仍有进一步提升的空间。

在绘画领域，2022 年 8 月，在美国科罗拉多州举办的新兴数字艺术家竞赛中，一位参赛者提交了与人工智能 MidJourney 合作完成的绘画作品《太空歌剧院》，获得了"数字艺术/数字修饰照片"类别一等奖。Midjourney 是 2022 年 3 月发布的 AI 绘画工具，用户只需输入关键字，工具便可通过 AI 算法快速生成相应的图片，过程仅需大约 1 分钟。DALL-E 2 是 OpenAI 的文本生成图像系统，实现了更高分辨率和更低延迟，而且还包括了新的功能，如编辑现有图像。由谷歌推出的 AI 系统 Imagen，能将文字描述转化为逼真的图像。

2024 年 2 月，OpenAI 发布了视频生成模型 Sora。Sora 不仅可以根据文本指令生成视频，还能够利用现有的静止图像将其内容动画化，精确地生成视频。此外，Sora 还能扩展现有视频或填充缺失的帧。尽管 Sora 在技术上尚不够成熟，但其应用前景和发展潜力巨大，预计将在教育、广告、娱乐和企业培训等多个领域带来革命性变化。

对影视行业来说，AI 生成内容可以让制作方案效率高、成本低、富有创意。在《这！就是街舞》第五季的一次街舞表演中，上海东方传媒将基于 AIGC 的画面融入了影视美术设计，并用其进行舞台的场景设计。这大幅度提高了效率，使节目组在极短的筹备时间内就完成了节目制作。

在直播行业，虚拟数字人可以显著提高交互效率，它具有以下三方面的特征：首先，它拥有人的外观，具有特定的相貌、性别和性格等特征；其次，它具备人的行为特征，能够通过语言、面部表情和肢体动作来表达；最后，它还具有类似人类的思考方式，可以识别外界环境并与人进行交流互动。虚拟主播通过与受众进行语音和非语言沟通来实现信息的传递，通过发挥自身形象、技术的优势，可有效提高与观众间的交互性、临场感和趣味性，观众的互动积极性和能力也不断提升，交互效率显著提高。

网站的短视频制作也离不开 AI，从视频生成到配音、字幕，各个环节都深受 AI 的影响。视频网站哔哩哔哩上，一名 Up 主使用 AI 生成图画工具 Midjourney，为《漠河舞厅》整首歌配了一条 MV。由于这些由 AI 绘制的画作与歌词的文本内容高度吻合，不少网友纷纷表示，AI 画出了他们听这首歌时脑海中的景象。这些图像是利用 Vision-Language（视觉-文本）技术根据文字描述生成的。

② 体验感：虚拟空间与现实空间的交互叠合

人工智能技术发展为视听艺术体验感的提升提供了支持，3D、4D、VR、AR 等技术使视听艺术突破传统的二维界面向三维立体空间延伸，实现了虚拟空间与现实空间的双向叠合。3D

和 4D 技术在日常生活中得到了广泛的应用，它们主要依赖特殊技术或设备来产生逼真的立体影像，例如 3D 电影、裸眼 3D 效果和 4D 影院。与其类似，VR 以计算机技术生成虚拟环境，AR 则以人机交互为基础达到增强现实的效果，两者都强调技术与影像再现的融合，突出视听画面全景式、沉浸感、交互性的特点。VR 作品《不思异：重叠空间》在分辨率、后期制作和声音处理等方面使用了特殊技术。它开创性地把传统影视 IP 融入全新的 VR 领域中，通过虚拟现实技术为观众呈现一个 360°的沉浸式体验，引导他们进入一个独特的影像世界。

（2）智能传输分发

① 内容投放精准化

人工智能应用于视听内容分发环节，以用户为主导的智能化、个性化和社交化的算法分发方式逐渐成为主流。人工智能依靠大数据、自然语言处理和算法分析等技术，捕捉用户的使用习惯，从而构建出反映用户偏好的信息矩阵，并有针对性地推送其可能感兴趣的内容。这种内容投放方式的核心是推荐算法，其运作逻辑大致可归纳为内容画像、用户画像、智能匹配、反馈调整四个步骤，关键是实现内容特征、用户特征与环境特征的匹配。

人工智能内容分发的过程也是用户数据积累与维度刻画的过程。用户的行为数据被反馈至数据库中，使得数据维度更加丰富、用户画像更为完善，从而内容分发愈发精准。人工智能精准化的内容投放方式不仅从需求满足上优化了用户体验，其"内容主动定位到感兴趣的人"的模式还打破了以往用户被动接收内容的惯例，从用户角度增强了使用感。智能内容分发方式受到越来越多的认可，今日头条、封面新闻、天天快报、抖音等平台逐渐采用该方式促使内容精准落地。随着技术进一步发展，未来人工智能将实现场景化适配，在动态的场景变化中完成用户与内容的精确匹配。

② 传播渠道泛在化

人工智能引发了技术逻辑主导下传播要素的全面变革，传播渠道的泛在化已颠覆性地出现。大数据、5G、物联网技术为智媒体的传播奠定了技术基础，改变了内容传播的终端形式，因而出现了万物皆媒，即任何智能终端都可成为用户接收信息内容的媒介，成为媒体投放内容的渠道，并且内容分发能力更强，分发场景更广泛。虚拟现实技术带来的各种终端设备的升级也成为继报纸、广播、电视、互联网、移动互联网之后的第六大媒体传播形态。

为满足受众在移动化、场景化环境下的内容接收习惯和信息交互需求，媒体的传播形式逐渐倾向于视频化，例如新华社全球视频智媒体平台全面重塑音视频生产服务流程，实现了音视频内容一键分发。

③ 交互过程场景化

基于算法打造的多样化的智能交互功能，人工智能内容分发呈现出强交互趋势。人工智能运用虚拟技术实现场景重构与深度交互，促进感官接触与感知符号相融合，实现了一种沉浸体验式的、跨越时空界限的人机互动，即交互过程场景化。场景，由于能够同时提供真实体验和虚拟想象，被视为传播过程中的核心元素。人工智能借助人机交互、AR、VR、数字图像等智能技术全景记录新闻内容及其发生过程，从多种感官维度进行模拟还原和场景搭建，由此产生了强烈的临场感与沉浸感。

各大媒体逐渐将沉浸式技术作为内容创新与传播的有效载体，塑造虚拟现实、5G 与媒体相结合的传播形态。VR 全景视频、全景直播等基于场景的虚拟传播不再仅仅是一种媒介常用形态，更形成了新的信息场域和媒介生态。2022 年新华网《两会"议事界"》节目通过 XR 技术搭建虚实结合演播厅，采用"真人主讲人+虚拟数字人"的互动形式讲解两会热门话题。未来，在智能生态下，现实三维空间与虚拟空间叠加，人工智能将为用户带来实时动态的多维视景以及更丰富的感官体验。

## 5.1.4　人工智能时代视听媒体面临的挑战

在技术日新月异的发展之下，5G、大数据、人工智能等新一代信息技术正在加速渗透到社会的各个领域，也积极推动着"万物互联"时代的到来。全面推进数字中国建设、打造智能化的视听行业是未来城市重要的基本环节。中国传媒大学党委书记、校长廖祥忠认为，"借助先进的传输技术、优秀的算法力量、全民的创造热情，一个视听传播的中国时代正在到来"。然而，与人工智能技术的融合对视听媒体的发展提出了新的挑战和要求。

### 1. 媒体形态升级转型的挑战

随着移动互联网技术的发展和广泛应用，网络视听行业正一步一步崛起。随着短视频、直播等行业繁荣发展，传播的表达方式、渠道、传播效果得以快速革新，如抖音、快手的平台发展速度迅猛，电商、直播已成为公众网上消费的主要渠道。短视频中声情并茂的视听内容让网友可以更简单舒适地接收信息，几十秒的时长使得传播快捷化，和传统媒体相比，传播形态已发生巨大变化。

21 世纪初，中国传统媒体已经实现了第一次互联网化转型，即由传统媒体向新媒体形态的融合。无论中央媒体、地方媒体还是新兴互联网媒体，下一步媒体融合的发展方向必然是智能化。从新闻信息生产到传播整个产业链都将围绕人工智能技术发展而不断调适。随着人工智能的普及发展，受众对新闻信息的需求同步发生着变化，技术保障了新闻产品的时效性，新闻零秒时差成为可能。同时，移动化、视频化成为新闻信息受众的新追求，不能适应这一需求的传统媒体，其生存空间将进一步受到挤压。如今，各大视听媒体都在积极进行探索转型，传统广电行业要想不被替代，必须遵循新的传播规律，积极拓展网络视频业务，并按照现代企业制度要求建立全新的机制和管理模式。

融合全新的人工智能技术、视频技术和传感技术，智能视听还需不断深度介入智慧城市和智慧社区建设，为助力数字中国建设打下牢固基础。目前，视听媒体的智能化转型才刚刚起步，前景广阔。人民日报与腾讯公司、歌华有线公司及关联基金合资成立的"人民视频"是于 2018 年推出的全新可视化品牌，发力短视频和移动直播。以"人民视频""新华网""央视新媒体"为代表的视听媒体在视听领域融合发展中不断推出更符合现代网络传播规律、更适合网民接受习惯的新媒体产品，行业地位集体上升。因此，每一种媒介产品都有生命周期，在从成熟期迈向衰退期的过程中，只有不断自我进化和变革才能重生。

### 2. 版权监管和内容规范的挑战

在大数据、云计算、人工智能技术迅猛发展的今天，视听行业聚集了千亿量级的音视频信息和用户信息。新技术是一把双刃剑，一方面，互联网技术迭代升级带来了便捷高效；另一方面，也存在网络和信息的安全风险。面对海量信息，如何及时、精准地过滤涉恐、涉暴力、涉色情等违法违规内容，保护视听内容版权、维护用户合法权益和隐私安全等已成为刻不容缓的命题，网络视听服务安全至关重要。

同时，海量内容及新型传播技术手段给内容版权和内容规范监管带来巨大挑战，尤其是对未成年人保护构成巨大冲击。除网页端的服务外，新媒体可以通过聚合平台、云盘存储、客户端、UGC 分享、基于云服务的智能路由器等方式进行传播和分发。不管是在版权层面还是在内容健康度层面，这些内容传播方式都难以通过传统的监测方式进行监管，特别是在"泛网络"环境下，非法版权内容或不健康内容的传播，将在很大程度上给未成年人成长环境带来巨大冲击。此外，移动互联应用推动了 UGC 和自媒体的发展，自由创作空间的发展模糊了传统的内容制作界限，给内容管理带来了新的挑战。

### 3. 内容泛娱乐化倾向的挑战

内容泛娱乐化的直播，以流量为导向，其核心在于通过直播创造出一种情感体验和社交体验，主要包括游戏竞技直播和秀场直播。游戏竞技直播主要涉及网络游戏的实时解说、比赛直播等，而秀场直播则更多地强调主播的才艺展示和互动。这两类直播都有一定的碎片化趋势，用户可以随时介入直播内容中，无论是视频形式的回放，还是碎片化的内容，都最大限度地削减了用户的介入成本。同时，挖空心思地提供各种新奇刺激的内容和形式，也强化了大众的娱乐趣味。

新的技术是支撑视听行业发展恒定的核心基础，但也会导致人们的非理性依赖。不仅如此，以算法为主导的定制化内容吸引用户，但同时现出巨大的娱乐属性，降低了公众的思考能力和批判能力。这种泛娱乐化现象也给传统媒体的舆情监管、舆论引导带来较大的挑战。

## 5.1.5 人工智能应用于视听媒体的发展趋势

智能化已成为科技创新和产业发展的重要方向，广播电视业正朝着"智慧广电"全面升级，人工智能技术让媒体平台上的内容与用户连接更紧密、更精准、更高效。

人工智能技术正重塑着网络视听行业，智能手表、无人机、电子阅读器、3D 打印机、AR/VR 眼镜和智能音箱等将大量进入市场，与 5G、区块链等技术交互作用，进一步与视听生态结合，带来视听媒体服务的升级，主要表现在体验、内容、运营等方面。

### 1. "沉浸化"：驱动视听体验升级

全国有线电视网络的升级改造和运营商的整合正在全力推进，重点建设面向 5G 的移动交互广播电视网。随着联网终端数量的不断增加,物联网设备产生了庞大的数据量,支持自主学习的边缘计算硬件设备逐渐应用到终端,通过人工智能对数据进行分析、筛选、过滤,将有价值的内容传输和存储到云端。这一过程降低了云端存储成本和带宽压力,又支持了对用户消费体验的实时关注。

视频内容生产方面,基于 AI 大模型的剧本分析、选角、流量预测使得产出精品内容的可能性更大,极大降低了用户获取及感知精品内容的门槛,提升了用户体验。如优酷每日智能生产的内容播放量约占全站的 15%。在试听环节,AI 赋能那些陪伴用户成长的经典影视作品,如老电视剧修复,通过超分辨将标清画面升至 4K,经过高清内容画质转换、智能调色等环节,让用户获得真 4K 的体验效果。4K 成为主流,8K 超高清的产业链也正在成熟。截至 2022 年年底,全国有高清电视频道 1082 个、4K/8K 超高清电视频道 10 个,中央电视台和 28 家省级台电视频道基本实现高清化,地级台频道高清化率超过 80%。视觉和听觉从 2D 扩展到 3D、AR/VR、全景声等新的视听标准正在形成,为消费者提供更加身临其境的沉浸式体验。在内容形式方面,传统媒体借助技术东风,捕捉用户的个性化需求,迅速转型发展,视听生产呈现明显的“视频转向”和“社交转向”。例如,江苏卫视 2022 年跨年晚会采用了 XR、AR 虚拟视觉,让歌手周深和邓丽君完成了完美的舞台合作,并采用了全息扫描技术以及裸眼 3D 呈现技术,给观众带来真实的沉浸式观赏体验。

### 2. “安全性”:保障内容健康发展

在以长视频、短视频、音频与直播为代表的网络视听发展环境下,优质内容依旧是视听媒体的核心竞争力。优质内容一方面为平台带来付费用户及流量峰值,相关衍生产品、IP 开发也能带来持久的边际效益和长尾效应;另一方面,违法违规下架内容所引发的法律风险、商业风险如影随形,内容安全影响着平台的可持续发展。

随着人工智能技术融入视频内容审核的工作流程,工作效率和准确性大幅提高。通过安全大脑,AI 云端每天可处理信息超过 10 亿条,节省 99% 以上人力成本,支持 100 种以上风险场景检测,支持各种内容格式的多模态识别。同时,视听新媒体逐渐利用区块链分布式、安全可信的技术特点,将区块链技术应用于广播电视和网络视听版权管理、内容运营、安全审核、传播分析、系统迭代等领域。

未来,人工智能将助力于构建 “全方位、全过程、全覆盖、全天候”的智慧化监管体系,为视听新媒体发展围坝修堤,筑起安全防线。但是,值得注意的是,光靠技术红利是远远不够的,机器和算法机制仍需要配合人工发挥主体性,人机协调才能真正发挥作用。

### 3. “精准化”:推动视频产品运营

随着 2020 年到 2023 年视听行业的发展,我国网络视听用户规模呈指数级增长,用户数量日益庞大。如何实现可持续产品运营仍然是视听行业探索的方向。

借助人工智能技术,不但视频生产效率有效提升,而且视听新媒体也能够通过个性化推荐,最大限度提升用户体验,同时在广告精准投放及情景化投放上也发挥着越来越大的作用。

比如通过对用户行为进行分析，勾勒用户画像以推荐合适的广告内容，智能 OCR 能够识别和理解当前用户播放视频的语义，据此推送符合情境的广告，使广告效果精准触达。各大视频网站，如爱奇艺、优酷等都将 AI 技术应用到广告分发推送全链路中。

另外，对用户参与和反馈的大数据进行分析能帮助筛选出符合民意的优质作品，也能为后续投资或作品改编提供参考。经过这一环节，作品在播出前就已经获得了一定的关注，在很大程度上降低了风险。

#### 4. "走出去"：助力开拓视听市场

网络视听的国际消费需求持续升温，将为中国网络视听行业走出国门提供广阔的发展空间。随着文化"走出去"步幅不断加大，越来越多的中国网络视听内容在东南亚地区、欧美等地区落地发芽，全球范围内对在线视频的需求在持续升温，有些内容不仅进入国家地理等欧美主流传播平台，也实现了节目模式输出。

全球视听新媒体格局不断演变，中国视听新媒体领域的创新正在悄然对世界产生影响。抖音国际版（TikTok）已进入由 Facebook、YouTube 等巨头主导的国际媒体市场，截至 2022 年，TikTok 应用的全球下载量已超过 35 亿次，月活跃用户超过 10 亿，美洲、东南亚、中东是目前活跃用户最多的地区。从 2019 年起，海外的巨大需求也反映出中国网络视听内容已在品质水准上获得国际认可，更体现了中国声音、中华文化、中国底蕴正向全世界展现其独特魅力。

未来，随着中国面向国外市场运作实力的提升和文化表达能力的提升，中国网络影音内容将能够更深入地打开全球文娱市场，并成为中华民族文化"走出去"的重要主力军。

## 5.2 新技术与新场景：5G

### 5.2.1 认识 5G：内涵、特点与发展趋势

5G 指第五代移动通信技术，它能提供大带宽、高网速、广覆盖和低时延的基础网络设施。在此基础上，超高清视频传输、虚拟现实、增强现实式的沉浸式视听服务将获得全新的市场机遇。而视听传播领域也因融入 5G 技术而走向新时代，步入新空间。

#### 1. 5G 的概念

5G 是第五代移动通信网络技术（The 5th Generation of Mobile Network Communication Technology），是截至目前全球范围内已经商用的最新一代蜂窝移动通信技术。5G 技术类属于新一代信息技术，这是国务院确定的七个战略性新兴产业之一。

2010 年 10 月，《国务院关于加快培育和发展战略性新兴产业的决定》中明确提出将战略性新兴产业加快培育成为先导产业和支柱产业，"重点培育和发展节能环保、新一代信息技术、生物、高端装备制造、新能源、新材料、新能源汽车等产业"。其中新一代信息技术产业包括信息网络基础设施、新一代移动通信、下一代互联网及其相关设备和智能终端，包括

物联网、云计算、集成电路、新型显示、高端软件、高端服务器等领域，并涵盖软件服务、网络增值服务等信息服务业态和数字虚拟技术。

国内 5G 行业的发展历程可追溯到 2013 年，5G 标准最终版 R16 于 2019 年完成制定。2019 年 6 月 6 日，我国 5G 正式商用，标志着 5G 时代的到来。2022 年我国累计建成开通 5G 基站超过 230 万个，占全球 60% 以上，全国已有 110 个城市达到千兆城市建设标准。5G 网络覆盖所有地市级城市、县城城区，千兆光网具备覆盖超 5 亿户家庭的能力，实现"市市通千兆""县县通 5G"。

### 2. 5G 的特点

与前几代通信技术相比，5G 具有以下特点：

（1）高速度

单个基站的速度是 20 G，单个用户可能达到的速度是 1 G，下载速度能达到 500 M 左右，上传速度能达到 100 M 左右。现在的标清视频带宽要求为 384 K，高清视频为 2 M，超高清视频为 8 M——这意味着每个人都是一个电视台，且每个人都能发布高清视频。

5G 技术使数据传输速率提升了 100 倍，这意味着网络的超级连接能力迎来了巨大的突破。万物互联将成为现实。

（2）低时延

时延指的是设备向网络发送信息以及获得反馈的时间。目前，一般的技术标准要求延迟时间在 20 ms 以下，4G 网络反应是 30～50 ms，未达到低时延的标准。5G 网络的时延为 1 ms，可以满足大规模 VR 交互和其他实时应用的需求，且提高了使用者的控制精度，可有效应对未来对时延和带宽要求的不确定性。

5G 的低延迟将促进更多生产和生活场景的创新应用，如无人驾驶汽车、工业 4.0 智慧工厂、车联网和远程医疗等。构建这些场景将成为未来发展中价值创新的重要"风口"。

（3）万物互联

万物互联是指互联网的连接范围广泛且适用于各种终端设备。截至 2022 年 12 月，我国移动网络终端的连接总数已达到 35.28 亿，其中移动物联网连接数达到 18.45 亿户。此外，互联网普及率也达到了 75.6%，这意味着万物互联的基础正在不断夯实。

由于人工智能技术的快速发展，终端的含义得以迅速扩展——智能手机、电脑（PC、笔记本或平板）、车载系统、电线杆、路灯、门锁、空气净化器、扫地机器人等，甚至衣服、眼镜、腕表等，都有可能成为移动终端。在未来的学习资源中，将出现基于人工智能的学习穿戴设备、密集的传感系统，可以非常容易地建构学习者的行为模型、生成虚拟人物模型、提取人体生物特征，并能大规模地获取网络行为轨迹、虚拟空间行为轨迹和实践活动行为特征。

### 3. 5G 的发展趋势

5G 已成为我国网络强国战略的重点突破领域，5G 技术发展关系到国家的战略规划。从视听传播的发展意义来看，如果说从 1G 到 4G 的技术更迭本质上属于技术演进，5G 技术则是革命性的。20 世纪 80 年代，第一代移动通信技术 1G 在美国芝加哥诞生，1G 采用模拟信号实现语音传输，存在语音品质低、信号不稳定、覆盖面窄等问题。1987 年，欧洲成立全球移动通信系统协会（Global System for Mobile Communications Association，GSMA）研发第二代移动通信技术 2G，并推出 GSM 通信标准，通过模拟调制到数字调制的转化，提升了通信质量，使手机可以联网、发短信。2009 年，第三代移动通信技术 3G 的出现开辟了新的电磁波频谱，使传输速度每秒最高达 2 M，是 2G 时代的 140 倍。2013 年，第四代移动通信技术 4G 诞生，传输速度是 3G 的 50 倍。随着数据传输量的不断增加，4G 已无法满足生产生活的需求，第五代移动通信技术 5G 应运而生。

简言之，1G 带来语音传播的便捷，2G 引发"语音+文字"的传播，3G 呈现"语音+图文"的发展，4G 涌现"图文+影音"的视听现实，而 5G 是对视听传播的革命性提升。从中国的电信技术发展历程来看，从 1G 落后、2G 追随、3G 突破、4G 同步，到现在 5G 引领，中国电信技术突飞猛进的发展是国家科技原创意识和创新能力崛起的缩影。我国通信技术一直朝着增强通信效率和效能的方向前进。5G 不仅在带宽、网速、时延方面有了极大的提升，它还进一步加强了设备间的交互通信，不再仅限于人与人的交流。在此基础之上，智能驾驶、智能城市、远程医疗等应用将会获得更好的发展空间。

可以预见，5G 时代是一个超高清视频和增强现实应用的时代，视听传播在此基础构架上将会获得更好的发展前景。随着折叠屏手机等终端的出现，手机传播进入了大屏时代，这对长视频、沉浸式视听应用意义颇大。移动通信基础网络的迭代往往对应着移动内容和媒体形式的变化。5G 时代必然会产生全新的内容和平台，对于传统广电行业而言，只要始终把握优势内容生产的能力，并且紧跟传输渠道技术趋势，5G 对广电内容各终端的用户体验将有明显的提升作用。

（1）5G 突破性解决"提速降费"问题

一方面，5G 设计上拥有 10 倍于 4G 的峰值速率、毫秒级的传输时延和千亿级的连接能力，可解决用户更高的流量需求，支持更高清晰度视频的在线消费；另一方面，技术提升与政策指导将推动流量资费持续下降，降低消费门槛。由此可见，伴随着移动通信技术的发展，5G 必将突破性解决"提速降费"问题，释放内容产业更大的发展潜力。

进入 5G 时代，提速降费有了新的定义，是突破个人用户向广大的行业用户提供服务的提速降费，也是用户导向型的提速降费。"提速"不再是提升网络带宽速率，而是对包括速率、可靠性、连接数、服务质量等用户需求的指标全面"提速"，"降费"也不仅仅是降低流量费用，也是面向用户场景，全面降低用户总体连接成本。

（2）听、看、读、玩，社交内容的全场景时代

从模拟到数字、从文字+语音到图像+视频、从终端到数据+应用、从标清到高清+超高清，技术更迭已全方位、多层次、立体化助推视听产业智能变革，并进入用户与时间争夺的全场景时代。5G 不仅将承载更多应用场景，让更多不可触及的内容应用模式变为现实，也将带

动内容形态与交互模式的全方位变革，生成更多元、更丰富、更窄众的 UGC 或 PGC 内容，使其成为价值创新的巨大增长空间。

（3）数据量与流量激增下的全方位视频化

在 5G 通信环境下，人与人、人与不同终端的交互将会更加密切，所连接整合广域世界、多维世界的复杂数据资源将从各个角度来反映用户的行为和习惯，进一步实现传播的人工智能，并对 App 生态和流量获取渠道产生深刻影响。与此同时，视频流将成为主要信息表达与消费形式。系统性的视频内容，可以通过类似知识图谱的方式形成彼此之间的比较、促进与提升。此外，随着 AR 技术、AI 主播、强人工智能的进一步研发与推进，全方位视频化（视频用户体验的持续优化、视频终端多元化、视频云端化）与超视频化将成为视听产业发展的主要趋势之一。

## 5.2.2　信息消费领域

信息消费是指以信息产品为对象的消费活动。传统信息产品包括新闻、媒体、网站、游戏等。近年来信息领域新产品、新服务、新载体、新业态大量涌现，不断激发新的消费需求[①]；以"90 后""00 后"为代表的新兴消费群体快速崛起，使得新一轮的消费趋向呈现出智能化、网络化特征；加之共享付费模式的兴起，信息消费进入 2.0 时代，以云视频、云游戏、云教育以及智慧商业综合体为代表的新型信息消费成为日益活跃的发展热点。

### 1. 云视频

云视频以优化用户体验与提升生产效率为主要目标。大众视频行业在新一轮技术与产业升级的过程中呈现出新的发展趋势。大众对视频的画质、互动性与沉浸性的要求不断提升，成为信息消费中对视频转型升级的牵引力。基于用户互动性与沉浸性的需求，多视角立体成像技术、自由视角技术、AR/VR 等新兴技术应用应运而生，显著提升了用户的互动性与沉浸式体验。但与此同时，这类应用的出现也意味着对网络带宽需求的必然提升，且对时延性要求更为精细。另外，在满足用户期望的前提下，服务提供商希望实现视频流的传输成本和计算成本的最小化。云视频技术的出现，能够以较低的成本为用户提供高质量的在线视频直播服务，既显著提升了用户体验，又有效降低了生产成本，实现了生产者和消费者的共赢。

5G 网络高速率、低时延等特性推动了云视频的迅速发展，支持素材采集回传、素材云端制作以及超高清视频节目播出。

在数据采集和回传阶段，基于 5G 模组的编码推流设备以及移动背包设备能够为各种设备如 4K/8K/VR 摄像机提供稳定的实时传输保证。在素材云端制作阶段，5G 技术突破了移动端侧硬件的限制，使内容管理、剪辑包装、渲染制作等各个环节能够在云端完成，降低了成本投入，并且优化了产业生态体系。在超高清视频节目播出环节，将视频数据传送至视频播放、存储及分发端，解除了传统线缆传输对显示终端的束缚。例如，2023 年央视春晚充分

① 中国信通院. 2021 年 5G 应用创新发展白皮书[EB/OL].（2021-12-09）[2023-06-20]. http://www.100ec.cn/index.php/detail--6604532.html.

展现总台构建的"5G+4K/8K+人工智能"战略格局，大量运用 4K/8K、人工智能、扩展现实等新技术，不仅首次采用三维立体声直播春晚打造亲临现场的沉浸式声效，还通过"特种拍摄+AR 实时渲染"超高清制作技术大幅度提升春晚视频呈现效果。

### 2. 云游戏

云游戏作为下一代游戏演进的新方向，具有游戏资源云化、运行过程云化、游戏内容跨平台、瘦客户端性（用户终端设备不需要强大的计算能力，因大部分的处理工作都在云端完成）、计算和网络强依赖、平台化管理等典型特征。云游戏平台对网络通信宽带和网络通信延迟有着苛刻的要求，如谷歌云游戏项目 Project Stream 要求至少 15 M 的下行速度，网络延迟不能超过 40 ms。5G 最高下载速度 10G，理论上网络延迟小于 1 ms，这远超云游戏对网络的要求，能有效解决云游戏所面临的传输延时和流量消耗巨大等问题，从而更好地提升用户体验。

今后，在新技术的引领下，游戏产业将逐渐形成新的业态模式和发展趋势。一是产业发展路径开始由渠道导向向内容导向转变，云游戏行业将进入"内容为王"的新时代。二是随着边缘计算节点部署建设的下沉及大屏超高清产业的不断成熟，大屏云游戏优势逐渐凸显。三是云游戏将是未来元宇宙虚拟世界的核心构成，并将加速超级数字场景的生态构建，在文化传播、科技创新、拓展边界等层面释放更大的价值。

5G 为云游戏丰富内容、降低成本和提升用户体验注入新的活力。内容方面，游戏时延的降低及内容传输容量的扩展可以满足更高画质、更多交互的需求，满足高清电视和云游戏在高峰时期的可靠连接，真正实现更多人的实时对战及千人同图的创新体验。成本方面，5G 解决了云端算力下发与本地计算力不足的问题，解除了优质内容对终端硬件的依赖，对于消费端成本控制和产业链降本增效起到推动作用。用户体验方面，5G、网络切片（允许运营商为特定应用创建独立的虚拟网络）、边缘计算（允许数据在离用户更近的地方进行处理，从而减少时延）等技术使得终端接入速率提升，有效缩短用户游戏时延，大幅提升用户游戏体验稳定性，使玩家不需要任何高端处理器和显卡便可享受对设备要求较高的优质游戏。同时，由于对终端用户设备的要求较低，所有的处理都将在云端进行，玩家无须费时费力下载任何游戏终端，便可以通过身边的电脑、手机、平板等能够接入网络的设备实现随时游戏。因此，云游戏行业可在突破设备限制、引入创新玩法的同时，降低游戏的获客成本和维护成本。此外，5G 有可能部分替代 Wi-Fi 成为游戏玩家更常用的网络。例如，2018 年，阿里云推出 Game Master 智能服务，实现智能场景生成、智能地编、智能 UI 设计；2019 年，腾讯接连推出"腾讯即玩"和"START"云游戏平台，实现"即开即玩"。

### 3. 云教育

随着 5G 通信技术的普及，直播和短视频成为时下人们传播教学内容和学习新知的手段。相比课件、文字、图片等单一化内容承载形式，视频类的学习素材结合了文字、声音和画面，可从多维度增强用户对学习内容的认知；文字天然强调深度和逻辑，但转化率低，而视频形式知识服务的消费门槛显著低于图文，更易理解、更有趣、更学有所用。短视频具有巨大的技术优势、传播优势和内容优势，正成为当下最时尚的、具有引领性的教育手段。

5G 时代视频的高清化和互动性，使"视频+教育"更具想象空间。直播技术迭代是 5G 带来的最基础的变化之一，视频可以实现 4K/8K 超高清、低时延传输。超高清视频满足如实验细节、精确操作展示等特定需求；低时延对教学起到的最主要作用就是可以进行课堂实时互动，丰富在线教育互动模式。同时，"5G+VR/AR"将实现沉浸式教学体验——5G 未来可以实现全息投影，通过 VR 技术，更好地解决优质师资问题。此外，配合 VR、AR 所带来的类似真实的互动场景可以实现教学模式的颠覆。更关键的是，"5G+AI"将更好地实现个性化教学——5G 可以使得捕捉学生实时学习行为的成本大大降低，基于"5G+AI"实现的实时记录反馈学习情况，未来直播大班课也有可能实现个性化教学。例如，在河北师范大学附属实验中学，5G+云 VR/AR 教室能够实现虚拟现实交互，提供虚拟实验课、虚拟科普课、虚拟创意课等寓教于乐的学习体验。除此之外，还有多路高清全景/AR 视频远程授课，能够实现一端授课、多端学习的 VR/AR 双师教学。同时，在泛教育行业，一些视频云应用场景已经悄然成熟——企业内部培训、医疗学术分享等活动也采用了"视频+"的形式，显著提升了信息传播的效率和效果。[①]

### 4. 智慧商业综合体

商业综合体是现阶段典型的城市人流和零售多业态聚集地，具有高频次、大流量、趋势性的消费特点，将是未来较长一段时间畅通国内大循环、促进新型信息消费升级、推广新型消费观念和提升 5G 个人应用感知的重要场景。

5G 融合创新技术助力商业综合体在文旅、游逛、营销、娱乐、运营、安防等环节提升沉浸式消费体验和智慧运营效率。

在文旅环节，文旅管理者对旅游目的地、场馆（群）内部和周边的信息采集将更加全面和精准。长期来看，随着 5G 网络的全面覆盖以及技术标准的不断演进和完善，无人化智能服务、数字虚拟世界等场景不断落地，5G 技术将为文旅行业成为未来的数字美好生活先行体验区铺垫先行路径。文旅领域各环节均已开展 5G 视听应用试点示范，并已取得初步成效，应用较为广泛的几个场景如下：

① 5G+视频管理通过 5G 网络将布线困难区域的高清摄像头、机动布控的区域等画面接入景区指挥中心，并在边缘计算设备上部署 AI 识别算法，智能识别人脸、人体行为和环境物体，及时主动发现非法游客、危险或不文明行为以及火灾、落水等重大事件并主动予以管理者提示。除了接入地面摄像头以外，还可以接入空中的无人机、一线人员的执法眼镜等移动设备，帮助景区形成天地人立体安防网络。但值得注意的是，人脸识别技术提升景区运营效率，也将游客个人信息保护问题暴露出来。2019 年 10 月 28 日，浙江理工大学副教授郭兵以杭州野生动物世界未经其同意强制收集个人生物识别信息、严重违反《消费者权益保护法》等法律相关规定为由，将杭州野生动物世界起诉至杭州市富阳区法院，成为"人

---

① 喻国明，杨雅，曲慧，等. 5G 时代"视频+"的重要应用场景研究[J]. 中国编辑，2020（11）：9-15.

脸识别第一案"。

② 普通展馆内容单一的展示形式与长期不变的展示内容无法激发观众切身体验，难以引起观众的情感共鸣。而 5G+AR 展馆智慧导览通过动画、视频和 3D 模型等对展品进行讲解，并以 AR 空间云为形式、将讲解内容存储在云端，利用 5G 的大带宽，观众无须安装大体积的 App，就可以十分流畅地体验高清讲解内容。馆方还可以通过各个讲解内容的点击量了解观众喜好，进而动态调整讲解内容，如新加坡国家博物馆、美国国家档案馆以及我国北京故宫博物院、上海市档案馆、深圳市宝安区图书馆利用 AR 设备更加直观地展现文献文物，拓展了社会教育空间，丰富了社会教育方式。为使观展体验更为灵活自由，中国美术馆、广东美术馆和南昌 AR/VR 科技馆借助 AR App 和 AR 眼镜增强观赏效果。还有一些机构将 AR 技术与文化资源进行融合，面向儿童开发 AR 互动游戏图书"AR 涂涂乐"、以口述方式呈现 AR 影像图书"了不起的非遗"、提供听障群体也适用的"魔幻丛书——八大行星"，通过丰富用户的阅读体验，实现社会教育价值。

③ 远程文物修复。在文物修复工作中引入 5G 网络，解决了文物修复工作间无法铺设光纤、4G 传输能力不够的问题。利用 5G 网络的大带宽能力，配合 AR 眼镜，将第一视角和高清摄像头拍摄的第二视角的文物修复画面，实时传送到远程专家面前；并利用 5G 网络低时延特性，实现现场修复工作者跟远程专家的高清实时对话，让工作者在专家的指导下开展文物修复。例如，在中国（海南）南海博物馆，文物修复人员将轻便型 AR 眼镜终端作为第一视角视频采集工具，配合 4K 高清摄像头拍摄宏观视角，将整个文物修复过程传输到位于湖北省文物交流信息中心的远程专家端。双方利用 5G 网络和应用平台，以实时视频、文字、图片、AR 标记等多种方式，实现了异地专家与本地修复工作者的"零距离、无接触和同视角"文物修复的功能。

在游逛环节，5G 与边缘计算、室内定位、AI 视觉识别、数字孪生等技术结合为商业综合体低成本、高效率地打造室内精准定位服务，解决消费者寻车难、找店难等痛点。5G 实时将空间信息回传至本地边缘计算平台，有效缓解室内 GPS 导航精度低、传统室内定位硬件成本高、Wi-Fi 指纹及蓝牙基站密度低等问题。

在营销环节，依托 5G 网络大带宽、低时延、多并发特性，与 AR/VR、8K+超高清视频、人工智能等技术结合，为商业综合体打造 AR 数字景观、AR 多人互动游戏、VR 云上逛店、AR 数字人直播等线上线下深度融合的体验式消费场景，打通会员积分、品牌营销与商业闭环，形成 UGC 社交分享和营销裂变，有效增强商业空间与消费者的连接和黏性，赋能体验式消费升级。

在娱乐环节，5G 与云 VR 游戏、云 VR 视频新技术以及智能终端、智能家居、数字内容等新产品相结合，为商业综合体打造 5G 云 XR 娱乐空间、5G 信息消费体验馆等新型数字娱乐体验业态，引导消费者全方位体验 5G 技术，推广普及 5G 个人应用和信息消费知识技能。

在运营环节，5G 技术通过与人工智能、物联网、大数据等技术结合，帮助商业综合体围绕人、货、车、场四大核心要素开展智能运营监测，形成场外基于消费者特征分析的智慧运营、场内基于客流洞察的数据运营以及基于智慧楼宇的智能运营，为态势感知、决策分析、营商服务、招商引资、消费服务提供支持。

在安防环节，5G 与超高清视频、人工智能等技术结合，提供智能预警、智慧巡场，提升公共空间安全管理效率。

### 5.2.3　5G 与媒体融合

"媒体融合"是指各种媒介呈现多功能一体化的趋势，不同的媒介形态融合在一起，形成一种新的媒介形态。2014 年 8 月，中央全面深化改革领导小组第四次会议审议通过了《关于推动传统媒体和新兴媒体融合发展的指导意见》，代表着"媒体融合"上升到国家战略层面；2020 年 9 月，中共中央办公厅、国务院办公厅印发《关于加快推进媒体深度融合发展的意见》。

现实中的媒体融合也可以理解为由多个行业共同形成的产业生态，主要指传统媒体、互联网和以移动互联网应用为代表的新媒体，同时包括文博、展览、旅游、金融等垂直行业中负责新闻宣传工作的相关部门。

5G 融媒体应用主要是指运用 5G 等新一代信息技术助力媒体融合的传播主体活动和传播活动，实现融合发展，以及对 5G 等新一代信息技术的综合运用。

#### 1. 5G 加速媒体融合进程

（1）5G "新基建"奠定媒体融合信息基底

近年来，国家大力推动 5G 基础设施建设，完善"顶层设计"，加速全社会的信息化转型升级，为媒体融合的发展奠定了良好的技术基础。"十四五"时期是中国 5G 规模化应用的关键阶段。《中华人民共和国国民经济和社会发展第十四个五年规划和 2035 年远景目标纲要》提出"构建基于 5G 的应用场景和产业生态"。党中央、国务院高度重视 5G 发展，党的二十大报告对加快建设网络强国、数字中国做出重大战略部署，强调构建新一代信息技术等一批新的增长引擎。2022 年政府工作报告提出，建设数字信息基础设施，推进 5G 规模化应用。工信部深入贯彻落实党中央、国务院决策部署，按照《政府工作报告》的要求，加大 5G 网络和千兆光网建设力度，丰富应用场景。工信部联合中央网信办、发展改革委等九部门印发《5G 应用"扬帆"行动计划（2021—2023 年）》（以下简称《行动计划》）。《行动计划》统筹推进 5G 应用发展，把握 5G 应用关键环节，赋能 5G 应用重点领域，有助于凝聚各方力量，激发市场活力，形成推进合力，构筑 5G 全面赋能经济社会发展的新格局；编制印发《工业和信息化部关于推动 5G 加快发展的通知》《"双千兆"网络协同发展行动计划（2021—2023 年）》《工业和信息化部办公厅关于印发"5G+工业互联网"512 工程推进方案的通知》，从网络建设、应用场景等方面加强政策指导和支持，引导各方合力推动 5G 应用发展。

2020 年 11 月 5 日，国家广播电视总局向各地印发了《国家广播电视总局关于推动新时代广播电视播出机构做强做优的意见》，要求加快媒体融合发展，加快广播电视播出机构流程再造，推动制作生产、传播分发、运行管理和体制机制等环节共融互通，催化融合质变，提高深度融合、一体化发展水平；深度参与各级融媒体中心建设，强化在内容、技术、平台等方面的支持；全面增强优质产品供给能力，加大广播电视对县级融媒体中心的节目供给力度，更好地发挥引导群众、服务群众的作用。党的二十大报告中指出，要"加强全媒体传播体系建设，塑造主流舆论新格局"。

（2）5G 商用推进和产业发展，加快媒体融合进程

5G 商用以来，各国积极推进网络建设。TD 产业联盟（电信技术发展产业联盟，简称 TDIA）发布的《全球 5G/6G 产业发展报告（2022—2023）》显示，2022 年全球 5G 市场在网络人口覆盖、基站部署数量、5G 连接数等方面快速发展，已经成为全球趋势，世界先进国家已初步完成第一批 5G 商用网络建设，5G 网络覆盖全球近三分之一人口。全球 5G 基站部署总量超过 364 万个，同比 2021 年（211.5 万）增长 72%。全球 5G 连接用户总数超过 10.1 亿，5G 渗透率达到 12%。中国 5G 在商用三年以来取得显著成绩，连接数达 5.6 亿，占比全球过半，引领 5G 成为全球主流移动通信技术。工信部数据显示，截至 2023 年 2 月末，我国 5G 基站总数达 238.4 万个。

5G 能够契合物联网大连接、广覆盖的业务需求定位特点。运营商将打破 4G 时代的业务场景，引入如 4K/8K 超高清视频、虚拟现实、增强现实、云服务等新业务，广泛应用于媒体融合等领域，成为 5G 的基础业务应用。

在 5G 融媒体应用的初期阶段，尚主要延续 4G 的业务发展路线。然而，在进入 5G 应用的成熟阶段时，行业关注点将转向低时延、高可靠等特性，预计未来行业的发展趋势将给媒体融合带来新契机，如"5G+工业互联网""5G+车联网""5G+医疗健康"等。

（3）5G 新一代信息技术群，助力媒体深度融合

5G、物联网、大数据、人工智能等共同协作、相互作用，形成新一代信息技术群。其中，5G 以其超高网速、超低时延、超大连接的三大特性成为助力融媒体各业务升级的法宝。在 5G 技术支持下，大型赛事、演唱会的视频直播标准正在跨向 4K/8K 分辨率。

首先，5G 网络可提高视频传输质量。超高清视频主要是指 4K 及 8K 清晰度的平面视频，传输时 4K 视频需要 60～75 M 的传输带宽，而 8K 视频需要 100 M 的传输带宽。此外，视频文件中诸如新的图像改进技术高动态范围（HDR）和宽色域（WCG）以及更高的帧速率和量化位都对网络提出了更高的要求，4G 网络已难以负荷。只有 5G 的大带宽才能保证超高清视频回传的质量，并可作为卫星传输和有线网络传输的有效补充。

其次，5G 网络可增强媒体体验感知。新闻工作者可以利用 5G+VR 的技术，使新闻和信息传播仿佛直接传达到第二现场。5G 将全面支持 VR、AR 以及 4K 技术，构建无限真实的虚拟场景，实现媒体的沉浸式体验，充分调动人类的视觉、听觉、嗅觉、味觉等全方位的感官体验，打破现实与虚拟的边界。

最后，5G 网络可拓展媒体传播介质。媒体终端将不再局限于报纸、广播、电视、手机等，在 5G 物联网的属性加成下，每个对象都可以成为信息的收集端和发布端，媒体将无处不在，新闻呈现形式也将不断变化，实现真正意义上的"万物皆媒"。人们将在更多的生活和工作场景中使用多样化的电子终端，而它们都具有媒体的属性。

## 2. 5G 在融媒体领域中的应用

5G 凭借增强移动宽带、超高可靠性和超低时延通信以及大连接物联网的特性和边缘云平台的特点，实现媒体业务移动化、远程化和云化。

（1）5G+直播：实时超高清直播

5G 已经成功运用在了多种媒介直播场景之中，主要包括春运、春节联欢晚会以及各项大型赛事活动等。为了保证直播的高清和高稳定性以及满足云直播的高并发和不可预知性，中国电信充分发挥云网融合优势，通过 5G+光纤双千兆网络集成，并依托天翼云遍布全国的云资源优势，有力保证了高清直播。2023 年央视春晚中，总台 8K 超高清兔年春晚通过"百城千屏"在全国 70 多个城市的 500 多块户外地标大屏同步直播。5G+8K 移动直播技术在体育节目中的典型应用是 2022 年冬奥会。在中央广播电视总台"5G+4K/8K+AI"战略支持下，冬奥坚持"思想+艺术+技术"融合矩阵传播理念。

（2）5G+新闻报道：沉浸式新场景

数据新闻是基于数据与数据分析思维驱动型的调查报告或深度报告，通常含有图片、照片和视频等多媒体元素，并进行可视化传播。可以说，数据新闻本质上消除了不同媒体的边界，而 5G 促进了数据新闻的深入变革与发展。5G 技术使数据无处不在，无时无刻不在高速流通，提高了数据的显著性和可利用性。从前的网络带宽和网速限制了数据新闻内容和形式上的突破，而在 5G 技术的支持下，数据新闻将呈现出新的生机。

5G 的高可靠性和低时延的特点将彻底改变远程数据新闻直播等场景。5G 技术将有力解决诸如延迟、卡顿等问题，并减少传输误差。结合 VR、AR 的数据新闻的移动实时广播将成为 5G 环境下快速发展的新型媒体融合手段。

新华社在 2020 年两会报道中首次采用了全息异地同屏访谈，展现了全国人大代表履职的故事。全息技术与新闻采访的结合对图像和音频传输的即时性和体验性要求很高，5G 网络的千兆级超高带宽和毫秒级的低延时保证了这一场景的实现。以 2022 年世界互联网大会乌镇峰会为例，当虹科技为世界互联网大会提供 5G+8K 移动直播解决方案，提供在线直播转码和离线收录服务，生成超高清会议录像，为现场新闻媒体提供影像资料。①

（3）5G+云 VR：走近民众的普惠 VR

云 VR 是将云计算、云渲染的理念及技术引入 VR 业务应用中，借助高速稳定的网络，在云端进行 VR 超高清画面的渲染和处理，并对显示输出和声音输出等经过编码压缩后传输到用户的终端设备，实现 VR 业务内容上云、渲染上云。云 VR 技术能够大幅降低 VR 终端门槛，摆脱头盔线缆束缚，提升用户体验。

5G 助力云 VR 丰富内容供给具体有三层内容架构：第一层，通过 2D 转 3D 技术，快速获得 3D 内容，构成海量的内容托底；第二层，通过融入社交功能的 VR 游戏、教育，为业务提供更容易变现的机会；第三层，通过常态化的 VR 直播，培养用户观看习惯，提升用户

---

① 光明网.云网融合赋能媒体融合:《5G 融媒体应用研究报告 2021》正式发布[EB/OL].（2022-07-24）[2023-4-9].https://politics.gmw.cn/2022-07/24/content_35905273.htm.

的业务黏性。

实现云 VR 囊括了两个关键环节,都在 5G 的支持下得以完成。一是云服务平台能力。要实现对 VR 应用/游戏的实时渲染,对云平台的计算能力有较高要求。目前,云端平台中 X86、ARM 两种架构体系均有成熟应用案例。由于 VR 应用/游戏通常基于 ARM 体系进行编写,因此,采用 ARM 架构的云服务平台在运行这些应用时,不需进行额外的指令转换。二是网络传输能力。时延要求:MTP 延迟(Motion-to-photon latency),也即从用户做出动作到 VR 屏幕上显示画面的时间差,是衡量 VR 体验的关键指标。要达到理想的体验效果,需要 MTP 延迟≤20 ms,而空口时延低至 1 ms 的 5G 网络可为云 VR 的传输提供可靠保障。速率要求:VR 要达到清晰的视觉体验,其片源需要具备 8K 及以上的分辨率,其码率通常会达到 80~120 M,而下行速率超过 1G 的 5G 网络完全能够承载。

(4)5G+云 AR:对现实世界的增强理解

云 AR(Augmented Reality)基于 AI+云端平台,以云端强大的算力进行机器视觉处理,实现对现实世界的理解,并将相应的数字图像、视频、3D 模型等元素融合于真实世界的图像之中。云 AR 在现实生活中拥有丰富的应用场景,如通过云 AR 技术实现逼真的场景导航;将用户跳舞的身影与正在跳舞的明星叠加在一起;人们在一个大屏幕前尝试更换不同的数字衣服式样;工业人员可以通过一部 AR 眼镜获得工业机械上各个零部件的特性描述,并与异地的"师傅"进行实时通信;警务人员可以通过 AR 眼镜来识别并追踪疑似非法或可疑人员。

在复杂的场景中,云 AR 对场景的理解需要更为强大的计算能力,需要更海量的数据库支持,需要对真实世界进行更复杂的渲染处理,所以,AR 终端通常需要与云端的服务器进行端云协同工作,才能够实现更为强大的功能。

5G 助力 AR 终端随时随地实现与云端交互的能力。5G 网络不仅有超过 1 Gbps 的下行带宽,也具备 100 Mbps(NSA 模式)至 200 Mbps(SA 模式)的上行带宽(如果引入"超级上行"技术,5G 上行带宽将进一步提升至 350 Mbps 左右),从而能够较好地解决容易形成瓶颈的 AR 视频上传问题。同时,5G 空口时延已低至 1 ms,能够很好地保障端云间的及时响应速度。

(5)5G+AI:增强型超高清视频

由中国电信、中国传媒大学新媒体研究院、光明网联合编写的《5G 融媒体应用研究报告(2021)》指出,作为人工智能的核心技术之一,深度学习与海量数据的紧密关系自动形成一个良性循环,海量数据通过 5G 和 5G 切片进行上下行高速传播,形成高速信息流,完成高质量的融媒体数据传播。融媒体行业正逐步形成人工智能播报、自动翻译配音、机器写作等案例,极大地提升了内容品质与产出效率。

AI 2D 转 3D 是指在二维(2D)影像的基础上,利用 AI 技术(人工智能技术),制作生成三维(3D)影像的过程。AI 2D 转 3D 实现视频自动转换流程主要包含样本训练与内容转换两个关键环节。目前,三大电信运营商的云 VR 平台均引入了通过 AI 2D 转 3D 技术生成的 3D 内容,成为 5G 网络下 VR 业务的重要场景之一。

AI Vlog 则是利用智能拍摄、5G 回传，由 AI 剪辑、创作生成的个性化高清短视频游记或视频博客。它通过 5G 将智能拍摄采集的视频上传到云端，再对视频进行预处理，根据用户上传的人脸照片进行智能识别、筛选、拼接，生成个性化视频博客，供用户下载，主要包含采集侧、AI Vlog 云服务、Vlog 分发三个关键环节。

AI 虚拟偶像是技术催生的事物，结合人工智能技术，使得曾经只存在于二维动漫/漫画中的纸片人具有丰富的形态与功能，从而活跃于各个娱乐媒介与场景。传统虚拟偶像一般通过人工 3D 建模，手动动画，表情也很难做到丰富自然，成本非常高，无法完成直播任务。非人工智能的算法虽能自动产生效果，但其效果并不理想，不能消除虚拟角色与真实人物之间的视觉违和。随着 AI 技术的发展，新一代 AI 虚拟偶像已经能够达到媲美真人的程度，能够精准捕捉面部和动作等数据，呈现写实级的效果。

伴随着技术进步，虚拟偶像的人物丰富程度和互动能力将更强。在 5G 覆盖的条件下，将解决虚拟偶像地域、行程等局限因素。且伴随着超高清视频技术的成熟，虚拟角色的形象也将更加清晰逼真，虚拟偶像与观众的互动可以做到逼真且实时。虚拟偶像系统由人物原型模块、智能驱动模块、合成显示模块三个模块组成。通过 5G 网络的高带宽上下行，以及高性能云服务平台，可实现用户 DIY 的虚拟偶像生成。让用户通过云端提供的服务，实时获得由自身形象演变而来的卡通虚拟人物。

在 5G 网络的不断普及下，5G+AI 的深度融合逐步满足个人、家庭、行业对数智化设施的需求。5G 为 AI 技术提供顺畅的连接方式，赋予大带宽、低时延、高可靠以及超大规模连接等极致体验。

## 5.3 元宇宙：AR/VR——感官体验维度叠加与沉浸体验

### 5.3.1 元宇宙

#### 1. 元宇宙的缘起

（1）电影文学：概念化的元宇宙

元宇宙（Metaverse）由来已久，最早可以追溯到 1992 年美国作家尼尔·史蒂芬森的科幻小说 Snow Crash（《雪崩》），指一个脱离于物理世界的平行数字世界，人们可以在其中以虚拟角色的身份（avatar）自由生活和互动。人们在混乱的现实世界之外建立了元宇宙（超元域），"戴上耳机和目镜，找到连接终端，就能够以虚拟分身的方式进入由计算机模拟、与真实世界平行的虚拟空间"，并在其中进行决斗、社交、购物等活动。此外，还有不少文学和影视作品，用文字或影像构建出元宇宙的可能形态，如小说《神经漫游者》《银河系漫游指南》《安德的游戏》，电影《黑客帝国》《异次元骇客》《头号玩家》《失控玩家》等。小说读者根据作者的文字描述进行想象，在脑海中生成自己的元宇宙空间；电影则用视觉听觉化的影像传达出元宇宙的可能。但无论是电影还是文学中的元宇宙，都只是一个初步的概念化词语。

（2）游戏：实体化元宇宙尝试

游戏也许是目前为止最接近元宇宙设定的文化产品，其作为人类根据现实世界模拟、延伸出的更为广阔的虚拟世界，支持每一个玩家以虚拟身份生存与社交。例如《剑侠情缘网络版（叁）》不仅有剧情和日常任务，还推出家园模式，让玩家能够像现实生活中一样设计、修建自己的家园，还可以邀约好友来到自己的家园观光或者一起游戏。实际上，电子游戏在模仿现实世界，其本身也在创造一个虚拟世界：诸如沙盒类（sandbox game）游戏《我的世界》，用户可以在其中改造甚至根据自我想象创造一个世界。早在2003年，林登实验室（Linden Lab）受《雪崩》启发，就推出了游戏《第二人生》，人们可以在其中进行购物、社交等活动。开发者还在其中设置了虚拟游戏币构成的货币经济体系。许多用户在《第二人生》中销售自己的虚拟产品、成立品牌，还有一大批现实世界的品牌将虚拟世界作为其营销推广的目标市场。阿迪达斯就是最早一批入驻《第二人生》开设虚拟门店的品牌，它在游戏中根据现实商品，模拟出虚拟的阿迪达斯产品并出售给玩家，该策略不仅在虚拟世界中进行了商品的展示、推广，还得到了虚拟货币收益。随后，花花公子、戴尔、耐克等多家品牌都在《第二人生》中进行了类似模式的宣传，告示了虚拟世界逐渐成为重要的产品营销新市场。而以"元宇宙第一股"上市的Roblox游戏平台（全球最大的多人在线创作游戏），其创造性地将游戏的创意空间交给开发者，其中不乏一些游戏开发者选择和玩家一起构建游戏世界，不论对于开发者还是游戏玩家，Roblox都提供了极大的自主性和自由度。

2. 元宇宙到底是什么

目前，元宇宙的相关概念与定义尚在探索之中。字面意义上，元宇宙（metaverse），Meta代表超越、元，verse指宇宙，它是人类运用数字技术构建的由现实世界映射或超越现有世界的新型虚拟世界和数字生活空间。就已有文章来说，总体上呈现出两种倾向：一种将元宇宙视为通过增强现实技术和虚拟现实技术创造出的虚实共生、人机交互的人类世界；另一种则认为元宇宙是虚实融生的新一代互联网形态并可能是未来互联网发展的终极形态。场景化、身体参与、虚拟身份、沉浸式社交、游戏互动、情绪体验是元宇宙的重要特征，这意味着身体需要深度介入虚拟场景以及个人传播权利的重新回归。但以5G、数字孪生、人工智能、云计算、区块链、扩展现实等技术支撑的元宇宙，其最基础的硬件设施建设和相关软件技术，以及应用端的内容生产机制尚处于初具雏形阶段。

进入元宇宙世界的基本前提是扩展现实技术（Extended Reality，XR），它主要包括"虚拟现实"（Virtual Reality，VR）、"增强现实"（Augmented Reality，AR）与"混合现实"（Mixed Reality，MR）三种视觉交互技术。相较于混合现实技术（MR），虚拟现实（VR）及增强现实（AR）技术更成熟，但它们在可穿戴设备的供能续航、视觉效果呈现的稳定性等方面仍有待加强。这也意味着，无论是将元宇宙定义为新型人类世界还是新的未来互联网形态，都暂时是一种对未来技术发展水平的展望。

### 3. 元宇宙产业发展现状

自 20 世纪 90 年代以来，互联网从 Web1.0 时代到 Web2.0 时代，再到移动社交互联网时代，数字信息产业发展的同时伴随着社会政治、经济、文化等方面的许多新变化。而 2020 年初以来迅速繁荣的数字产业，客观上加速了整个虚拟内容端的发展，工作会议、学校授课等线下日常生活场景部分转移至线上代替，发展元宇宙的绝佳契机应运而生。2021 年 3 月，作为互联网概念的元宇宙讨论热度迅速上升，Roblox 以"元宇宙第一股"名义上市，股价暴涨至 400 亿美元，同年 Facebook 公司宣布改名为"Meta"，并计划在旗下的"元宇宙部门"每年投资百亿美元，以开拓元宇宙市场。国内公司也紧随其步伐，字节跳动、腾讯等互联网头部公司均有元宇宙相关的市场布局和开发计划。尽管元宇宙的建设仍在探索期，各行业对元宇宙的投资却一直保持热情高涨。人类对未来数字化生活的想象并非一时兴起，或将成为人类未来主流生活方式的元宇宙已然在相关产业绘制自己的投资版图。

元宇宙底层技术的筹备工作实现突破。2019 年，中国正式迎来 5G 时代，高速率、低延迟的 5G 通信为元宇宙中实现海量信息的传输提供可能，习近平总书记也多次就"加快 5G 发展"做出重要指示，强调要加快 5G 相关新型基础设施建设。同时，人工智能在语音交互方面不断深耕，打造出一系列逼真灵动的虚拟偶像，而语音交互技术的成熟有助于进一步完善元宇宙内的社交体验。

作为元宇宙的入口，扩展现实（XR）设备迎来行业拐点。早在 2014 年，Facebook 已收购 VR 创业公司 Oculus，由于技术环境受限，2016—2018 年 VR 整体产业进入寒冬；2019 年，VR/AR 作为 5G 的核心应用场景被大众重新认知，Microsoft、Oculus、华为等公司发布了一系列 VR/AR 产品；2021 年，Meta（原 Facebook）、Sony、Google、阿里巴巴、华为等科技巨头纷纷抢占 XR 市场，谋求行业主导地位。同年，全球 VR/AR 设备出货量达到 1120 万台，2022 年全球出货量增至 1390 万台，根据 Counterpoint Global XR （VR/AR） 的最新预测，2025 年出货量将增至 1.05 亿台。

开拓元宇宙市场，不仅依赖于技术层面的突破，内容生态的建设也不容忽视。游戏作为元宇宙的先行者，具有相当可观的盈利空间，不少科技巨头的产业布局中将游戏作为关键创收领域。2021 年 8 月，NFT 游戏 Axie Infinity 收入达 3.64 亿美元，超过了头部传统 moba 类游戏《王者荣耀》；Roblox 公布的 2022 年最新财报显示，其期内营收达 5.912 亿美元，日活跃用户数约为 5220 万。与游戏具有强关联的社交社群，也不断延伸出自己的内容创作。Soul App 在 2021 年年初提出构建"社交元宇宙"，Facebook 推出 Horizon VR 社交平台，打造开放共享的 VR 社交空间，并不断升级将虚拟社交场景扩展到派对、办公等场景。2022 年，腾讯推出了名为"超级 QQ 秀"的新版本，推出 3D 虚拟形象自定义设计和居家社交功能。另外，不少企业立足于 Z 世代喜好，举办虚拟演唱会、开发虚拟偶像，搭建元宇宙世界观下的娱乐产业格局。2021 年 8 月，美国知名女歌手爱莉安娜·格兰德在游戏《堡垒之夜》举办了一场虚拟演唱会 Rift Tour，吸引了 7800 万余玩家在线观看；3 个月后，贾斯汀·比伯在虚拟互动平台 Wave 举办了一场线上演唱会。2022 年年初，周杰伦与好友 Ric Chiang 推出的"Phanta

Bear"数字藏品/NFT 头像作品更是在短短 40 分钟内创收 6200 万元。作为虚拟歌姬,初音未来初次亮相于 2007 年,经过十几年的发展,其业务扩展到品牌广告代言、电商、游戏等多个领域。紧随其后的是虚拟偶像产业的不断发展,在洛天依、乐华娱乐 A-SOUL 等卡通类虚拟偶像之外,还出现了 AYAYI、柳叶熙这类偏向写实拟真的虚拟偶像。其中 AI 美妆博主柳叶熙在 2021 年年底以首发视频的 300 多万点赞量,出道 3 天粉丝数涨至 130 万,引爆"元宇宙+虚拟人"的流量模式。此外,医疗、农业、工业、军事等传统行业也竞相开始了对"元宇宙+"模式的探索。

### 5.3.2  元宇宙打造沉浸式视听领域

视听媒体与元宇宙之间的渊源颇深。一方面,电影为元宇宙可能的形态提供了视觉呈现,而游戏则是实体化元宇宙的重要尝试,因此,对元宇宙的讨论不能对视听媒体避而不谈。另一方面,视听媒体的受众数量庞大、应用范围广泛且与日常生活紧密相连,是元宇宙推广普及的最佳选择。此外,视听媒体的未来也与元宇宙相关技术发展联系紧密。例如,AR、VR 技术不仅为用户带来沉浸式体验,还追求感官维度上的真实感,可以使传统视听媒体焕发新的活力。

#### 1. 元宇宙与影视

在元宇宙中,现实与虚拟的界限被打破,AR、VR、场景建模、智能交互等技术将在元宇宙影视创作中被广泛应用。用户的语言、动作、表情等行为,通过传感器传送给云端服务器,通过感知交互、渲染处理、高码率传输等互联网及新媒体技术的处理,完成实时虚拟交互从而生成影视内容,为影视受众构建虚实融合的全息化、沉浸式体验。"实时交互""全息呈现""虚拟演员"这些概念与技术将在影视作品中得到普遍应用。元宇宙所带来的全新的传播方式,使得元宇宙影视创作呈现四个新特征。

(1)全新数字化的虚拟时空

传统的影视作品都是通过摄像或摄影机的推、拉、摇、移、跟、升降、甩等基本的拍摄手法,辅以不同的景别来完成整部作品的创作,并依靠镜头组接来实现时空的构成、延续、转化。即使是 3D 技术支撑的视觉效果影片,也只是利用人的双眼视觉差异而人为制造立体感视觉幻觉,其本质仍是通过二维平面呈现内容。而元宇宙通过对现实世界的高度镜像化的虚拟世界搭建,重构了一个全新的时空。这一虚拟叙事时空融合了现实与想象,兼具虚拟与真实性,既独立于现实叙事空间,又是现实叙事空间的数字仿真与再造。这样的时空建构将破除影视对还原现实的阻碍,借助全息投影、3D 建模、实时渲染等技术全方位地还原与再造一个高度仿真的世界,带给影视受众数字化的真实体验以及全新的时空感知。

在元宇宙中,借助头戴式显示设备、智能传感设备、AR/VR 技术以及眼球与手势追踪技术,用户可以对影视内容进行全方位观看并获得交互式体验。借助虚拟空间中"数字化身",用户还能跨越现实和虚拟的界限,沉浸式体验故事情节,感受作品的精神内涵。元宇宙影视将由此构建全方位、自由化、立体式的视听语言,真正做到"以影像构造一个梦幻的世界",

给影视观众带来数字化的真实体验以及全新的时空感知。

（2）交互式叙事新语境

元宇宙的加入将为影视打造新的交互式叙事新语境，现实世界中的用户行为与虚拟世界中的影视作品相互作用，相互影响，虚实相生的叙事空间将会催生新的艺术形式。在元宇宙搭建的三维虚拟数字空间中，影视与观众的连接方式不再是静态的传受双方，相反，观众能够与影视中的人物互动交流，并对虚拟世界施加影响，在交互过程中改变或创造新的内容。未来，情节、角色以及观众之间的动态互动将成为元宇宙影视创作的发展趋势。这样的动态交互叙事方式也将赋予元宇宙的影视作品超文本性。超文本性以超链接为基础，是容纳和链接不同形态文本的"超媒介"和"多序列阅读文本"，是信息社会的代表性产物。Netflix 于 2018 年推出的交互电影作品《黑镜：潘达斯奈基》在一定程度上具备超文本影视特征。在观影过程中观众可以在剧情走向的节点自主选择对故事文本进行拼贴与重组，最终呈现不同的故事结局。随着元宇宙影视的互动叙事对传统影视叙事方式的逐渐替代，元宇宙影视内容的提供者应当聚焦构建更好的开放平台机制，保证用户进行内容交互的可能性，保障影视作品正确的价值导向。

（3）全息化的沉浸感

借助场景建模、智能交互以及 AR、VR 技术，元宇宙能够打破传统戏剧影视艺术中的"第四堵墙"，让观众从"戏外人"变成"戏中人"，在影视作品中以第一人称的视角参与故事情节，获得全息化的沉浸感。根据玛丽-劳尔·瑞安的观点，沉浸感包含三种构成方式：来自环境的空间沉浸、来自故事的时间沉浸和来自人物的情感沉浸。首先，元宇宙影视作品中的数字化知觉系统能够带给用户空间沉浸，用户数字化身的过程中，感知系统也会随之数字化，接触并感知影视中的环境，产生身临其境的沉浸式体验。其次，用户能在元宇宙影视创作的时间维度获得沉浸式体验。元宇宙影视作品打破了传统影视的叙事规则，用户可以自主选择、拼贴并重组内容，掌控作品的时间长短，极大增强了故事的趣味性和对用户的吸引力。最后，在元宇宙的影视作品中，观众可以在数字时空中成为"演员"，当自我角色从观众变为演员，身份的转换会促使受众更加投入剧情内容，获得情感沉浸体验。

（4）游戏化的交互

电子游戏和影视有着异质同构的相似性，前者是图像碎片所构成的"链接蒙太奇"，后者是由镜头画面所构成的"剪辑蒙太奇"。这种相似性为元宇宙影视作品的游戏化奠定基础，影游融合也将成为元宇宙的一个鲜明特色。当下已经有电影在尝试影视与游戏的结合，比如《头号玩家》《失控玩家》《歪小子斯科特对抗全世界》等，影片中设置了类似"闯关模式"或"寻找彩蛋"等环节，给观众带来初步的游戏化体验。但在这些影片中，受众仍无法亲身参与并体验游戏，观众并没有真正转变为玩家。未来，"在元宇宙中，影视与游戏的边界将会越来越模糊，人们以游戏的方式消费影视，在影视内容里体验游戏，用户既是观众，又是玩家"。

## 2. 元宇宙与直播

在元宇宙中，直播技术将传统的二维平面直播方式进化为全景 VR 甚至混合现实（AR）直播的新模式。VR 与 AR 在直播领域正加速融合，新的应用场景不断涌现。

### （1）VR 直播的优势

首先，VR 直播可以为观众带来全新的全景直播体验，让观众获得更为真实的"临场感"体验。此外，在混合现实（MR）领域的探索中，虚拟现实（VR）直播具备展示特殊物品的能力。例如，有些艺术品可能稀有且价值连城，无法轻易展出。使用 VR 直播技术，观众可以远程看到这些珍贵艺术品的细节和特点。再比如，很多珍贵文物由于年代久远或者保存条件限制，不能经常展出。而通过 VR 直播技术，观众可以在虚拟环境中观察和了解这些珍贵文物的细节和背景信息。VR 直播还将逐渐出现在我们的日常生活中，例如，可以帮助观众在虚拟环境中试穿衣服，从而更好地选择适合自己的服装款式和尺码。随着技术的普及和设备成本的降低，我们每个人都将有机会感受其带来的"沉浸式"体验。

### （2）VR 直播的应用

VR 直播在舞台应用上具有显著效果。央视 2023 年春晚中的多个舞蹈和歌唱类节目利用虚拟技术营造出蝴蝶、花海、浪花等超真实效果，与现实环境相互融合。这种技术应用摆脱了现实条件的限制，使 CG 特效、AI 图像生成与舞台灯光和屏幕相互交融，打造了真实的幻境，极大地丰富了电视节目的视觉设计和场景构建。

VR 直播也被用于重大新闻事件报道。在自然灾害发生后，通过 VR 直播技术向观众呈现灾区的实际情况，让观众了解灾区的道路状况、建筑损毁情况以及救援进展等信息。

在重大体育赛事中，虚拟现实（VR）直播为观众提供了前所未有的观赛体验。观众不再只是远远地观看比赛，而是能够通过 VR 技术，选择自己喜欢的视角和位置，近距离地观察运动员的表现和比赛的细节。以 2022 年北京冬奥会为例，央视推出了"VR 看冬奥"产品，通过 8K 全景赛事直播和点播共约 80 小时的沉浸式互动报道内容。它呈现出的沉浸式观赛体验使观众仿佛置身于赛场之中。无论是赛场的一个角落，还是运动员们的一个动作，甚至是赛场上的一粒雪花，都清晰可见。

## 3. 元宇宙与游戏

2018 年，由斯皮尔伯格执导的电影《头号玩家》展示了一种新的游戏场景——主人公只要佩戴上 VR 头显，即可通过数字化身的形式进入虚拟空间"绿洲"游玩。在这个世界中，连接在身体上的传感和 VR 等终端设施使得技术嵌入身体，身体能够感受到场景刺激，并对其进行动作反馈，因此玩家可以借助虚拟身份进行游戏、交往和交易。虽然这仅是基于文学和电影创作的想象，但本质上已是人类模拟出的新型空间——"元宇宙"的具象化展现。

### （1）虚拟领域的空间拓展

在互联网发展早期，关于"空间"的概念只是计算机和网络游戏中由粗糙图形绘制的游戏世界。在早期的元宇宙场景和格斗游戏中，数字空间布局多为"卷轴式"（如经典动作游戏《超级玛丽》），因为游戏设计者要考虑游戏程序如何识别玩家高速的摇杆移动，并在屏幕上反映，从而展现与玩家身体姿态匹配的游戏角色姿态。因此游戏地图空间多为"线性"，游戏角色通常是在二维平面抑或一条轴线上动作。而随着计算机图形技术、运算能力和网络速度的进步，早期电子游戏中粗糙而抽象的二维数字空间已经迭代为三维、可实时交互的网络虚拟空间，数字空间的面积也得到显著提升。例如，在《侠盗猎车手 5》（*Grand Theft Auto V*，GTA5）中，虚拟城市洛圣都的面积达到了 98 平方英里（252 平方千米，不含水域面积）；而沙盒游戏《我的世界》（*Minecraft*）中地图面积是地球的 7000 倍，大约为 3.6 兆平方米。人类从游戏发展到元宇宙，不断在实践中开拓和发展虚拟空间及数字疆域。

（2）虚拟化身与社会化体验

虚拟化身不仅仅是元宇宙的虚拟环境中独有的存在方式，在更广泛的定义中也可以包括网络论坛、即时通信软件和社交媒体中的平面头像，甚至可以追溯到更早期的文字型多人在线游戏中的文字用户名。如今，越来越多的游戏开始允许玩家使用游戏提供的模板系统进行合适的个性化定制来构建自己的虚拟化身。如《侠盗猎车手》就允许玩家对游戏中主角的服饰、装饰、发型进行个人化的定制。另一些游戏（如 2KSports 系列运动游戏）甚至允许用户上传自己的平面照片，再通过游戏内部的 3D 模型系统转化为立体的模型，这一过程被玩家形象地称为"扫脸"。到了沉浸式网络时代，虚拟化身的呈现和作用也发生了革命性的变化。自从《第二人生》等初代元宇宙兴起以来，网络身份的呈现方式实现了一次新的飞跃：用户化身成为一个三维的虚拟化身进入虚拟环境之中，与其中的人、物以及环境进行实时交互。围绕着虚拟化身也出现了许多新的二级市场，如在《第二人生》内部曾经就有许多为用户提供个性化服装、外貌形象的虚拟公司，也有一些企业推出专门针对虚拟化身的社交平台，推动用户在虚拟环境中进行真实的社会互动，围绕着共同或相似的虚拟身份形成真实的认同感，并进而形成独特的社群和文化。

（3）社交场景的融合建构

无论是元宇宙中的游戏本身还是游戏之外，社交始终是主旋律。元宇宙作为一种为用户提供沉浸式交互体验的新型互联网空间，正是在为用户塑造适应双方需求的"彼此共存"社交场景，将人际、人机互动置于场景的核心地位。元宇宙场景的一个主要功能是不同用户进入共同场景分享信息、聆听音乐、观看视频、交流互动。以 Alt-Space 为例，用户进入应用创建角色后，会发现应用包含一些常用场景，例如聚会、开会、烧烤等；在主舞台类型的房间，用户可轮流上台发言，也能通过表情来传达想法，例如鼓掌、发出爱心等互动；用户既可以与陌生人沟通与交流，也可以和现实中认识的朋友一起聚会。这些场景虽然还很简单、初步，但已经显现出数字人社交的意味。此外，Steam 平台上的 VR 游戏同时也是一个社交游戏平台。这种互联网新形态打破了空间距离的制约，使得用户以数字人的形态相聚于虚拟场景。

4. NFT

1）NFT 的内涵

NFT（Non-Fungible Token）是指非同质化通证，国外也称为非同质化代币，是记录在区块链数字账本上的基本数据单元，本质是一种特殊的具有稀缺性的链上数字资产。

每个代币都包含独特的数据信息，作为虚拟商品所有权的电子凭证存在。由于这些代币无法从数字文件中删除，因此可用于代表各种数字物品，例如电影片段、音乐原声、视频、游戏中的创意作品（如皮肤、护盾等道具）。NFT 的所有权和交易流通具有高度透明度和便捷性，对创作者产生了强烈的激励效果，也因此被诸多商业品牌和明星用于创建更为忠诚的消费者和粉丝群。

2）NFT 是元宇宙的重要基础设施

NFT 解决了元宇宙中的身份认证和权属确认问题。元宇宙是一个与现实世界平行、相互影响的虚拟世界，而区块链作为其基础设施，有助于打破原有身份区隔和数据封闭性，构建全新经济系统。以区块链技术为基础的 NFT 作为非同质化通证，能够映射虚拟物品，提供数字所有权和可验证性。因此，它有效地实现了元宇宙中每个商品的身份认证和所有权确权，每件商品都有独特价值和对应价格。进而，NFT 成为元宇宙中的原生资产载体，是元宇宙基础设施的重要组成部分。

此外，NFT 实现了元宇宙之间的价值传递。首先，元宇宙是一个超链接全域证明，即元宇宙中的各个部分和元素之间存在的各种连接和关联，以及对于所有可连接资源的全面覆盖和集成。NFT 作为核心基础设施之一，具备超链接全域证明的能力，确权的资产可在不同宇宙和应用场景中实现全域证明。

其次，NFT 是通向元宇宙的转换接口。对现实世界而言，可以将不同的数字或物理资产转换和接入元宇宙中。NFT 作为一种数字资产和所有权的代表，可以作为这种转换接口。

最后，区块链 DeFi 生态的成熟发展为元宇宙提供了高效的去中心化金融系统。NFT 在虚拟资产的抵押借贷、证券化、保险等方面的发展，将为用户提供低成本、低门槛、高效率的金融服务。

3）视听领域 NFT 的应用

NFT 的商业化进展迅猛。2021 年 3 月，先锋艺术家 Beeple 通过佳士得拍卖行以 6900 万美元售出了他的 NFT 作品——《每一天：最初的 5000 天》（*Everydays: The First 5000 Days*）。同年 9 月 30 日至 10 月 4 日，机器智能美学先驱、土耳其多媒体艺术家兼导演雷菲克·安纳多尔（Refik Anadol）在线上举办了名为"机器幻觉——空间：元宇宙"的拍卖会，出售了沉浸式 NFT 作品合集。2022 年 4 月，推特公司时任首席执行官 Jack Dorsey 将自己在 2006 年发布的首条推特作为 NFT 进行拍卖，最终以约 291 万美元的价格售出。这些事件后，越来越多的创作者、艺术家、明星、投资人、品牌、机构、国家等纷纷进入这一领域。而在视听传播领域，NFT 的应用有以下这些。

（1）音乐

法国艺术家 Jacques 将一首歌曲按秒进行分割，并将每一秒作为 NFT 进行售卖。通过这一创意方式，他成功筹集到了专辑制作的资金，并完成了整张专辑的发行。我国音乐创作者也在积极参与 NFT 作品的创作。2021 年 3 月 24 日，独立音乐人高嘉丰在 NFT 交易平台

Opensea 上传了一段时长为 7 秒的电子音乐作品 *Emotional Dance Music*。同年 5 月，歌手阿朵发布了国内首支 NFT 数字音乐作品 *Water Know*，其歌曲封面和署名权在阿里拍卖中以 30.4 万元的价格售出。电音厂牌 PILLZ 携手音乐人 ZABO 发布了国内首支电子音乐 NFT 作品 *Whisper*，限量 50 枚，20 小时内售罄。之后，音乐版权服务平台火花音悦宣布成立 NFT 音乐厂牌 Free Spark（自由火花）；另一家服务平台音乐蜜蜂紧随其后。

（2）电影数字藏品

电影数字藏品主要以两种方式呈现：一种是将未剪辑的场景或其他未公开内容制作成 NFT 并在区块链网络上发布。NFT 的不可篡改性和唯一性赋予购买者排他性的使用价值和象征价值，代表着某些独特的数字内容或身份标识。2023 年 3 月，披头士乐队的保罗·麦卡特尼和乔治·哈里森发布了《顺其自然》NFT 系列。这个系列包含 32 个独一无二的 GIF 动画，每个都以披头士的经典歌曲命名，如《顺其自然》《黑鸟》《玻璃瓶中的小蜜蜂》等。这些动画由保罗·麦卡特尼和乔治·哈里森亲手制作，并在 OpenSea 上以盲拍的形式销售。每个 NFT 都包含一个动画和一个披头士歌曲的音频文件，这使得 NFT 持有者可以独家欣赏和体验披头士的音乐和动画。

另一种形式是在 NFT 平台上推广电影，销售数字化的电影周边产品，吸引电影粉丝购买，以增进电影的宣传声量。2021 年 9 月 24 日，全球首部 NFT 电影《零接触》（*Zero Contact*）在 NFT 平台 VUELE 首映，并以 NFT 数字藏品的形态在 OpenSea 上拍卖，获得了 93 435 美元。该片由安东尼·霍普金斯（Anthony Hopkins）主演。片方一共发行了 11 份 NFT，每份 NFT 不仅包含了一部完整的电影视频，还增加了独此 1 份、有别于其他 NFT 的电影彩蛋。

（3）游戏领域

NFT 在游戏领域具有巨大潜力。与传统游戏中的虚拟资产仅限于某一平台生态内交易不同，NFT 游戏中的玩家不仅拥有所有资产的所有权，还能透过第三方平台将游戏内的虚拟资产进行变现，这种基于微交易的游戏模式实现了平台方和玩家的双赢。NFT 游戏呈现两方面显著趋势。NFT 游戏持续升温。

Axie Infinity 在 2022 年迅速崛起，成为最受欢迎的 NFT 游戏之一。玩家可以在游戏中收集、"繁殖"被称为 Axies 的独特数字宠物并用其战斗。这些 Axies 可以作为 NFT 在市场上交易。根据 DappRadar 的数据，Axie Infinity 在 2022 年 8 月的交易量超过了 1 亿美元。另一款游戏允许玩家收集、"繁殖"和交易被称为 CryptoKitties 的独特数字宠物猫。每只 CryptoKitties 都是独一无二的 NFT，拥有自己的基因组合和特性。根据 DappRadar 的数据，CryptoKitties 在 2022 年 8 月的交易量接近 1 亿美元。

### 5. OpenSea

1）内涵

OpenSea 是首家也是目前全球最大的 NFT 交易平台。自 2017 年成立以来，OpenSea 已发展成为该领域无可争议的领导者，被称为"NFT 界的 eBay"。平台上交易资产的广度、便捷的发行流程和强大的筛选功能，使 OpenSea 在该领域占据约 90% 的市场份额。OpenSea 从成立之初就受到资本的青睐，仅 2021 年就获得了 a16z、Coinbase 在内的多家头部基金的三轮投资。

2）优势与亮点

（1）亮点

第一，藏品众多。目前，OpenSea 是最大的去中心化数字商品市场，截至 2023 年 8 月，商品数量已达 1.5 亿件。商品具有多个类别，完全实现代币化和数字化。由于所有权证明和交易记录会在区块链上永久存储，所以用户一经支付便可以成为合法所有者。与实物物品不同的是，其中物品不易被盗或转卖到别处，因为所有权记录以及所有后续所有权记录都会永久记录在区块链上。

第二，交易安全。OpenSea 涵盖最广泛的类别、最多的可转让数字藏品，以及最优惠的价格，对于特定区块链资产来说是一个优秀且安全的平台。该平台通过吸引充满热情的用户，建立了极其活跃的开发者社区。OpenSea 主要售卖数字艺术品、加密收藏品、游戏物品和其他建立在以太坊 ERC-721 和 ERC-1155 标准上的数字资产，包括 Gods Unchained 和 CryptoSpells 等交易卡牌游戏和 Axie Infinity 和加密猫（CryptoKitties）等收藏游戏。OpenSea 也是 My Crypto Heroes、Etheremon Adventure、CryptoVoxels、ChainBreakers、CryptoBeasties、Ether Kingdoms 等大型游戏的主要市场。

第三，佣金收取低廉。目前，OpenSea 买家交易佣金仅约 2.5%，其他佣金收费，如游戏道具，收取游戏项目方 7.5% 费用。而苏富比、佳士得拍卖艺术收藏品收取买家佣金 12% ~ 25%，收取卖家佣金 2% ~ 9%。因此，相比较于传统艺术品拍卖行，这个佣金价格也是相对较低的。

（2）Opensea 的竞争优势与挑战

在竞争优势方面，与其他加密资产交易所相似，Opensea 等 NFT 交易平台依靠收取交易费来盈利。在整个 NFT 市场中，OpenSea 相较其他多数平台（10% ~ 20%），其收费额度基本处于行业最低水平。

同时，Opensea 还在产品功能上迈出一大步。2021 年 1 月，该平台发布"收藏品管理器"，允许用户创建 NFT 且无需支付 gas 费。而市场中其他支持用户创建 NFT 的工具，往往要求支付 gas（在区块链上，用于衡量消息消耗的计算和存储资源）费来部署智能合约。长远来看，"收藏品管理器"不仅为 Opensea 赋能，还为 NFT 市场发展提供更大的想象空间：降低用户门槛，提高市场流动性。

而更值得关注的是，OpenSea 正在变成"NFT 聚合器"。目前，多数 NFT 项目链接到 OpenSea，且与 NFT 相关的数据平台基本从该平台调取 API 数据。从市场竞争角度考虑，"聚合器"的属性或帮助 OpenSea 打造自己的护城河。

从 Opensea 面临的挑战来看，目前，NFT 市场中的交易平台不止 Opensea 一家，而市场仍处于早期。对现阶段的 Opensea 来说，其需要尝试联合 NFT 玩家推出具有 IP 属性的产品，并仅在其平台销售。

另外，目前的 NFT 市场属于小众圈，用户基数处于待开拓状态，如何在早期市场中捕获更多用户并提高用户黏性是其需要重点关注的地方。

### 5.3.3　元宇宙在视听领域发展的现实困境

目前市场上，众多厂商在 VR/AR 硬件技术方面投入巨大，已经趋向成熟发展，但价格偏高，且伴随着使用体验差、便携性差、设备兼容性差等问题。

优质内容是吸引用户的内生驱动力，将带动硬件及行业发展。而目前虚拟现实行业内容成熟度不高，虽已形成包含游戏、影视、社交、办公、健身等多类产品，但在覆盖面、数量、质量等方面仍待提高。除此之外，元宇宙行业的蓬勃发展势必会引发一系列新型法律问题，如数据安全、平台监管、税收征管等，涉及虚拟现实世界中的创作、展示、交易等方面的著作权问题则尤为重要。

因此，目前元宇宙在视听领域发展的现实困境主要体现在内容、技术和版权等方面。

#### 1. 内容提供不足

首先，优质内容品类较少，目前处于游戏场景应用的奠基阶段，艺术等非热门领域内容较少。其次，内容数量较少。在全球最主流的 VR 内容平台 Steam 上，VR 游戏作为最受欢迎的 VR 产品，目前数量约有 4800 个，仅占全平台游戏内容的 8.32%。最后，行业开发节奏慢，行业发展仍然处于早期阶段。用户方面以扎克伯格曾经提到的 1000 万用户为元宇宙门槛，目前用户数量仍然相距甚远，而对应的内容目前仅存少量爆款，生产节奏相对硬件也较为缓慢。

#### 2. 技术硬件还未成熟

目前的 AR、VR 等技术设备还存在很多缺陷。第一，会造成用户生理不适，身体运动感知与眼部视觉系统之间的环境变化差异使得用户在长时间佩戴设备后会产生严重的眩晕、恶心等症状。

第二，现实体验对安全空间有一定需求，暂时还不支持躺在床上遨游虚拟世界。

第三，价格成本高昂，目前市面上的 VR 设备主要来自 HTC 与 Oculus，在保持性能的前提下，配套头显及计算机的价格合计超万元，而 AR 设备更是倾向企业端使用，价位难以大众化。

第四，续航时间短，在 2 Hz 的刷新率状态下，Oculus Quest2 续航时间在 2 个半小时左右，要达到元宇宙要求的高在线时长还需要进一步提升续航能力。

第五，设备兼容度差，如目前大多数虚拟现实设备无法与大部分计算机或智能手机完美兼容。

第六，便携性差。目前市占率最高的 Oculus 系列 Quest 2 重量为 503 g，远高于手机的平均重量。

### 3. 新型版权纠纷

当前，尽管元宇宙行业仍处于早期发展阶段，但支撑其发展的网络内容产业、视听产业、游戏产业在数字化利用作品的过程中早已引发了各类新型版权纠纷，对传统的著作权制度提出了新的质疑和挑战。

第一类问题是文本与数据挖掘技术所引发的版权争议。相关主体通过获取纸质复制品或数字内容，提取内容形成可挖掘的复制品并适当调整格式后存入数据库，然后对数据库中的数据进行分析和利用，生成可视化成果。这牵涉到对构成作品的文本和数据进行未经许可的使用，国内外已发生了一系列相关著作权纠纷，例如荷兰的"安妮·弗兰克日记案"、美国的"Hathi Trust 案"和"谷歌图书馆案"，以及我国的"王莘诉谷歌案"。

这类纠纷凸显了数字时代下著作权的挑战，以及如何平衡技术创新与版权保护之间的关系。随着元宇宙行业的不断发展，相关纠纷的处理和解决将成为重要议题，需要更加完善和灵活的法律框架来适应不断变化的数字环境。

第二类问题涉及网络短视频所引发的版权争议。在网络社区中，大量用户和自媒体创作者在制作短视频时，经常在未经版权人许可的情况下使用相关影视剧的内容，或者在内容中插入个人对影视剧的评论和说明。这种实践已经引发了一系列相关纠纷，例如"《三生三世十里桃花》图解电影案"和"《狂飙》片段剪辑案。"

第三类问题涉及游戏直播引发的版权争议。随着游戏直播产业的飞跃式发展，游戏玩家或主播往往在未经游戏开发商许可的情况下直播其享有版权的游戏画面。这种实践已经引发了一系列相关纠纷，例如"耀宇诉斗鱼案""腾讯诉今日头条等三公司游戏直播案"。

# 第6章 新视听媒体的用户需求、特征与媒介控制

随着数字技术和互联网技术的不断发展，各类拥有海量内容资源、丰富表现形式、灵活互动功能、多渠道传播的新视听媒体作为三网融合的产物应运而生。新视听媒体如视频网站、IPTV、短视频 App、网络直播、微信微博视频账号、移动公交电视、户外视频等以制作主体多元化、传播渠道多样化、内容形态分众化、盈利模式丰富化、传播终端智能化的特征[①]，打破传统视听媒体的垄断地位，吸引了广泛的用户群体。

郭小平在《视听新媒体导论》一书中指出，视听新媒体一般分为三类：一是按时间界定把基于技术变革出现的一些新的传播形态或一直存在但长期未被社会发现传播价值的渠道、载体都称作新媒体。前者包括手机电视、IP 电视、网络广播、网络电视、移动电视（车载移动与手持移动）等，后者包括楼宇电视和巴士联播等。二是按数字技术界定把传统媒体数字化后的业务形态都叫作新媒体，也被称作数字新媒体。这种划分时间跨度更长，包涵内容更广泛。除上述所涉及的媒体形态外，有线数字电视、直播卫星电视、地面数字电视都属于新媒体。三是按互联网技术（IP 网络协议）界定，把与网络媒体有关的一些视听业务形态叫新媒体。这种划分方式强调的是交互，广播方式的媒体形态都不属于新媒体。这种新媒体只包括 IP 电视、手机电视（基于移动通信网）、网络广播影视、互联网电视等。[②]

2011 年 2 月 28 日，国家广电总局发布了第一部中国视听新媒体蓝皮书——《中国视听新媒体发展报告（2011）》，该报告对各类新视听媒体业态进行了全方位、多角度、多视野的综述和分析。根据该报告，新视听媒体主要包含了网络广播影视、IP 电视、手机电视、互联网电视、移动多媒体广播电视以及公共视听载体六大类别。由此可以看出，国家广电总局主要是把"传统电视媒体"在互联网时代的新兴呈现方式统一界定为"视听新媒体"。[③]

和所有其他的信息流通环节一样，新视听媒体的传播过程也由传播主体、传播内容、媒介渠道和受众反馈等多个环节连接而成。但随着移动设备的逐渐普及，受众在接收信息乃至生产信息上具备了更多的主动性，他们已不再是被动的信息接收者，而是主动的信息生产者和消费者，甚至成为左右媒介生存、发展的"原点"，因此也被称为有主体意识、民主意识、

---

① 冶进海，马慧茹.当下视听媒体发展中的传播形态与特征[J]. 中国电视，2019（1）：68-72。
② 郭小平. 视听新媒体导论[M]. 北京：北京大学出版社，2014.
③ 庞井君. 中国视听新媒体发展报告（2011）[M]. 北京：社会科学文献出版社，2011.

关注公共事务的"用户"。以互联网为基础的新视听媒体由传统的以播出机构为主导的"广播"式传播为主，变为以用户为主导的"选看"式传播为主，用户的个性化需求将得到充分释放。[1]从被动获取信息的受众到能够自主生成内容（即 UGC，user gererated content），能通过媒介实现自己的参与权、表达权、监督权的用户，这种角色转换充分表明发展新视听媒体需要利用大数据整理分析用户数据，着眼于用户需求，实现精准传播。用户需求即用户对内容和载体的一种期待状态[2]，包括对信息服务内容的需求和平台系统载体的需求[3]。新视听媒体的用户需求作为其发展的重要基础，新视听媒体应围绕新视听媒体的视听信息获取、查询、共享、反馈等具体环节的实际需求进行深层次挖掘，才能加强用户黏度，扩大市场规模，实现更长远的发展。

## 6.1　新视听媒体用户的媒介使用需求

### 6.1.1　用户内容需求

全媒体环境下，用户对内容的需求已今时不同往日。以往在以传统视听媒体如电视、广播等为主导的传播情境中，受众处于单向线性传播的接收端，即使有个性化需求也难以通过特定渠道表达。而现在话语权的下放与传播渠道的拓宽使得用户的声音能够及时传达到媒体制作方。他们对内容的需求相比于传统视听媒体时代发生了深刻变化。

精品化且有深度的内容产品。随着我国义务教育的普及，人们受教育程度明显提升，相应地对于媒体呈现的内容需求也不再仅仅停留在浅层化展现的阶段，广大视听用户越来越注重知识获取和观察全球动态，更希望看到媒体的深度阅读与调研。在海量内容全天候地被创作并进入网络空间的当下，新视听媒体的内容呈现从粗放的数量增长转变为追求精品的质量提升。高品质、精制作的音视频内容、网络节目等更能获得用户青睐，从而收获大量点击率，引起广泛且深入的社会话题的讨论。

获取便捷且社交互动的内容产品。传统媒体环境下用户内容需求停留在获取了解信息资讯层面，而全媒体环境下人们除了具有快速便捷地获取内容的需要，更希望能够实现社交互动。[4]媒体推出的内容产品不仅需要做到随时随地被看到，还应最大限度地满足用户的深度体验与互动需求。在媒体深度融合的背景下，人工智能技术的迭代为新视听媒体的沉浸式使用与互动提供了可能。谷歌（包括旗下 YouTube）、微软、Facebook、亚马逊等互联网巨头早在 2017 年就开启了新视听媒体服务的崭新时代，其主要做法就是搭建一个开放共享、交流合作的视听平台，除了各类视听新闻外，还综合大量视听内容和综合服务功能。目前国内大多视频网站、视听类 App 的内容也实现了一键分享的功能。

精细化且垂直细分的内容产品。全媒体环境下受众分化、分流的趋势日益明显，个性化

① 高宪春，解蕴. 媒体融合背景下视听媒体创新途径再分析[J]. 电视研究，2014（1）：62.
② 叶莎莎，杜杏叶. 移动图书馆用户需求理论研究[J]. 图书情报工作，2014（16）：50-56.
③ 王婉，张向先，郭顺利，等. 基于扎根理论的移动专业虚拟社区用户需求模型构建[J]. 情报科学，2022（6）：169-176.
④ 张捷赞. 全媒体背景下《××日报》转型战略研究[D]. 上海：上海财经大学，2020.

的内容需求表现得也愈益明显。对不同平台、不同终端的用户来说，其信息需求各有侧重。如手机端的受众喜欢什么领域、长度的视听内容，电脑端的受众倾向于什么样的栏目等，通过对用户数据进行全面、深入的分析，新视听媒体能够对症下药，改进不足，为用户提供更贴合其需要的内容产品。而且新视听媒体极大地拓展了用户获取视听信息的渠道与面向，多屏时代的到来无疑挤占了人们大量的时间。为了让用户脱困于纷繁芜杂、良莠不齐的信息，新视听媒体应对海量的用户数据进行挖掘、分析，精准描摹用户的个人画像，从而向用户提供个性化的视听信息服务，这样无疑会降低受众的视听信息接收成本。

多层面信息内容。越来越多的"低头族"趋向于在碎片化时间中被动地接收视听信息，毫无主见地跟随媒体的话语导向走，逐渐成为马尔库塞笔下的"单向度的人"，即丧失了理性批判精神的、对社会现实只会被动接受而放弃主动思考的人。因此，新视听媒体应针对此种情况，将各种形式的视听信息分门别类、归纳整理后向受众提供多层面的信息。

尽管视听内容拍摄制作的门槛已经大幅降低，人人皆可在掌握一定知识与技巧后生产出有相当水平的视听内容，甚至赢得广泛用户。但是长远来看，真正能够行稳致远、长期占据视听内容尤其是高品质视听产品市场的仍需有专门的制作机构、专业的人员队伍、较高档次的机器设备等，在制作成本方面加大投入，用资本的力量打造高品质作品。[①]

## 6.1.2　用户操作需求

框架层与结构层是用户体验理论中的两个重要因素。框架层指的是页面中空间、文本、照片及按钮等元素的位置。通过对框架层的优化能够进一步完善页面布局，定义导航条中各要素的排列方式，有效提升页面传播效率。同框架层相比，结构层则会对提升页面信息传播便捷性产生重大影响。[②]随着数字化日益深入，用户的消费行为呈现碎片化的特征，他们希望在最短的时间里获得最有益的内容。在这种情况下，媒体保持简约的整体架构，优化框架层与结构层的设计，将两者完美结合方能引导用户第一时间了解到最重要的信息。

新视听媒体的整体设计风格需要具有美感。用户在接触媒体的过程中首先接触到的便是媒体的设计风格。精准的风格定位不仅能够凸显媒体的个性，还能留给用户良好的第一印象，为用户提供使用舒适感，吸引用户逗留。这可以用美国心理学家洛钦斯提出的首因效应来阐释。首因效应强调先入为主的理念，该理论认为双方初次见面时对彼此的第一印象是非常重要的，这种第一印象极为鲜明且不易改变，对双方今后的交往都将会产生较大影响。[③]在当下各类软件比比皆是的信息爆炸时代，无论是色彩搭配，还是界面排版，简洁明了的设计风格往往能够缓解用户的审美疲劳。

媒体的用户界面设计还需要符合用户的眼动规律。美国心理学家朱利安·霍赫伯格研究人眼的运行状态后发现，人们在对接收到的信息进行思考的时候通常眼球会停顿、注视；在

---

① 冶进海，马慧茹. 当下视听媒体发展中的传播形态与特征[J]. 中国电视，2019（1）：70-71.
② 张捷赟. 全媒体背景下《××日报》转型战略研究[D]. 上海：上海财经大学，2020.
③ 张捷赟. 全媒体背景下《××日报》转型战略研究[D]. 上海：上海财经大学，2020.

寻找目标兴趣点的时候，眼球则会在不同单词间跳动。通常眼睛注视与跳动是交替进行的。优秀的用户界面设计能够基于此种标准用户行为（Standard user behavior），将媒体的优点最大化。

此外，新视听媒体在 AI、VR 等新兴技术的支持下，更应该持续优化其交互功能。完整的用户行为应包括预知、反馈、返回三个阶段，交互之前有预知，交互之中有反馈，交互之后有返回，这三点支撑起交互基本的可用性。交互之前有预知是指媒体在进行设计之前必须清楚用户的动机以及他们点击这个按钮的时候会有何种预期；交互之中有反馈是指反馈系统应时刻让用户清楚当前发生了什么，如页面的加载进度条能够提醒用户当前的页面状态；交互之后有返回是指即使是在线性流程中，媒体也应当考虑到方便用户退出，始终让用户保持可控的状态，如微信聊天中的撤回功能，发送错误信息之后可以在 2 分钟之内长按撤回。最基础的交互功能包括评论、点赞、转发分享等操作，通过这些功能可以提高用户的参与积极性，在评论点赞中引发共鸣，在转发分享中得到不同的反馈意见，从而在媒体与用户之间建立良性互动的桥梁。除此之外，新视听媒体对 AR、VR 等交互技术的运用，能够将用户与虚拟信息进行深度的融合和互动，包括视觉、声音、触觉等，创造出更加沉浸式和真实的体验。[1]

### 6.1.3　用户情感需求

根据马斯洛的需求层次理论，人的需求会由个人生存的基础需求逐步转为精神和情感的需求。因此，关注用户的情感需求是媒体互动发展的必然趋势。总体来看，用户的情感需求主要包括娱乐消遣与社会交往的需求。现代化社会中，工作与生活节奏速度不断加快，各种压力接踵而至，人们在闲暇之余希望通过新视听媒体的使用来达到满足感官、释放压力与消遣娱乐的目的，从而更有动力继续投入工作中。除此以外还应该重视人们的社会交往需求，人是一种社会性动物，人有自觉的精神活动与交往。[2]用户在接触到自己感兴趣的视听内容后会产生互动性需求，如评论、转发等，以此抒发自己的情感或表达一种价值观，甚至能够进一步在趣缘群体中获得身份认同。

### 6.1.4　用户传播平台需求

用户对传播平台的需求首先体现在传播平台的独特性与新奇性。在各类新视听媒体日益多元的现状下，只有具有自身独特风格定位、内容新颖的传播平台才能在一众媒体中脱颖而出，夺取用户的眼球，满足其猎奇心理。

再者，用户对传播平台的需求还体现于传播平台的简便与实用性。所谓简便与实用性，指的是用户在使用平台时的具体操作容易上手且相关功能确有其用处。新视听媒体在考虑到带给用户一流的视听体验时，不可忽视界面操作的简易与否。如果一个媒体平台有关使用的学习成本过高，势必会影响用户的体验感，最终会影响到他们的使用积极性。而对于

---

① 郭一民. AR 交互技术在数字媒体领域的应用[J]. 电视技术，2023（2）：201.
② 张捷赟. 全媒体背景下《××日报》转型战略研究[D]. 上海：上海财经大学，2020.

传播平台实用性的需求则体现了用户希望通过媒体来获取自身所需信息，掌握所需知识。无论是精英人士还是文化水平较低的人群，其第一需求便是通过视听媒体便捷地了解自己关心的事情，如球赛实况或者节假日安排信息等。全媒体环境下传播平台的实用性将会变得越来越重要，因此，新视听媒体需要保证自身平台的便利性与实用性，从而增加用户的使用频率。

目前新视听媒体逐渐向移动化、轻薄化、智能化方向发展，更符合人性化需求，"进一步摆脱了对这些时间、地点、环境、终端、平台等多种因素的依赖，完全围绕着人本身不断变化的需求，持续性地提供花样翻新的各类内容和服务"①。

总而言之，当下新视听媒体正以隐蔽且深入的形态日益嵌入用户的日常生活，满足着用户的各项需求，并使用户的认知、情感、价值、行为等产生变化，重塑着用户特征。而为了更好地加强用户黏性与盘活用户存量，媒介也在根据用户的全新特征进行进一步的控制调整。媒介与用户之间的联系需要重新审视。

## 6.2　新视听媒体用户的特征

目前随着人工智能、5G、VR 等新兴技术的兴起与发展，视听媒体已进入人性化、智能化、一体化的高质量发展阶段。高度发展的媒介正以深刻且隐蔽的形态嵌入用户的日常生活中，用户的感知、行为选择也发生着相应的变化，呈现出与以往不同的全新特征。

依托互联网的新视听媒体已经取代了传统的视听媒体，成为用户使用频繁的发展定型的媒体。作为新视听媒体使用者的用户，对视听信息最终的走向和价值生成具有决定性的作用。因此把握新的媒介生态中的用户特征以及个体的价值取向，对视听媒体内容的生产与有效传播能够起到举足轻重的作用。

### 6.2.1　用户画像特征

#### 6.2.1.1　人口统计学特征

当前，新视听媒体用户规模庞大且不断增长。《2023 中国视听新媒体发展报告》指出，截至 2022 年年底，我国网络视听用户规模达 10.40 亿，网民使用率为 97.4%，网络视听用户数量是十年前的近 3 倍，网络视听产业规模是十年前的 20 多倍，网络视听成为第一大互联网应用类别。其中短视频用户规模达 10.12 亿，同比增长 7 770 万；网络直播用户规模达 7.51 亿，同比增长 4728 万。②调查数据还显示，新视听媒体用户主要集中于 20～39 岁且有一定教育背景的人群中。虽然不同细分领域用户所呈现出的人口统计学特征有细微差异，但从调查结果可以看出，学历较高、居住地更偏向一线及新一线大型城市的年轻群体更青睐新视听媒体，但短视频的使用情况较为特殊，主要使用人群分布在三四线城市。

---

① 张玉玲. 视听新媒体时代——变化刚刚开始[N].光明日报，2013-06-13（16）.
② 网络视听用户规模指综合视频、短视频、网络音频和网络直播用户等的并集。

### 6.2.1.2　行为特征

#### 1. 用户持续观看能力下降，追求视听"快时代"

随着数字信息泛滥过剩与人们生活节奏的加快，许多用户在使用视听类应用时，会同时使用聊天、购物等软件。尤其是年轻的高学历用户，三成以上会"边看边买""边看边聊"①，这表明在新的视听媒体环境下，用户观看视听节目的投入程度大打折扣，视听节目多数时候仅仅作为陪伴性元素出现。在新视听平台推出倍速等节目收听/收看速度调节功能后，节约时间和自主选择剧情成为影响用户速度选择的主要原因。这表明在"快时代"的社会背景下，用户越来越追求效率，对内容的选择更加自主、随性。

#### 2. 注重参与互动体验，用户参与能力增强

参与、互动、共享是当下新视听媒体平台用户的主要行为特征。这些特征的形成，既是用户主体意识逐渐觉醒和强化的过程，也是技术进步对用户参与互动需求激发、催化的结果。能否满足用户的参与互动需求在很大程度上决定了场景转移的质量和效果。因此，用户体验场景转移的最大乐趣之一就是快乐地共享和分享。

新视听媒体平台的用户参与大致可以分为两类：第一类是用户直接参与到新媒体事件的传播过程中。他们通过各种终端和渠道参与社会公共事件话题的讨论，表达自己的观点和看法，进而在一定程度上影响他人的观点和行为。这一类是新媒体事件的主力参与者，他们真正融入了公共事件的传播过程当中。第二类用户是新媒体事件的"围观者"。他们对新媒体事件的参与度不高，关注度不够，只是被动地去观看、关注。但这一类用户的浏览观看无意中也间接参与了新媒体事件的传播。

目前，各大网络视频平台都引入了弹幕的功能，弹幕的使用其实就是新视听媒体用户参与能力增强的表现。用户可以在观看视听作品时及时发表自己的看法，也可以与其他用户留下的弹幕进行互动，不管是传受双方还是用户与用户之间的交流都在增强。甚至会有部分用户认为"没有弹幕是一种缺失"。此外，随着一代又一代"数字原住民"的成长，他们的媒介接触能力是远高于其父辈的，因此，此类用户极为了解如何参与，这也是用户参与能力增强的另一个原因。

#### 3. 用户对于伴随性网络音频使用率高，碎片化收听衍生用户多场景的持续收听

传统的时空观念约束了受众与各种场景接触的愿望和能力。受众希望颠覆这种时空概念，让场景转移本身能够变得立体，自己能够多层次、多渠道、长时间感受到场景的方方面面。②广播音频具有很强的伴随性，可碎片化收听，即使在当前许多可以解放用户双手的场景下，音频内容仍有着不可替代性。近四成用户每天听音频节目，有声小说、音乐成为最受欢迎的网络音频内容。③从收听的广播音频内容来看，更多听众倾向于收听音乐、交通信息、

---

① 数据来源：《2021 中国网络视听发展研究报告》。
② 李岭涛.未来图景：虚拟世界与现实社会的融合.现代传播，2020（6）：6-10+16.
③ 数据来源：《2021 中国网络视听发展研究报告》。

新闻资讯、娱乐八卦，而这些内容完全可以融入居家、运动、出行等不同场景中，反映出用户在不同场景对视听内容的陪伴取向。

### 4. 用户"产消者"身份确立

世界著名的未来学家阿尔文·托夫勒在《第三次浪潮》中早就预言未来的生产者和消费者将合一成为"产消者"，消费者正更加紧密地卷入生产过程之中。托夫勒认为，新媒体技术发展下的信息的生产过程也是如此，大部分新媒体用户都能够在接收信息的同时传播信息。因为不同于传统媒体的单向传播方式，新媒体凭借强大的交互技术创造了全新的媒介生态，"赋权"用户可以随时随地参与到任何一项话题的讨论之中，从而构建出一种全新的参与式文化。在这种参与式文化背景下，新视听媒体用户兼具媒介内容的消费者与生产者身份。以抖音、快手、哔哩哔哩等新视听媒体平台为例，此类平台虽有各大传统视听生产者的入驻，但更多的内容生产还是来自用户，他们既在平台接收专业媒体提供的视听内容，又依靠个人的力量在生产内容，他们在整个传播链中的地位和作用已经与过去有了很大不同，内容提供者与数字终端使用者之间的技术鸿沟被缩小，用户同步接收信息与传播信息成为常态，信息产消者的身份就此合一。

### 5. 用户社会属性强化

新媒体背景下，媒介信息大量进入人们的日常生活，用户的媒介使用更为频繁，媒体表现更为多元，人人都直接或间接地成为内容的生产者与接受者。人们在媒介使用的过程中建构了自己的媒介形象，在有意或无意的媒介参与中增强了个体的社会性。比如许多新视听媒体用户都会使用豆瓣这一应用软件，他们会在该平台上标记自己观看过的书、影、音作品，并打分或是留下评语。这一行为看似是对自我行为的量化，但其实也是建构自我媒介形象的过程，当用户进入其他用户的主页，就会自动显示两个账号共同标记过的内容。社交属性的存在为媒介形象的建构赋予了意义，用户的社会属性也因此得到强化。

## 6.2.1.3　消费特征

### 1. 线上消费习惯养成

电商直播已经成为一种广受用户喜爱的新兴购物方式。数据显示，在电商直播中购买过商品的用户已经占到整体电商直播用户的 66.2%，其中 17.8%用户的电商直播消费金额占其所有网上购物消费额的三成以上。[①]以微博为例，人民日报、央视新闻等官方微博组织的"一起遇见国货好物#这很中国#"等多个主题直播活动的用户观看量均超过 1000 万次。

### 2. 网络视频节目付费意愿增强，用户愿意为优质内容买单

近年来，随着知识版权及用户付费意识的增强，内容付费服务逐渐被网民接受，主流视频网站的付费用户数量迅速增长。调查数据显示，网络视频用户中，45.5%的人在过去半年内使用过单片付费或购买过会员，其中 29 岁及以下的付费用户占比接近 60%。热门综艺、网络电影、电视台热播剧是吸引用户付费的主要类型。据统计，2020 年有 68 部热

---

① 数据来源：《2021 中国网络视听发展研究报告》。

播剧开启超前点播。调查数据显示，付费用户中，20.2%的用户曾为超前点播付费。优质内容是吸引用户购买的主要原因；92.4%的用户因为"剧情精彩，想尽快看后续内容"而购买超前点播。①

## 6.2.2 宏观特征

### 6.2.2.1 用户所处情境模式更具流变性

电子媒介导致空间感的失落，越来越多的情境发生在与媒介接触的过程中，而非具体的物质场所。新媒体的广泛运用促成一系列旧有情境界限被打破，致使一些旧有的不同情境的合并，进而形成新的传播情境。另外，新媒体使得不同情境之间的一些旧有的连接机会消失，导致新的分离。②视听媒体的增加以及新型视听媒体的出现，使得媒体使用者每天置身于新的情境与行为之中来思考个人身份与存在价值，并促使每个人调整自身的行为直至适合特殊环境的状态。也就是说，视听媒体、视听内容及传播环境的变化会导致用户新的行为或社会意义的产生。

首先是用户所处"身份情境"快速且剧烈地变化。在多屏时代，每个传播主体都希望自己的信息能够传送给更多用户，而每个用户都在不同的视听内容和媒介情境中展现不同的状态。随着情境的快速变化，人们在浸入视听媒体的同时还忙于处理其他事情，大脑在不同的任务中不断切换，身份与行为也在不同情境模式中展现，碎片化的时间被充分利用。正如梅罗维茨所说："不同情境的重叠或混淆会引起行为的错落，因此，真正不同的行为需要对应着不同的情境。"③以微信来说，不同的朋友圈就是不同的情境模式。刚才在微信中是同学，在教室里是老师，接下来在游戏中是学生。不同的情境中，甚至一个人同一时间也在扮演着不同的角色。在电视机前是亲人，在手机微信中是友人，在网络视频中是陌生的网友。人在现实生活中往往只在几个固定场域里活动，而在以互联网为基础的视听媒体传播当中，用户却跨越了场域和情境。这种情境与身份的快速转变，意味着个人时间不断被挤占，个体压力增大，思考时间更为有限，但对不同的情境体验的追求却进一步被强化。

其次是用户所处"消费情境"的变化。在媒体市场化程度越来越高的今天，视听媒体要生存，作为视听信息的副产品，广告会越来越多地充斥在我们的周围。广告主和商家的目的，就是引起消费者注意，让消费者欲望外化和放大，从而对自己的产品产生兴趣，以达到推销产品的目的。随着视听媒体越来越发达，广告竞争越来越激烈，广告水平也变得越来越高。相比于传统电视媒体所呈现的硬广告，基于网络的新视听媒体的广告形式、手段以及渠道也更加多样化，硬广告越来越少，软广告越来越多。观看一部线上网络剧会发现有大量植入广告，这使得人们不自觉中身处在一个被广告包围的情境中，而且还是在一个近乎愉悦体验的消费情境之中，购买冲动促使你不买不行。商业资本会通过对信息符号的控制，来达到利润最大化，使用户深陷于消费情境中难以自拔，并可能陷入更深的消费主义泥淖里。

① 数据来源：《2021 中国网络视听发展研究报告》。
② 周海英.从媒介环境学看新媒体对社会的影响[J]. 兰州学刊，2009（6）：165-169.
③ 王贵斌，斯蒂芬·麦克道威尔.媒介情境、社会传统与社交媒体集合行为[J]. 现代传播，2013（12）：100-106.

最后是用户所处的"拟仿情境"的变化。"去中心化"后的视听媒介生态是一种没有中媒体但媒介林立的时代,人更多地生活在一种媒体营造的虚拟现实中。随着媒介技术的发展,智能化技术基础上的虚拟现实即将成为可能,人将越来越多地融入并生活在媒体营造的信息环境中。所谓真实,其实是视听内容传播到大脑后产生的一种错觉。明明是经过安排修饰过的"真人秀"节目,观众还以为是原汁原味地呈现;明明自己的造型服饰别具风味,但依然向影视女主角学习修改自己的穿着打扮。这个时代不是传媒在呈现现实,而是现实在模仿传媒。从某种程度上讲,当下人们的生活是一个由各种媒介信息特别是视听信息构建起来的"镜像世界",许多人生活在自己封闭的空间中,正由于不可能亲自去遨游世界、观察体悟大千世界的美好与多姿,便只能通过形形色色的视听信息来了解和认知这个世界,并完成自己的认知与判断。在这种情形下,人变得不够真切,"拟仿生活""装模作样"或"亦步亦趋"成为另外一种情境状态。

### 6.2.2.2　用户"圈子化":"个性"与共性的统一趋向

在媒体内容丰富多元、信息流通更加自由的今天,每个用户都在寻找与自己有共同点的另外一些用户并组合成圈子,除了相互之间交流共同兴趣爱好及人生价值观等话题之外,也希望传达共有的心声,以便形成一股强大的舆论场效应。

圈子自古有之,同乡、同事、同学,都会建立起不同程度的圈子形成朋党效应。以互联网为基础的视听媒体生态中,原有的社会组织关系逐步偏重社交关系和社群关系。在视听网络所营建的虚拟社会中,由于网名、头像、个性签名等代表自身,因此身份认同显得十分重要。网络圈子化就成为视听媒体传播中的常态,越来越多的视听新媒体用户愿意通过展示自己创作的视听内容或者评论他人内容等形式,通过拍摄短视频、个人秀、制作微电影、微记录等方式介入一个有共同话题的圈子里。这个圈子有一定的价值信念及共同利益。志同道合、趣味相投或具有共同话题的圈子带来的后果,就是让没有能力加入圈子的用户渐渐感受到群体压力过大而逐渐被边缘化,从而重新成为"沉默的螺旋",要么沉寂下去、封闭自我,要么过于张扬个性而成为异类,要么跟着一个又一个的圈子打转。也就是说,在多媒介背景下,用户群体差异主要由相应的生活方式和交往圈子决定。

用户个体差异主要基于不同的文化背景、职业经历、个人性格、学识态度等。传受一体化促使新视听媒体用户的主体意识不断加强。人们更加重视自主选择性,更加注重可以独立进行个性化的表达与个性化的选择,主体意识逐渐凸显。用户可以选择自认为合适的媒介来传情达意,说出对某一事件的看法或意见。在网络与数字技术的加持下,即时互动、内容共享成为可能,表情达意的媒体视频与声画刺激使得个体的个性化表达成为可能。个性的张扬是人的最高需求,而寻找认同感与安全感是浅层次的需求,也会成为最大面积的需求,成为新视听媒体用户的一种共性。

在各种新的视听工具的促使与加持下,未来的圈子会建立在一个又一个庞大的综合视听传媒播控平台上。与传统圈子受某种利益驱动不同,大数据背景下用户圈子化的兴盛,是用户在媒体平台中基于数据分析以及平台推荐逐渐建立起来的某种牢固的情感同盟的体现。圈子化形成的用户新秩序,能够让私人话语绽放出巨大光彩,也就是圈子里的个性将充分展现,在层出不穷的各种想法中脱颖而出,由此伴随的行为和视听内容也充满个人特色。如今同学、老乡、同事、同好等微信群,流媒体平台上的不同分区、板块等,都代表着不同的圈子。当下新视听媒体在极力搭建平等共享共建的开放平台,但各种志同道合或者趣味相投的用户还是会发生交互行为,通过自己创作拍摄的特色化的视听信息,来形成各种各样的"圈子"。

圈子里的视听内容某种程度上可能是私人性的、无所顾忌的,但在大众传播过程中,这些话语逐渐扩散,呈现出放大化效应。这时圈子的力量就开始展现,圈与圈之间相互攻讦或相互支持,一种媒体信息新秩序随着圈子话语的强大与微弱开始建构起来。在这样的信息世界,个体的声音很多时候代表着一个圈子的声音、一个群体共同的声音。这些圈子让人们看到了网络出现的新秩序。这种情形如学者赫伯特·席勒曾经指出的那样,随着全球化的蔓延和信息的繁多,"新电子工业,工业生产厂址的迁移,以及迅捷的国际传播的同时发生,一个新形式的等级组织结构正在全世界范围内建立起来"①。

尊重共性、张扬个性,意味着媒介平台的平等与开放、包容与接纳。以视听媒体为主体的大众媒体传播是基于用户公平与平等、开放与独立的意识兴起和壮大的,在这个过程中,多屏时代的用户有了更多的学习机会和选择能力,同时成为由下而上的内容提供者与沟通者。视听媒体的快速发展,让更多现代精英投身于一定的圈子,进行政治活动与经济变迁的主题讨论,并以视听内容的形式展现在人们眼前,显得更加客观、理性、文明,有利于媒介生态的和谐发展。

### 6.2.2.3 网络去中心化趋势与构建自我中心化网络的用户

未来以互联网为基础的多元智能传播体系中,每个个体就是一个传播网络上的节点,整个传播体系由无数个节点组成。一个节点会环绕或连接许多个节点,没有一个节点会孤立于整个传播体系之外。而视听信息将从一个个节点中传播出来,汇聚在某些重要的节点上,然后向更广阔的层面进行裂变式的大众传播。尽管在这样一个信息过载、分化和隔离严重、隐私被大量侵犯的时代,绝大多数节点显得无比渺小,但正是这样无数个节点通过不同的传播渠道交叉传播,构成了今天的多元智能传播体系。

在媒介生态越来越复杂、媒体越来越精密的现代社会,虽然用户通过视听媒体直观地认知庞大的外部世界,可对每一个个体而言,不仅没有变得更加强大,反而会自我感觉更渺小和孤独。尽管现代性倡导政治民主、经济自由、文化多元、宗教宽容,而面对越来越多、越来越自由的选择,个体却难以寻找到价值归依之所。在这样的一个信息环境中,大多数个体会更看重身边亲朋好友的生活状态与信息变化,各种社交工具也蓬勃兴盛。这样一个崭新的社交状态改变着各个行业的运作模式。不管是商业营销还是教育方法,都以个体用户为中心的点呈网络状散开。人与媒介技术之间的互动益发紧密,而去中心化趋势也越来越明显。每个人信息的获取还是各种活动的开展,都以自我为中心向外蔓延。

以互联网为基础的传播形态尽管激活了每个个体的力量,但也局限了个体的力量。随着传播节点的增多,更多用户不再只将眼球聚焦到宏大叙事或者重大事件上,而更侧重于关注

---

① 苏·卡利·詹森. 批判的传播理论:权力、媒介、社会性别和科技[M]. 曹晋,主译. 上海:复旦大学出版社,2007:91.

亲朋好友的点点滴滴，社交类平台兴起即证明了这一点。无论是微博、微信还是豆瓣，各种吃穿住行自我秀、生活秀占据了屏幕主要内容。尽管很多用户不断在强调个人的隐私权利，但有时还是更喜欢显示或展露自己的一切，哪怕涉及隐私。新视听媒体下的人们实际上更喜欢彰显"自以为是"的个体价值。

当下用户生活在一个不断加速进行信息连接的时代里，各种电子或非电子的屏幕随处可见，随着人们交流能力的提升，以自我为中心的"影像乌托邦"会成为碎片化的表达。网络里充斥着各种各样的文化冲突与身份转化，也存在着许多活跃的、富于阐释性的意识形态样式，以互联网为基础的传播范围的广阔性和信息的丰富性，使网络传播的统一性和多元性成了不变的主题，在以自我为中心的形形色色的信息和观点中，一些基本的价值原则、思考逻辑、是非观念等逐步建立起来，独特的思考、生活方式与个人价值观念成为被尊重的对象，也会产生一些纷杂乱象、奇音怪声。正如有学者评论网络身份时所言，"人们能够获得更多元的信息来源，进入身份各异的网站，从而大大增加了每个网民对自我、对自身归属和对自身身份反省的空间"①。

### 6.2.2.4　新兴视听技术力量下用户主体地位降低

"科技正在将所有生物的思维缝合在一起，把世界包裹在电子神经构成的振荡外套中，各大陆之间通过机器相互交流，整个社会每天被 100 万个安装好的摄像头所监控。"②当下，谷歌、亚马逊等庞大的综合传媒集团已经竭尽所能，潜入用户生活的每个角落，不断满足用户各种需求的同时，也在建立一种即时的直接式的传播方式，通过某种媒介技术与用户直接相连，更好地为用户服务的同时也掌握着用户方方面面的数据。除了庞大的综合传媒集团有意识地搜集或"监控"用户的行为数据之外，各种自媒体或个体也在不断上传各种各样的信息数据，成为自身的某种束缚。谷歌公司于 2012 年 4 月推出的"谷歌眼镜"，使得每个拥有这款眼镜的人都成为一个传播主体。眼镜持有者可以随时拍摄眼前看到的一切，而且连同自己的位置、所在的天气、周围的人群等同步上传至网络，成为网络视听海洋中的一部分。这样一来，个体的视听信息会有意无意地被人拍到，会被搜索或通过面部识别技术用于其他途径。尽管政府会出台相应法规来保护用户这方面的隐私权，但没有人能保证自己的视听信息不被盗用或滥用。

技术力量入侵人们生活的方方面面，具体会有怎样的危害或造成多大的危害，用户仍处于混沌状态。以互联网为基础的视听媒体的丰富和视听信息的爆炸式发展，会产生新的商业和创意，推动人类文明的前进，但视听信息综合之后异化成为巨大的技术力量，可以让人们的隐私彻底暴露，这是任何人都不希望看到的。未来的屏时代里，每个人都是他人的记录者，人们会越来越多地被视听设备拍摄到，越来越多的视听信息会处于一种不设防的状态，人们的发型、模样，使用的手机、行走的轨迹等，随时有可能被人查看，然后针对其生活行为进行一系列活动，比如模仿或犯罪。每个人都可能侵犯到别人隐私或被他人侵犯隐私。可以说，在新的视听技术力量控制下，用户自身的主体地位正在被削弱。

---

① 阿尔弗雷德·格罗塞. 身份认同的困境[M]. 王鲲, 译. 北京：社会科学文献出版社, 2010：7.
② 凯文·凯利. 科技想要什么[M]. 熊祥, 译. 北京：中信出版社, 2011：337.

"机器-技术越是智能化，人的主体地位越是缺失；机器-技术空间的扩大，使得它的存在越来越成为自身合法性的证明：机器-技术产生的问题越多，需要的机器-技术就越多，机器-技术带来的恶行和罪过不过是自身发展不充分的结果；机器-技术发展越深入，它越成为一种路标：整合碎片化的世界只能靠永不停转的机器。"①这也清晰地说明，技术将越来越多地嵌入人们的工作和生活中，形成实至名归的"技术力量"。而这种"技术力量"严重威胁着用户的选择权和传播中的主体地位，成为一种令人头疼的力量。随着视听媒介技术的进步、黑客势力的发展，用户的隐私随时会有被侵入的危险。在过去，各个信息点是分散的、切断的，不会轻易被人全部挖掘出来，而视听媒介技术越发展，影像分析功能及面部识别功能不断强大，一切在数字化的基础上会有机地连接起来，信用卡、保险费、一系列诉讼资料、消费记录以及受众车辆行驶的轨迹、个人活动的周围摄像头等，用户一旦成为新闻事件的主角，这些会被事无巨细地挖掘出来，让用户曝置于众目睽睽之下。在麦克卢汉看来，"一旦拱手将自己的感官和神经系统交给别人，让人家操纵——而这些人又想靠租用我们的眼睛、耳朵和神经从中渔利，我们实际上就没有留下什么权利了"②。媒介批判学派从两方面对媒介革新提出批判：一是指出传播过程中媒介奴役人、操纵人、控制人；二是媒介越来越趋向商业化、实用化、经验化。当人们对媒介技术充满美好的期待时，媒介技术会不会将人类拽入另一个深渊？不管怎样，在这样一个媒介快速发展的过程中，相对于技术力量的地位，用户的主体地位已经在下降，用户虽然接收数据分析后智能匹配的可视化服务便利而快捷，但在依赖媒介技术的同时，个体的自由已经在不断收缩甚至受到了限制，主体性地位悄然下降。

### 6.2.2.5　新视听传媒环境下用户间知沟界限弱化

当一个社会体系中信息流快速增长时，受教育程度高和受教育程度低的人接收的信息并不一样。美国学者菲利普·蒂奇纳、多诺霍和奥里恩在 1970 年发表的《大众传播流动和知识差别的增长》一文中提出了"知沟假设"。他们认为，大众传播向不确定人群传递信息的过程中，通常而言，经济情况较好、教育程度较高的人比经济情况差、教育层次低甚至没受过教育的人更容易接收或获取相应的信息。信息本来是为了促进公平、提高人们的认知水平，但在大众传播过程中，信息不仅使人们之间的知识沟越来越扩大，还让人与人之间的行为和态度有了差别。

在当下视听媒体生态中，知沟的减弱表现在视听媒体制作主体的大众化和全民化。随着媒介技术手段的进步，视听内容的制作门槛越来越低，制作方式越来越灵活，有可能一个孩子制作出来的内容，远远比一个摄制组拍摄的内容要精彩，方式特效也更吸引人。在这样的传播环境下，传者和受众之间的界限会越来越不明确。与此对应的是，年轻人和年长者之间，谁的知识多，谁的见识广，谁的消息灵通，已经不取决于年岁的沉淀，而在于对媒体掌握的娴熟程度。童年在消失，并不是因为鱼龙混杂的网络文化让年少者过早地了解了网络中的不良信息，而是网络已经让知识不再按年龄来排列。青少年不再以晚辈身份向前辈亦步亦趋地

---

① 张雄. 现代性逻辑预设何以生成[J]. 哲学研究，2006（1）：26-36.
② 周勇，黄雅兰. 从"受众"到"使用者"：网络环境下视听信息接收者的变迁[J]. 国际新闻界，2013（2）：29-37.

学习，而是不断成为以互联网为基础的视听媒体的主体，青少年具有更强的学习和掌握新媒介的能力，在技术、审美、习惯等方面以年轻身份反哺长者。

随着媒介技术的进步，人与人之间的差距，尤其是精神层面的差距将会越来越小，直至不断被抹平。如今的网络综艺与网络电视节目幕后花絮的传出使得越来越多的观众认识到，演员和观众可以互换，普通人能够发现英雄有庸常的一面，而普通人也能展现出英雄气壮山河为他人牺牲的一面。视听媒体一边不断塑造新的"神话"，一边又会快速"祛魅"，让一切人回归到平凡与普通。在事物的诞生与远去中，旧的秩序已然打破，新的标准逐步确立。如何在以互联网为基础的视听媒体时代有所作为，就需要阐明这个时代所倡导的价值理念与呈现的用户特征。

## 6.3　新视听媒体的软性控制

马尔库塞在媒介控制论中曾提到独裁国家在媒介控制中的方式有所变化，以往的"有组织的恐怖"已不复存在，开始转变为"福利国家"，即通过提高人民的生活水平，使人民群众在安逸的生活中不知不觉被全面控制。[1]

人类虽是新视听媒体的开创者和发展者，但在视听媒介的使用过程中，内容的视听化、感官的刺激、精神的放松、受众的沉浸愉悦等，使人类最终难逃对视听工具的依赖。新视听媒体作为人们听觉、视觉等多方面能力的延伸，在更新换代和更高层次的发展中影响用户呈现这样一种生态：或许屏幕里的视听内容不见得是真相，可用户更愿意相信屏幕里所呈现的真实。新视听媒体在潜移默化中已多维度重构人类生存空间，使软性控制成为当下媒介生态景观中的现实常态。

### 6.3.1　新视听媒体的选择使用权控制

与传统视听媒体相比，新视听媒体在媒介形式上有了新的变化。移动化、嵌入型的新视听媒体形式以其便利性、互动性俘获了众多视听受众。不管是微信、QQ、微博的视听板块，还是各类视听 App 平台等，都会为受众提供多种多样的视听内容，满足受众个性化或多样化的视听需求，以此获得受众更多的注意力。新视听媒体还进行媒介联合，将受众的注意力集纳在视听媒体所想要传送的视听内容上，受众表面上的信息自主选择权其实是有限的自主。也就是说，新视听媒体上的每一个用户看似都有自主的视听媒体选择使用权，但是由于视听媒体的联合控制，其掌握的视听媒体渠道和内容较普通用户具有更大的优势，用户对视听媒体的自主选择与使用、对视听内容的自主选择其实是一个非现实的谎言，受众真正掌握的仅是对新视听媒体选择使用的操作权。

在新旧视听媒体的融合发展过程中，受众依据自身的经验、认知、使用习惯等个体因素对视听媒体的更新进行了偏好性选择。传统视听媒体日益边缘化，新视听媒体异军突起，受

---

① 邵培仁，李梁. 媒介即意识形态——论法兰克福学派的媒介控制思想[J]. 浙江大学学报（人文社会科学版），2001（1）：99-106.

众的偏好性选择与使用似乎成为视听媒体迭代升级的决定因素之一。但实质上这仍然只是受众在固有的媒体选择使用中交换媒介形式而已。受众从广播、电视等传统视听媒体转移到互联网时代更便捷的微博、微信、QQ、App 等新视听媒体，视听媒体仍然是受众感知外部世界、获取视听内容的有效渠道。当受众进入媒介世界那一刻起，控制与被控制的问题就如影随形，除非我们身处洞穴，否则无法逃避对视听媒体的选择使用和其所带来的控制问题。需要明确的是，尽管这种选择使用权利存在于媒体潜网控制中，但在任何时候，受众都不能放弃对视听媒体的选择使用权。一旦放弃了这种选择使用权而沉沦在固有的视听渠道，这也就意味着受众放弃了自主思考，拱手让出了感官，自己认知的外部世界不再是真实的世界，而是视听媒体打造的拟态世界，受众彻底沦为视听媒体的傀儡。当发现视听媒体不符合自身的需求时，应及时地进行更换选择，防止沉浸在视听媒体中无法脱离媒介以及沉迷媒介、被媒介左右。

### 6.3.2  新视听媒体的技术控制

福柯曾在《规训与惩罚》中指出，现代社会无时无刻不处在诸如"圆形监狱"的全景敞视中——人们一个个都被一套大写的"人的标准化"知识体系规训改造为"正常的""标准化的人"，就像机器上的螺钉。而今新视听媒体利用信息数据分析等媒介技术来监控每一个使用者的行为，无疑使福柯口中的全景敞视在数字化时代背景下有了全新呈现。

先进的视听技术如同魔术一般，不仅给人们带来感官上的震撼，还实现了各种过去看似不可能的"魔法"。视听技术"魔法"通过算法操持实现对用户接收视听内容的控制；通过营造"全景监狱"实现对受众行为自由的控制；通过大数据储备实现对受众的隐私控制等。《黑客帝国》里有这样一段对话：墨菲斯在尼奥脱离母体之前问尼奥："你是否隐隐约约感觉不对劲，但你不知道哪里出了问题？"尼奥回答："你说的是母体？"墨菲斯说："你知道母体是什么吗？它无处不在，这个房间里有，电视里有，它就在你生活的每个地方，你感觉不到它的存在，而它又无处不在。"黑客帝国里的母体是一个电脑程序，它模拟出各种现实，让身处其中的人相信那是真实的。而现在的媒介世界，就如黑客帝国里的母体，通过先进的技术将控制悄无声息地植入用户的生活。新视听媒体在为用户提供视听服务的同时，也在通过一套单一的标准代码算法抓取分析不同用户的视听需求数据，再向用户推送其感兴趣的视听内容，从而操控用户所接收的视听内容。如由于个性化的算法推荐，抖音用户可以轻而易举地观看到自己"想看"的各类视频。打开抖音，只需几分钟，就能被系统精准"投食"，大量贴合用户爱好的内容便铺天盖地而来，令人难以自拔。深度"发烧友"乐此不疲，甚至刷个通宵还意犹未尽。而且通过协同过滤原则，新视听媒体的视听内容推荐更加高效和精准，从而很有可能造成过滤气泡、信息茧房等问题。用户沉浸在算法推荐的视听信息圈内，其他类型的视听内容被屏蔽在视角外。单一的视听内容接收最终可能形成一个个封闭的环境，不同用户群体之间的壁垒被强化，形成回声室效应。

新视听媒体通过用户的浏览内容、评论、点赞、观看时长等数据监视用户的视听习惯，通过用户在新视听媒体上发布的形形色色的视听内容监视受众的生活状态，甚至通过媒介载体监视用户的说话内容。美国理论家马克·波斯特在福柯的"全景监狱"概念的基础上，将信息社会比作一个规模庞大的"超级全景监狱"，指出任何人都无法逃出处于隐秘状态的数据库的权力系统的监视与规训。信息时代，大数据为我们的生活创造了前所未有的可量化维度，用户成为一个个数据个体，其在新视听媒体平台的任何行为都有可能在完全不知不觉的情况下被记录、被征用，成为媒体的公共档案甚至大数据库中的一部分。

一言以蔽之，由于人工智能技术与虚拟现实技术的加持，技术的监视遍布在互联网的每个角落，用户在享受新视听媒体带来的视听奇观的同时，也时时刻刻处在一种监视的目光之下。用户需要时刻提防可能存在的利益集团利用资本绑架技术，操纵媒体监视我们的生活。

### 6.3.3　新视听媒体的话语控制

有人认为人们能将作为信息和娱乐工具的大众媒介与作为操纵和灌输力量的大众媒介进行理性的区分。但马尔库塞反驳这种"信息和娱乐媒介论"，他认为大众媒介乍一看是一种传播信息和提供娱乐的工具，但实质上不发挥思想引导、政治控制等功能的大众媒介在现代社会是不存在的。[①]新视听媒体在其话语体系建构中就显露了一种背后资本的隐性控制。利益关系的纠缠和意识形态的遵从，使得新视听媒体的信息传送可能带有偏向性。尤其是一些具有影响力的综合视听媒体凭借其高品牌知名度和认可度，传送单一的意识形态使用户不由自主地接受媒体的观点或思想，从而以无形的力量潜移默化地影响用户的认知。

1947年，卢因在《群体生活的渠道》中提出了"把关"一词，指出信息的传播网络中布满了把关人，这些人负责把关，对信息的流通进行筛选和过滤。该观点在新视听媒体实践中仍有所体现。新视听媒体内部的潜网在媒体内部的语言审核和技术把关的逐字审核等话语方面都对用户在视听平台所传递的视听信息进行了把关和控制。

此外，娱乐类视听产品正在上升为新视听媒体的主要内容产品，以顺应用户对娱乐的巨大需求。只要你有一个电子媒介载体，就能在各种新视听平台找到自己想要的快乐。在这种娱乐话语建构的虚幻之下，人们像赫胥黎所言"如今每个人都很幸福、快乐"。尼尔·波兹曼在《娱乐至死》中提到，奥威尔的预言已经落空，而赫胥黎的预言则可能成为现实：再也没有人愿意读书；人们在汪洋如海的信息中日益变得被动和自私；真理埋没在无聊烦琐的世事中；我们的文化成为充满感官刺激、欲望和无规则游戏的庸俗文化；人们由于享乐而失去了自由，将毁于我们热爱的东西。[②]尽管新视听媒体的各种视听手段越来越发达，但是在接收视听信息的过程中，用户仍然是被动的。媒体定义娱乐，决定了用户能知道什么。新视听媒体用视听符号体系传达碎片化的瞬息变幻的内容，缺乏思考层面的使逻辑和批判得以展开的连贯语境。大量娱乐性的元素充斥其中得以控制用户的注意力。如果用户对新视听媒体的话语控制全盘接受，那么很有可能引发用户创新思维的消散以及思考力的退化，最终迷失在图像和碎片中。

不可否认的是，新视听媒体正以惊人的速度在我们的时间城堡中攻城略地。不仅如此，

---

① 马尔库塞. 单向度的人[M]. 重庆：重庆出版社，1993.
② 尼尔·波兹曼. 娱乐至死[M]. 章艳，译. 桂林：广西师范大学出版社，2009：4.

为了占据流量制高点，一些媒体故意制造庸俗、猎奇的内容。媒介话语对娱乐化的标榜使得越来越多的人失去了思考和判断，跟随着媒介提供的思想形态去思考或表述。①面对数量庞大的用户，媒体在传播视听内容的同时，通过塑造单一的意识形态或观点潜移默化地影响用户的思维，而用户自身在视听需求得到满足后，对其麻痹作用置若罔闻，反而将媒体的思想程式奉为圭臬。"我们将毁于我们所热爱的东西！"②尼尔·波兹曼的预言至今仍有警醒作用。

### 6.3.4　用户的抗争：召唤主体性的回归

数字时代互联网深刻改变了人们的生活方式，为人们提供了可获得、可表达、可互动的多种可能性，同时也建构了全新的视听媒体环境。但媒体控制的基本逻辑仍然没有改变，只是控制的方式更加隐蔽，软性控制凸显，控制关系更加复杂。用户可以通过提升媒介素养、建立共鸣空间、享受深度无聊等手段，召唤主体性的回归。

#### 6.3.4.1　提升媒介素养

从用户角度来说，提升媒介素养是抵御媒介控制的重要举措之一。资本与平台在算法的掩护下，侵蚀用户作为人的尊严与价值。面对被削弱的主体性，在享受个性化服务的同时警惕算法带来的异化风险成为必要举措。警惕算法意味着在充分认识和理解算法的基础上，抵抗算法带来的风险。算法推荐技术顺应了用户进行信息选择时的"惰性"，也剥夺了用户的信息选择权。用户在进行选择时要培养自我把关意识，充分考虑信息的质量问题。

首先，在信息的量上，拒绝算法伪个性化的强制推送，追求多维式、立体化的信息。在算法推荐技术企图构建过滤气泡时，用户要克服思维惰性，有意识地拓宽信息渠道，打破信息茧房的束缚，接触多方信源，以拓展自身的知识面。其次，在信息的质上，提高对信息的批判能力和对低俗信息的抵御能力，减少浅层娱乐的信息接收，主动寻求高阶的信息，培养深度思考的习惯。也就是说，用户应在使用新视听媒体的同时提高自身的媒介素养，革新思维和能力。

##### 1. 选择使用能力的革新

革新对新视听媒体的选择使用能力或许能帮助用户在数字时代打造的媒介景观中更好地生存。从某种程度上说，新视听媒体已成为用户与世界联系的通道。数字技术的加持进一步实现了真实与虚拟的深度互嵌融合，用户在现实世界与新视听媒体打造的拟态环境之间转换成为一种日常行为，从而禁锢在自身的媒介选择使用中。因此用户需要破除新视听媒体营造的信息迷途，提高对新视听媒体的选择使用能力，打破对固有视听媒体的使用信赖，在媒介变换中提高自己的适应能力，当视听媒体不再符合自身需求时，应及时脱离。

##### 2. 批判性思维的革新

历史学教授尤瓦尔·赫拉利在《今日简史》指出："在一个信息爆炸且多半无用的时代，保持清晰的见解，是一种力量。"用户生活在视听媒体建构起来的信息环境中，无意识地去

---

① 冶进海. 变革中的视听媒体发展格局与传播形态[D]. 西安：陕西师范大学，2016.
② 尼尔·波兹曼. 娱乐至死[M]. 张艳，译. 桂林：广西师范大学出版社，2004：1.

依赖媒体，以至于视听载体成为我们身体不可分离的一部分。新视听媒体建构起来的媒介空间其虚幻与现实的边界越来越模糊，虚拟正在一步步挤占我们的现实生活，引领我们走向媒体营造的拟态世界。在信息泛滥的当下，用户需要把对新视听媒体提出的议题和观点的第一反应看作尝试性的，无论它多么有道理，在你考察验证它之前都不要接受它，要注重多渠道的信息获取和验证，然后再用理性的思考、批判性的思维去对抗被媒体"切碎的感官和身心"，保持对新视听媒体的理性认知。同时也要去经历生活、感受生活，因为生活是恢复语境的过程，最终得出自己独立思考后的判断，以提升媒介素养。

### 3. 视听素养的革新

随着融媒体、流媒体、虚拟技术等的出现，整个媒介生态呈现出视听文化的强烈特征，各种文化形式都争相以图像、影像的方式展现在用户面前，博取用户关注。视听素养是用户在新视听媒体的信息海洋中挖掘和识别高质量视听内容的必要技能之一。而视听素养革新需要用户在视听信息的获取、理解等方面坚守正确的信息价值取向和提高自身的视听审美能力。具体来说，用户应积极参与健康的视听审美实践，积累视听审美经验，传承优秀审美文化；主动识别新视听媒体中过于浅层化、市场化、商业化的审美实践；主动规避视听信息中的低俗、恶搞内容；有选择地吸收新视听媒体传播的娱乐化信息；坚决反对视听内容过度猎奇化、世俗化的倾向；尽力避免在新视听媒体建构的拟态环境中催生审美异化，使工具理性驱离了审美判断的内在逻辑，让感官化的视听内容削弱了审美感知能力。

### 6.3.4.2　建立共鸣空间

社交可供性丰富了用户在虚拟世界的人际交往，却往往导致人们在现实关系中无所适从。哈特穆特·罗萨基于社会加速理论，提出建立自我与世界的共鸣关系。"共鸣"建立在理性的对话与沟通的基础之上，而人们在虚拟世界的感官是封闭的，因此难以形成与体验时间成正比的记忆感知。而建立共鸣关系，就是要摆脱媒介依赖的束缚，打开感官，在真实空间中体会共鸣，在开放自由的关系中构建交往理性，召唤主体性的回归。

### 6.3.4.3　享受深度无聊

新视听媒体的移动可供性让用户可以随时接触到媒介，而这又容易加深用户的媒介依赖与时间焦虑。德籍韩裔哲学家韩炳哲将当今的时间危机概括为原子化、无秩序的"不良时间"。针对时代危机，韩炳哲在《时间的味道》中提出的对策是"凝思生命"。所谓凝思生命，是与积极生命相对而言的。积极生命的最显著特征，就是人完全变成了劳动动物，被加速社会裹挟着前进。而凝思生命则是要学会安静地坐下来，与自我进行深层的对话。在他看来，"凝思生命"即一种"沉思着的有意义的思想"。同样，在《倦怠社会》一书中，韩炳哲提出的"深度无聊"也是一种强调慎独、沉思的概念，"深度无聊"的状态并不是狭义的单调、乏味的精神空虚，而是一种追求"沉浸于某一种思考而不让碎片化的外力所打扰"的状态。回归凝思生命，也就是要在加速社会中"慢"下来，在过度的连接中主动断开连接，重新夺回自身对闲暇时间的掌控权。

综上所述，随着媒介技术的不断发展，视听媒体有能力对用户的视觉、听觉、触觉等进行全方位刺激，为用户营造更为极致的视听环境，不断满足用户的个性化需求，令用户的视听体验快速升级。但新视听媒体对用户的隐形控制也在此过程中越发凸显。用户的选择使用权在新视听媒体平台的联合控制下，演变为仅对新视听媒体选择使用的提权；算法操持对用户接收的使用行为进行操控，用户在不知不觉中可能沦为媒介的提线木偶。面对此种情形，用户应主动对新视听媒体操控进行破局，提高对新视听媒体的选择使用能力，打破对固有视听媒体的使用信赖，在视听媒体不能满足自身需求时，应及时转换媒介使用途径；提高批判性思维意识，对新视听媒体推送的信息进行复合思考：用尝试性和质疑性的思维进行第一思考，再结合自己的知识积累和生活体验进行第二思考，做到不全盘被动接收视听媒体的内容；提高自身的视听素养，培养良好的视听审美和正确的信息价值取向，对低俗、恶搞的视听内容主动规避，对娱乐性质的内容进行有选择性的接收等，在视听媒体营造的虚幻世界中避免自身思考力的退化、创新思维的消散以及行动力的丧失。

凯文·凯利在《科技想要什么》一书中认为，未来会有更多颠覆性的媒介产品出现，而且越来越灵巧，制作越来越精美，充满"艺术"的想象力。[①]我们展望新视听媒体在未来的发展中带给用户更沉浸的视听体验，同时也警惕媒介技术控制下的思维囚笼。"人是积极驾驭媒介的主人。对别人已经创造出的内容，人拥有自主选择能力。"[②]这或许就是我们在面对不断迭代的新视听媒体时所需要增强的把握和控制媒介选择权与使用权的能力。

数字时代背景下，如果用户能够洞察新视听媒体的隐性控制并对其进行相应的抵抗，那么用户和新视听媒体共生共存共荣的图景或许能成为现实。

---

① 凯文·凯利. 科技想要什么[M]. 熊祥, 译. 北京：中信出版社，2011：234.
② 保罗·莱文森. 手机：挡不住的呼唤[M]. 何道宽, 译. 北京：中国人民大学出版社，2004：7.

# 第7章 视听文化传播的未来发展趋向

从口语传播、文字传播、印刷传播到报业的腾飞、电影、广播电视的繁荣发展，再到目前互联网的勃兴和"互联网+"的广泛应用，媒介在记录世界的同时革新着自我的短板，以补救性的姿态深刻改变着历史的发展轨迹，改变着人们的生活方式、思考模式乃至时空观念等。近些年媒介形态不断革新，抖音、微博、微信等亿级用户规模的社交媒介的成功搭建，加上传统媒体在受众需求驱使下不断向即时、个性、融合、互动、社交方面发展，新视听媒体在媒介平台作用下越来越趋于服务人性化、技术智能化、内容直播常态化和形态人机一体化。

## 7.1 媒介的本质与"媒介的人性化趋势"

从媒介进化论视角来看，新媒介的出现和旧媒介的消退是一种选择的过程。[①]但与生物"物竞天择，适者生存"的演变法则不同的是，媒介是由人类创造的，是人类社会实践的产物。因此，新媒介的技术的演进不仅受技术的影响，更受到人的因素作用。

麦克卢汉在《理解媒介：论人的延伸》中曾提出："媒介即人的延伸，特别是人的神经中枢系统的延伸。"[②]他认为媒介的出现源于人对外界感知的渴望与需求。在此基础上，美国媒介理论家保罗·莱文森在《数字麦克卢汉》一书中对"媒介即人的延伸"的论述又进行了发展和延伸，提出了媒介演化的"人性化"趋势及"补偿性媒介"理论。媒介进化的人性化趋势即媒介进化表现出的是越来越符合人类需求和便于人类使用的趋势[③]；"补偿性媒介"指的是"任何一种后继的媒介都是一种补救措施，都是对过去的某一种媒介或某一种先天不足功能所做的一种补救或补偿"[④]。这两个理论无疑很好地体现了媒介的产生的本质。首先，人类发明媒介延伸人的能力来拓展传播、满足人类的渴求。例如文字、印刷技术让人类变成了"千里眼"，广播让人类拥有了"顺风耳"。然后，人类对现有媒介功能有所不满，于是不断发明媒介弥补初次延伸中失去的那一部分自然。例如，贝尔森认为报纸的具体功能是提供

---

① 胡翌霖. 技术的"自然选择"——莱文森媒介进化论批评[J]. 国际新闻界，2013（2）：77-84.
② 马歇尔·麦克卢汉. 理解媒介——论人的延伸[M]. 何道宽，译. 北京：商务印书馆，2000：33.
③ 保罗·莱文森. 人类历程回放：媒介进化论[M]. 邬建中，译. 重庆：西南师范大学出版社，2017：45.
④ 保罗·莱文森. 手机：挡不住的呼唤[M]. 何道宽译. 北京：中国人民大学出版社，2004：7.

信息，主要满足读者获取信息、休闲娱乐、获得社会威信等具体需求。①麦奎尔认为电视具有娱乐的具体功能，可以满足受众逃避压力、情绪解放的具体需求②；拉罗斯则认为社交媒体是线上交往的媒介，可以满足用户找寻老友的具体需求。③由此可见，媒介发展有时会向着时空的维度延展，有时则偏向于朝着感官演进，演进逻辑是不明确的，唯一能肯定的就是媒介的每一次突变，都是在特定背景下满足了人类不同需求。可以说，媒介的进化不只是技术选择的过程，在更深层次上是人类选择的过程；对媒介演进产生更根本、更强烈影响的不是技术逻辑，而是满足人类需求的人性化逻辑。④

综上所述，媒介因为人类的需求而产生与发展是一种人性化的逻辑，同样，媒介为了满足人的需求也会朝着"人性化"的趋势演化。操瑞青提出影响媒介进化的人类需求三层次，分别是基础诉求、物理诉求和心理诉求。⑤基础诉求主要指媒介的交流功能，这是人类对媒介最低级、最根本的要求。物理诉求是人类对媒介物理功能的要求，包括人类对传播内容的时空、数量和质量诉求，简言之就是人类期望能利用媒介跨越时间和空间界限，将预期数量的信息以预期的真实形态传达出去的诉求。例如文字和印刷媒介的出现延伸了人的视觉；广播是人类听觉的延伸；电视综合延伸了人类的视觉和听觉。互联网更是综合了文字、广播及电视传播的优势，在空间的维度上将世界连成地球村，在此范围内的信息实现共享；在时间尺度上将古今的信息都连接起来，最大限度地存储信息；在可视化程度上，互联网不仅仅满足了受众视觉和听觉的感官体验，VR 技术的发展进一步满足了观众的在场感体验。心理诉求则是人类对媒介可能性提出的最高级要求，包括互动、分享的诉求。心理诉求的满足必须建立在物理诉求满足的基础上，因此在信息已能实现高效、远程传输的网络新媒体时代，人类对媒介满足心理诉求的期待日益增强。⑥以直播为例，与传统电视直播相比，网络直播将形态嵌入移动终端中，只需要携带手机或者移动电子设备便可以实现随时随地观看直播。随着互联网技术的发展，目前的 5G 网络使得直播的清晰度更高，直播间和观众的同步率更高，在视觉效果上有了极大提升，也有利于主播和受众的良性互动。除此之外，技术的简化也使得直播的门槛变低，越来越多的人涌入直播行业，将直播变成一个线上生活平台，满足人们的分享欲；技术满足了人的心理需求。换句话说，人们希望借助技术的情境复现能力，将冷冰冰的信息互动、分享过程转化成带有温度的情境互动、分享过程，实现人的感觉在场景中的回归。⑦莱文森曾说："我们不甘心让电视屏幕上喜欢的形象飞逝而去却袖手旁观，所以我们发明了录像机。我们不愿意在文字的沉重压迫下洒汗挥毫，让语词从构思那一刻起就被拴

① 希伦·A-洛厄里，梅尔文·L.德弗勒.大众传播效果研究的里程碑[M].刘海龙，译.北京：中国人民大学出版社，2009：72.
② 丹尼斯·麦奎尔.麦奎尔大众传播理论[M].崔保国，李琨，译.北京：清华大学出版社，2010：33.
③ R Larose，Eastin-M.S.A Social cognitive Theory of Internet Uses and Gratifications：Toward a New Model of Media Attendance[J].Journal of broadcasting & electronic media，2004（3）：358-377.
④ 崔林.媒介进化：沉默的双螺旋[J].新闻与传播研究，2009（3）：42-49+107-108.
⑤ 操瑞青.选择媒介：解读媒介进化中的人类需求与技术影响[J].新闻界，2014（7）：2-8.
⑥ 喻国明，刘彧晗，杨波.理解网络直播：媒介人性化逻辑的延伸[J].编辑之友，2021（7）：38-43.
⑦ 严三九.沉浸、隐喻与群体强化——网络直播的新景观与文化反思[J].学术界，2019（11）：140-150.

死在纸面上，于是我们就发明了文字处理机。"①正是这种"不甘心""不愿意"让媒介开启了演变之旅，技术逻辑只是媒介进化的基础性的客观条件，人性化逻辑才是媒介进化的根本方向。保罗·莱文森提出的媒介的"人性化"趋势和"补偿性媒介"的理论揭示了后继媒介是对之前的任何一种媒介的功能的补救以及媒介演化本质的人性化和媒体未来"人性化"发展趋势的真谛。在媒介演进发展的过程中，口语的出现弥补了结绳记事时代的表达不清、符号暧昧的缺陷；文字的出现补救了口语传播中的难存储、信息易出现遗漏误差的问题；印刷技术让文字实现批量的生产，促成了信息的广泛传播和存储；广播媒介让声音不再停留在"此时此刻"实现了声音的跨时空传播；电视的声画合一、现实感强又弥补了先前媒介让观众看不见、听不着的缺陷；互联网出现，即时性、移动化、社交化、互动化、定制推荐等特征补救了电视不能满足受众个性化选择、随时随地观看、沉浸体验差的问题。媒介的发展演化是永恒不变的定律，未来的视听新媒体也必然会在演化过程中变得更加人性化，会站在互联网的肩膀之上充分发挥互联网的优势，并不断完善自身的功能，迎合受众多方面的需要，满足受众多层次、多方面的认知需求。②2005 年，随着 Web2.0 的发展，美国最大的视频分享软件 YouTube 上线了。在 YouTube 上人们可以分享自己的生活日常，这种分享模式满足了受众的分享欲，很快在全球范围内受到了受众的广泛追捧，并影响了国内视频网站的行业动态。2005 年 4 月上线的土豆网以及 2006 年 6 月推出的优酷网早期都是视频分享软件。与此同时，视频网站单单满足观众的分享欲是不够的，为了拓宽受众的观影自主权，视频网站开启了购买影视版权的新道路。如 2005 年上线的 PPTV 就以片源多的优势，收获了一大波浏览量。当分享类视频网站和影视视频网站的市场变成一片红海，各大视频网站就推出了视频客户端。横向上，在满足海量片源的基础之上还增加了弹幕、倍速、画质优化、互动、投屏等功能。投屏和画质功能的设置让观众在视觉上有了更好的体验；弹幕和互动的功能让受众在观众中实现意见的交流，调动和受众的情绪，使观影体验更加沉浸。纵向上，分享类视频网站和影视网站的长期使用会让受众产生疲劳，这时一种全新的微视频模式横空出世，吸引了观众的视线。2005 年《一个馒头引发的血案》上线了，这种集电视栏目、电影、LIVE 于一体的微视频模式一经上线就火爆网络，吸引了大量不同阶层的人参与到视频的制作，也为视频网站带去了大量投资。随着 3G 时代的到来，各种形态的网络原创节目不断在视频网站涌现，如网络综艺节目、网络短剧、系列微电影等。在视频自制领域颇具代表性的网站有土豆网、爱奇艺、优酷网等。2013 年，国家正式发布了 4G 牌照，宣告我国进入了 4G 时代。4G 的诞生不仅仅提高了网速，也为视听新媒体带来了极大的变化，其中最大的变化便是个性化短视频——自媒体的诞生，抖音和快手等短视频平台应运而生。短视频平台的日常化不仅满足了受众的观影需求，还迎合了观众的社交需求；碎片化的浏览方式以及丰富的频道内容满足了受众的认知需求和娱乐需求。此外，软件的不断发展也使得拍摄视频的门槛降低，最大

---

① 保罗·莱文森. 数字麦克卢汉：信息化新纪元指南[M]. 何道宽，译. 北京：社会科学文献出版社，2001：67.
② 冶进海. 当下视听媒体的功能演化与未来建构[J]. 中国传媒科技，2019（3）：7-9.

化地让受众成了内容的生产者,尽可能地让各阶层的声音在短视频平台得到释放。网络技术的发展始终是媒体演进的基础动力,5G 的高速率、低延迟、高容量、低能耗带来了"万物互联"的智能化场景应用,视频的"工具性特征"进一步凸显。"5G+视频"战略加上 AR、VR、MR,未来可能加上元宇宙技术,让视频场景不断得到拓展和丰富,不断增强观众在观影中的沉浸式体验感。在这样一个发展趋势下,视听新媒体将借助更加便捷、即时、轻薄的媒介形态,打造适应不同媒介渠道的视听产品,以便更好地满足受众全方位的视听信息需求和体验需求,从而让受众成为用户后生活在视听媒体打造的"拟态世界"中。①

毋庸置疑的是,随着媒介技术的发展,"未来视听新媒体将朝着以人为中心的方向继续演进,不断为人们带来新的体验,创造新的惊喜与奇迹"。在视听媒体向着人的不同需求开始人性化演进时,可以预见视听新媒体的发展会开始慢慢揣摩人的思维模式和认知模式。就像目前的算法推荐,视听新媒体的未来或许也会内容定制化、场景定制化,或许会根据人的思维偏好设计出个性化弹幕一键发送。

## 7.2 视听新媒体发展智能化

### 7.2.1 人工智能时代下的视听传播

人工智能(Artificial Intelligence,简称 AI)是计算机科学的一个分支,它是研究、开发用于模拟、延伸和扩展人的智能的理论、方法、技术及应用系统的一门新的技术科学。AI 研究的目的在于解读并再现人类智能的实质,目前该领域的技术研究包括:自然语言处理、语音识别、图像处理、动作识别和专家系统等以及综合应用这些技术后模拟人类接收—思考—反应过程的机器人技术。由于其具有强大的信息处理和技术整合能力,近年来人工智能及其相关技术作为数字化媒介时代必不可少的一部分,正在渗透着视听传媒业的方方面面。一些传媒领域的传统核心结构或技术流程都发生了根本性的改变,如人工智能与物联网、虚拟现实等技术的结合,给固有的内容生产、内容分发带来了全新变革。

由于人工智能技术从根本逻辑上改变了视听传播的行业生态,人工智能背景下的视听传播已不再是视听传播与新技术的结合那么简单,而应以技术视角统摄视听传播观念的革新,即认识到人工智能加持的智能视听是在实践体系和研究范式维度上对传统视听传播的全然创新。②相应地,相对于"视听传播",人工智能时代下的视听传播的关注点应更多地聚焦在"人工智能"技术导向。

作为视听传播迎来智能化转型的重要驱动力量,人工智能技术处于初级产业化阶段,即协助人类解决具体问题的专用人工智能阶段,但传媒技术正经历从数字域到智能域的全面升级,从而走向全面智能化。③人工智能的关键技术可以从输入、分析、输出三个阶段进行概括:① 输入阶段主要包括计算机视觉、语音识别、自然语言理解等技术,这类技术通过获

① 李娜. 大众传播时代网络原创视频形态发展演变[J]. 新闻研究导刊,2020(20):29-32.
② 常江. 数字时代新闻学的实然、应然和概念体系[J]. 新闻与传播研究,2021(9):39-54+126-127.
③ 黄楚新,许可. 人工智能技术驱动传媒业发展的三个维度[J]. 现代出版,2021(3):43-48.

取、识别各类外部输入的信息，将复杂的外部数据转化为机器可理解的、结构化的、完整的表示。② 分析阶段主要涉及机器学习技术，包括许多智能算法，机器学习技术不仅能够从数据中学习复杂的特征，提取隐含的知识，还可以从自身的流程中学习，不断用新的概念或事实扩充已有的知识，从而达到智慧决策，甚至预测。③ 输出阶段主要包含自然语言生成、图像生成等技术，这类技术将机器学习和分析得到的数据、信号等转换为文字、图像或声音等可以被人类直接接收、理解的信息形式。[1]

总体而言，人工智能技术在视听传播领域的全方位渗透是现阶段一个现象级的发展方向，未来行业发展在很大程度上与人工智能技术的引入和实际应用紧密联系在一起。人工智能技术不仅形塑了整个传媒业的行业形态，也在微观上重塑了业务链[2]。随着移动互联网、大数据、云计算、人工智能等技术的发展，智媒时代已经到来。未来，智能化技术将被广泛应用于媒体运作的各个环节，媒体格局正在重构，融合发展成为大势所趋。根据环节的不同，人工智能技术对视听传播的影响又分为内容生产和内容分发两个环节。

## 7.2.2 人工智能全程参与视听内容生产

在内容生产环节，智能技术已充分参与视听内容的信息采集、内容加工、内容审核、用户反馈等各个流程，未来更有可能全面实现对整体流程的深度介入，甚至是智能化的共同工作。在数据驱动下，智媒体的内容生产模式逐渐向 PGC（专业生产内容）+UGC（用户生产内容）+MGC（机器生产内容）+AGC（自动生产内容）过渡。[3]

### 7.2.2.1 AI 新闻写作：人机协同下的高效率创作

人工智能时代，泛媒体化趋势愈加凸显，以物联网、大数据算法、传感器等为代表技术的应用颠覆了以往新闻生产中的信息采集环节，它们拓展了人类作为主体的信息获取能力，也在不同程度上拓展了采集环节信息的维度，增加了时空跨度。

首先，人工智能技术使得全时空化的信息采集得以实现，物联网传感器能够对全天候的巨量数据进行实时监测、统计和分析，从而掌握最全面、最精确的一手数据。人们可借助相关技术到往日无法到达的环境中进行数据收集。其次，智能化也极大地丰富了新闻信息采集的维度，传统新闻业时代记者采集到的往往是现实物理世界的信息，但在智媒时代，通过数字化技术采集到的虚拟数字化世界的信息也常常作为新闻写作的重要数据来源。两者相结合，使新闻信息来源更多元、可信，也可让受众获得更多层次的信息，以便对新闻事实有更深刻、本质化的了解，如在人体传感器、眼动仪等技术设备的协助下，过去抽象的概念诸如情感、注意力等可转化为更具体直观的可视化数据。在 2017 年的里约奥运会上，"今日头条"机器人"张小明"共写作了 400 多篇关于体育赛事的报道，其发布速度快、发布量大，几乎与电视直播同时进行，观众们在第一时间就能接收到赛事结果、获奖运动员信息、最好成绩

① 朱国玮，高文丽，刘佳惠，等.人工智能营销：研究述评与展望[J].外国经济与管理，2021（7）：86-96.
② 喻国明，兰美娜，李玮.智能化：未来传播模式创新的核心逻辑——兼论"人工智能+媒体"的基本运作范式[J].新闻与写作，2017（3）：41-45.
③ 张佳琪.智媒体范式：人工智能赋能媒体产业的逻辑与趋向[J].电视研究，2022（11）：95-98.

等讯息；2017 年四川九寨沟发生地震，中国地震台机器人仅用 20 多秒就发出了一则有关震区的图文报道，报道中数据精确、用词严谨，最大限度满足了受众在紧急情境下及时获取关键信息的需求。对多来源、多维度的巨量数据进行瞬时的读写、比较等统筹工作目前是人工智能技术在新闻信息采集领域最大的优势。再者，利用人工智能技术进行新闻信息采集的优势还体现在对大量零散信息的线索梳理，即运用智能技术对海量信息进行实时数据抓取，追踪热点话题，构建知识图谱，快速归类、整合碎片化的信息，高效形成完整的新闻线索。新浪鹰眼平台依托自身丰富的内容数据和微博开放的社交媒体数据，实现对热点线索的实时监测、快速获取，从而对潜在的线索进行分析、预测走向，它集成了业内领先的热点线索供给"资源池"及包含百余种典型事件传播模型的"知识图谱"。在巴黎圣母院发生大火事件时，"鹰眼"平台通过对热点的探测，在业内实现了率先播报。

与此同时，人工智能在微观层面的个性化信息采集上亦表现不俗。智能穿戴设备和移动通信设备通过传感器记录个体的生理特征数据，包括心跳、血氧、睡眠、运动、地理位置等。采集这些数据不仅可以为个性化推送定制内容提供参考，AI 还可以利用相关数据自动生成大数据新闻内容。在 2018 年两会期间，新华网引入"Star"生物传感智能机器人，以科学的"读心术"描绘出 30 位观众在聆听总理做政府工作报告时最真实的"情绪曲线"，并生产出国内首条生理传感新闻。[①]

人工智能主导的新闻写作在组织信息、创意编写领域也有不俗的表现。在智媒时代，许多机器人自行编写的新闻推送条理清晰、逻辑严密，与传统的人工写作新闻相比，它们足以"以假乱真"。2015 年，新华社推出机器人记者"快笔小新"，它会自动依托大数据技术对数据进行实时采集、清洗和标准化处理，再根据需求定制相应的算法模型对数据进行实时计算和分析，最后根据计算和分析的结果选择合适的模板生成 CNML（中文新闻信息置标语言）标准的稿件。机器人记者"快笔小新"上线运行后，每天 24 小时不间断地工作，在各领域的报道中根据不同报道场景建立领域知识库，针对不同的场景赋予稿件丰富的样式，快速地自动匹配出最佳的稿件。

尽管人工智能在新闻写作领域的应用已有一定的经验和成果，但由于其技术导向特性，仍存在情感认同等道德伦理方面的不足。因此在人工智能进行内容写作时，人机协同模式将会是新的发展趋向。"AI+记者"既发挥技术的优势，做到新闻写作快、准、真，又能实现人的价值取向和情感升华，打造出符合智媒时代发展特点的优质新闻写作产品。[②]2017 年新华社推出"媒体大脑"，它融合云计算、物联网、大数据、人工智能等多项智能技术，向媒体机构提供"大数据+人工智能"的新闻生产、分发和监测能力。它的人脸识别功能可以锁定海量信息中的特定人物，并据此建构人物的关系图谱。此外，智能技术也可以通过音频到文字信息的快速转换、自动合成新闻视频等方式，协助记者高效率从事新闻生产工作。在2014—2019 年的两会期间，谷歌眼镜辅助记者进行采访，它的实时拍照、录制以及同步上传云端等功能极大地解放了记者和摄像师在外部设备上的负担，提高了现场新闻的生产效率。

---

① 彭兰. 变革与挑战：智能化技术对传媒业的影响[J].信息安全研究，2019（11）：966-974.
② 郭琪. "AI+记者"：智媒时代人机协同写作模式的局限性与可能性[J]. 出版广角，2019（24）：67-69.

智能技术加持下的无延时信息获取与智能识别分析技术都是对现有新闻内容生产流程的颠覆性变革。

### 7.2.2.2　生产模式转向：对话式互动

Web3.0 语境下，人工智能技术参与视听内容生产，传统的、线性的、组织式的生产模式被消解，去中心化的、注重不同主体间互动的对话式生产模式逐渐兴起。根据互动主体的不同，该理念下的生产模式大致可分为以下三类。

一是人工智能技术赋权下的智能媒体作为不同的创作主体，彼此之间通过高效的互动协作模仿人类的创作逻辑，完成视听内容的自主生产。媒体融合初期，"中央厨房"的"一次采集、多种生成、多元传播"模式成为主流，目的是避免多端口进行重复的内容生产造成资源浪费，提高效率。而在智能化媒体时代，由内容生产各环节多样化的技术催生的智能编辑部成为媒体提高生产效率的有力举措。[①]如从属四川日报的"封面新闻"建立了由 21 个不同类别的智能产品组成的"智能编辑部"，它能够整合多元媒介资源与生产要素，推进智能技术深度参与内容生产，打造全智能化的内容生态体系。智能编辑部模式突破了以往人工智能技术只是将素材简单收集、整合的生产流程，而将多样化的智能产品和智能应用聚集在一起协同工作，赋予媒体内容生产以技术基因。2018 年 8 月，知名图片社 Getty 发布 AI 软件 Panel，它能实现使用自然语言处理来自动分析新闻内容，并根据内容自动提供配图，还可以根据自定义的过滤器和智能算法来实现文章关键词的移动化。该生产模式完成了从简单的、单纯叠加的机械逻辑到灵活的、多元素协调的智能逻辑的转变，优点是进一步提高了内容生产效率，创作成果也更人性化、更贴合具体情景。

二是智能媒体作为创作主体，大量生产用以与广大受众进行交互、对话的视听内容，这种开放式的视听内容也是目前市场中应用最多、最成熟的智能媒体内容生产模式。2016 年，首位虚拟主播以"虚拟 Youtuber"身份问世，此后大量虚拟主播进入公众视野。2022 年，党的二十大期间，各大媒体运用 AI 虚拟数字人等技术创新播报方式，广西推出 AI 虚拟主播"小晴"担任节目主持人，串联节目多个环节，并结合视频资料等对重要内容做简要解读。直播带货热潮下，淘宝天猫、京东、快手等互联网企业纷纷推出虚拟数字人主播，试图构建新的带货模式，以提升平台竞争力，也为品牌指明了一个新的营销视角和思路。以 AI 技术为基础的虚拟主播为视听传播带来了全新的内容表达形式，大大提升了信息传播效率，也提供了全新的场景式、沉浸式、具身性的互动与传播视角。另外，智媒时代数字新闻业并不满足于单纯的 AI 机器写作，而是探索 AI 深入赋能的泛内容生态平台。"封面新闻"自主研发的智能 IP "小封写作"不仅能完成自主写稿、辅助记者写作等任务，还尝试在社交互动形式创新与活动营销场景领域的应用。

三是受众彼此间互动、共享信息后协作生产视听内容。在该生产模式下，AI 扮演把关者角色，识别、筛选出有价值的内容并分类整理，由此大大提升了信息基层节点间双向交互的效率。依托 AI 技术和智能平台，互联网 UGC 打破了过去传统的由用户单方面制作、上传的

---

① 黄楚新，许可. 人工智能技术驱动传媒业发展的三个维度[J]. 现代出版，2021（3）：43-48.

特点，他们可以通过物联网、5G 传输、AR/VR 等技术，将个人日常接触到的各类信息以数据形式同步上传云端，实时更新，经过智能化处理后成为每个互联网接入者可同步共享的视听内容。

### 7.2.3　人工智能主导内容分发

智能媒体时代，AI 技术逐步参与媒介文化产业的各个流程，其中应用最成熟、最广泛的环节即视听内容分发。人工智能技术通过分析用户媒介接触习惯、兴趣需求和行为数据，帮助媒体更精准地定位目标受众和潜在受众，并根据用户画像为其提供个性化定制服务，推送更符合其兴趣和需求的内容，以此提高用户的使用满意度和忠诚度。总体来说，AI 助推内容分发模式从过去传统大众传播时代一对多的统一分发，转为多对多、点对点的私人化分众分发。智媒体的内容分发是集分类、投放、反馈、自我强化于一体的动态生态系统。[①]

#### 7.2.3.1　用户画像与个性化分发

智能媒体时代，视听内容分发的基础逻辑是通过标准化的技术手段分别对具体的视听内容和受众的个体信息进行识别、分析，以达到二者相匹配的目的，即为视听内容找到目标用户，甚至是潜在可能用户，相对地，为用户找到符合其自身需要与兴趣的目标内容，优化他们的信息获取体验。因此，内容分发机制不仅需要为内容生产者解决内容的推送问题，也需要为用户解决海量内容的过滤与选择问题。[②]

要做到特定内容与目标用户的精确匹配，则绕不开对用户媒介使用情况的掌握，这就需要为用户分类，制作用户画像。通过大数据技术、自然语言处理技术、算法分析等，收集和分析用户的历史浏览记录、搜索记录、点击行为等数据，AI 技术可以构建出一个较为准确的用户画像和包含其偏好的信息矩阵，从而更好地了解用户的需求和兴趣。同时，在进行内容分发的过程中，AI 也能完成对用户数据的积累与维度刻画，用户接受分发内容后的行为数据被反馈至数据库中，使得数据维度更加丰富、用户画像更为完善，再通过机器学习，从而使下一次的内容分发愈发精准。2022 年 8 月，移动广告情报分析平台 AppGrowing 发布了抖音、腾讯新闻、微博、百度等 22 个重点媒体的用户画像，并从多维度分析、预测了各个 App 的市场趋势，这些数据离不开大数据及 AI 智能识别的技术支持。

进入 Web3.0 时代，互联网去中心化趋势明显，以用户为主导的智能化、个性化和社交化的算法分发方式逐渐成为主流。[③]所谓算法分发方式即以算法为核心的分发手段，用以实现信息的自主分类推送，通过对用户大数据的整理和汇聚，并依据特定的程序自动抓取相关内容进行录入、分析、排序、标签化，并根据对用户标签的分析进行针对性的分发，将用户与内容进行准确匹配，为用户提供优质服务，最大限度实现用户的个性化需求。如知名流媒体平台 Netflix 利用 AI 技术对用户行为进行分析，并基于其历史观看记录和搜索记录等数据，挖掘并预测用户喜好，为他们推荐更符合其兴趣和需求的电视剧和电影。这种个性化推

---

① 张佳琪. 智媒体范式：人工智能赋能媒体产业的逻辑与趋向[J]. 电视研究，2022（11）：95-98.
② 彭兰. 智媒趋势下内容生产中的人机关系[J]. 上海交通大学学报（哲学社会科学版），2020（1）：31-40.
③ 曹素贞，沈静. AI 嵌入新闻传播：智能转向、伦理考量与价值平衡[J].电视研究，2021（4）：76-78.

荐算法已经成为 Netflix 的核心竞争力之一，使其成为全球最大的流媒体平台之一。

### 7.2.3.2  人工智能营销与广告投放

作为需要有大量市场调查数据支撑的广告投放与营销活动，人工智能技术的出现无疑使从业者得以从过往烦琐复杂的人工调研过程中解放出来，并能基于大数据自动跟踪监测和 AI 智能识别等技术，为营销提供新的机会和解决方案，助推营销向智能化转变。

人工智能在市场营销中的应用已逐渐成熟，它通过强大的数据抓取、逻辑计算能力对营销数据进行分析并实时提供建议，已被视为企业营销获取竞争优势的重要手段。许多企业开始了人工智能营销布局，如媒体 Source Media 使用自然语言理解和机器学习来开发高度定制的内容策略；阿里通过人工智能系统"鲁班"制作、投放为个人个性化定制的海报；科大讯飞智能广告平台引入语音识别技术，鼓励用户参与语音互动，并根据语音信息提取用户生物特征以推送合适的商品信息，快速拉近用户与品牌的心理距离。①

人工智能技术在市场营销和广告投放中的工作原理可以概括为以下几个步骤：① 数据收集与分析。人工智能技术的运作是基于大量数据的支持，因此在广告营销和投放环节中，首先需要收集大量的用户行为数据，如用户的搜索历史、购买行为、社交媒体活动等。② 数据处理与建模。收集到的数据需要进行清洗、处理和建模。这个过程会用到信息聚合技术和协同过滤技术等机器深度学习的程序来构建模型，以便更好地掌握具体用户的需求和行为。③ 个性化推荐。通过对数据模型的分析，AI 可以为用户提供定制化的个性推荐。如当用户搜索某个商品时，搜索引擎可以通过 AI 智能化分析向用户展示与该商品相关的、用户可能会喜欢的其他商品。④ 广告投放。在具体投放环节，AI 可以帮助广告主精准定位目标用户，并通过用户画像确定最适合的投放渠道、投放时间和投放内容等，以不断优化广告投放的效果。Google AdWords 是谷歌旗下的付费网络推广方式，它根据每个特定推广内容计算出 "ad relevance score"（广告相关度数值），以此来评估该广告与搜索请求的相关性，然后据此决定广告是否出现以及出现在页面的什么位置，而不是只以广告商愿意支付的费用或每条广告所获得点击量为依据。

人工智能营销作为智能传媒业目前商业化应用较为成熟的领域，相较于传统的人工营销模式，人工智能赋予了营销智能化的特征。首先，人工智能营销的数据处理和分析更加智能。人工主导的数据分析技术对非结构化数据的处理存在局限，对数据的规范、预测都可能存在滞后性。AI 则能实时分析大规模、多样化的营销数据集，并利用数据不断自我学习、训练，优化自身模型，及时响应不断变化的用户需求。其次，人工智能营销的决策更加智能。由于营销人员自身的认知、经验有限，依托人类智能的营销活动有时会发生决策不准确甚至决策错误等问题。AI 则拥有远超于人类大脑的知识储备与数据支持，其强大的运算能力也可使其评估尽可能多的计划方案、落地效果等，实现选择范围内最好的结果。最后，人工智能营销在任务执行上更加智能。AI 已经能在一定程度上代替人工执行部分标

---

① 杨扬，刘圣，李宜威，等. 大数据营销：综述与展望[J]. 系统工程理论与实践，2020（8）：2150-2158.

准化的、大量重复的任务，为实际用户提供营销服务。国内许多主流平台早已投入了智能在线客服的应用，AI 客服可通过内嵌的机器学习和自然语言处理等快速识别用户问题并实时给予解决方案。[①]

## 7.2.4　人工智能参与内容生产分发的发展趋势

随着人工智能技术的不断发展演进，视听媒体智能化的趋势势不可挡，AI 与视听文化产业势必会走上深度耦合的道路。未来 AI 参与的内容生产、内容分发环节，不能仅仅将目光停留于将智能技术与视听传播简单相加，而是需要思维模式的转变，以全面布局视听文化产业从内容生产到分发的体系。

未来 AI 主导的内容生产、分发更加注重双向的交互过程和场景化传递。人类生存和发展的空间，由过去现实空间主导开始逐渐转向网络空间主导，人类社会进入全新的网络空间和现实空间融合与协同的新时代。[②]现阶段智能媒体的交互性更多体现在生产流程和内容表现形式上，而未来智媒将更多地在内容分发方面呈现出强交互趋势，运用虚拟技术实现场景重构与深度交互，促进感官接触与感知符号相融合，实现一种沉浸体验式的、跨越时空界限的人机互动，即交互过程场景化。空间化、场景化的 AI 视听内容交互体现在两个层面，一是不断扩展空间交互中的场景应用范围，交通、医疗、教育等多元场景都将成为新的内容生产与分发的媒介空间；二是分发渠道的分散与场景的整合，"智能信息管家"是未来分发模式之一，人们可以随时随地从不同信息终端（如智能家居、智能移动工具）获得自身所需的视听内容、产品。

未来 AI 生产、分发将具有更健全的流程设置和更积极的主动权，在完成常规内容生产分发流程之余，还可以自主解决由此带来的相关问题。尽管 AI 已能独立完成一定规模的内容生产工作，但当下普遍流行的工作模式仍是人机协同，这说明 AI 仍处于"弱智能"阶段，还无法完全胜任具有创造性的内容生产。在经历过情感输出与观点表达训练后，未来 AI 能够更加贴近人类自然创作的模式，其写作模式比起对基础事实的描述会有提升，从而进一步提升生产和分发效率，获得更大的主导权。即使是智能化生产下的视听内容也会遇到诸如版权、真实性等问题，如何让 AI 自动识别并解决该类问题，亦是衡量其智能化程度的重要指标。不少网络科技公司与视听媒体合作，已在该方面交出了自己的答卷，无论是自动事实核查的事前核查、事后核查，还是版权鉴别与保护方面，都有了一定的研发成果。阿里发布了名为"鲸观"的全链路数字版权服务平台助力版权保护，它可以做到在对视频进行智能编辑的同时采集视频素材上"指纹"，使视频内容在全网范围可追溯，由此解决盗版难题。在视听内容的及时核查上，如《华盛顿邮报》的 Truth Teller、路透社的 News Tracer、Facebook 的 SimSearchNet 等被用于快速核验新闻内容的真实性。同时，在事后核查环节，微信早在 2016 年就推出了小程序"辟谣小助手"，通过文本识别与匹配等技术识别谣言并将正确内容反馈给用户。

---

① 朱国玮，高文丽，刘佳惠，等. 人工智能营销：研究述评与展望[J].外国经济与管理，2021(7)：86-96.
② 方兴东，钟祥铭. 中国媒体融合的本质、使命与道路选择——从数字传播理论看中国媒体融合的新思维[J]. 现代出版，2020（4）：41-47.

　　视听新媒体的发展打破了传统电视对视频行业的垄断局面,推动了视频产业链的多元化发展,这种多元化不仅仅体现在技术层面,也体现在内容服务方面。但不论是技术还是内容层面,多元化对于传播介质的要求必然是同步的,所以视听接收终端会朝着智能化、网络化的方向不断发展,这也催生了更多的传播介质,如智能手机、电脑、平板电脑、智能电视机等。

　　事实上,当前的视听新媒体的智能化程度已经超出了普通人的想象。虚拟现实技术就在以肉眼可见的速度智能化、艺术化发展,旨在实现人随时随地的“在场”。就拿 2012 年谷歌公司推出的集智能手机、GPS、相机于一身的谷歌眼镜来说,该眼镜可以在用户眼前展现实时信息,只要眨眨眼就能拍照上传、收发短信、查询天气路况等。与此同时,其他谷歌眼镜的使用者也能通过谷歌眼镜最大限度地看到亲历者所看见的景色,这是初期的虚拟现实技术的应用。随着互联网技术和虚拟现实穿戴设备的不断发展,当下 3D 裸眼特效、全景图片、虚拟主持人等不仅成为热门话题,还深刻融入人们的生活中。前端技术的智能化必然也会引发终端设备的多元化、人性化、智能化。近年来,智能电视语音控制、动作控制和面部识别、体感技术和人工智能技术的革新发展以及相关产品的重新定位和全方位升级,大大提升了人机交互体验。如 2022 年爱奇艺 iPad 客户端推出了隔空手势的功能,经用户允许,摄像头可以在爱奇艺客户端运行时捕捉用户的手势,并以此完成“播放”“暂停”“快进”和“快退”的指令,让受众在不接触屏幕的情况下更加便捷地控制剧集的播放。除此之外,爱奇艺 iPad 客户端还联动了 Siri,用户仅需发出语音指令就可以直接观影,如“Siri,用爱奇艺播放《人世间》”。很显然,爱奇艺在 2022 年推出的隔空手势和语音控制功能顺应了视听新媒体发展的未来趋势。前端技术的不断升级让终端的媒介越来越跳出“视听媒体”的圈层,开始与人类的生活接轨,既变成为受众提供视听资讯的视听新媒体,又不断取代人类的“亲力亲为”,成为人类生活的生活助手。或许未来的视听新媒体会和物联网技术深度融合,“未来人们四维的一块块屏幕会被充分利用,成为智能化的视听媒体”[①]。同时这一块块屏幕也可以通过语音、手势指令实现对家居操控或者对生活方方面面的服务。

## 7.3　视听新媒体直播常态化,“人人直播”与精品推荐并存

　　直播一开始进入人们的视野是在电视新闻节目中,如灾难现场、体育新闻等,也有人依靠专业的直播网站观看游戏、才艺等专业化内容的直播。后来有越来越多的网友发起直播,直播自己的日常生活。而这种线上生活平台的搭建,也促使视听直播成为受众生活的一种常态。除此之外,VR 技术和直播的结合也可以让每一个人进入虚拟的直播场景之中,无割裂式地感受直播现场。如中国电信曾利用天翼 VR,为嵩山少林寺景区开通了超高清、低延迟的“8K+沉浸式”VR 直播体验,将中华传统武林文化与科技感十足的 VR 技术完美结合;2021 世界超高清视频（4K/8K）产业发展大会上也有 VR 直播的身影——斯琴格日乐及乐队专场演唱会采用了 5G+4K/8K+VR 进行云直播。在未来视听媒体发展中,直播常态化是必然的。未来的一块块屏幕 360° 分布在每个人身边,播出正在发生的事情。同时基于大数据

---

技术的不断发展，人们在观看正在发生的事情的同时，已经可以通过三维数据的分析窥见事情所带来的连锁效应，到那时，可视化的数据服务也将成为可能。此外，随着 3D 全息影像技术的广泛应用，未来的视听新媒体可以随时随地呈现出各种事物的 3D 立体图景。如在新闻报道时材料有缺失，利用 3D 全息影像技术就可以模拟当时的场景。不仅如此，自媒体直播记录着每个人的实时状态。基于此，在发生突发状况时，每一个人都可以是"记者"，都可以用自媒体来直播现场的状况。可以想象在未来，人们手里会有更清晰、接收更快捷、使用携带更轻便的摄像录像设备，可以实现随时随地拍随时随地上传。届时，视听信息将出现巨量爆发的过程。相比传统视听形式和内容，直播常态化的视听信息更丰富、真实、动感，"人人皆直播"将呈现出燎原之势。

　　未来，视听新媒体直播还会是全方位的、尽量满足受众需求的。未来视听媒体直播的全面化发展趋势是在高度发达的视听媒介拍摄接收设备的基础上产生的。如在重大新闻事件现场、大型综艺节目演出现场设置几十台乃至上百台，观众可以随时切换机位，从不同的角度观看自己最想看的现场。加上大数据的研判，算法可以根据受众个人的观看习惯，第一时间推荐给受众最感兴趣的、形式最全面的视听信息。

## 7.4　人体成为视听新媒体的终端，万物互联将迎来极大发展

　　"在未来，媒介也许是整个社会系统运行的导体，而媒体人和 IT 人也终将在后信息过载时代激情合体。"[1]威廉·吉布森在小说《神经漫游者》中描绘了将电脑芯片植入人脑之后带来的各种感觉体验，而随着技术的发展，这种可能性会越来越大，芯片与大脑连接意味着人脑和世界上的一切视听媒体连接在一起。从传统的黑白电视到现在的 4K、8K 高清、VR 眼镜，媒介与人的关系会沿着"体外—体表—体内"这样的进程发展。[2]事实上，苹果公司推出的 Apple Watch 已经具备体表的基本功能。人们可以通过 Apple Watch 查看时间、天气以及个人心跳、当日运动，同时还可以使用金融支付和社交等综合功能。除了"体表"基本功能的发掘探索，人们对于"人机合一"这种"体内"功能的延展也从未停止。如 2017 年德国推出的嵌入性血压芯片一样，人类在不断探寻人体芯片的植入机制。以后媒介与人脑连接后，人脑就是一个信息接收和发布的平台。尽管这种技术目前还很遥远而且涉及伦理问题，但是它的未来图景是可以想象到的。如果媒介由此真的成为人体的一部分，或许能再次证明"媒介是人体的延伸"的真理性。未来是万物皆媒的时代，可穿戴设备、智能用品等信息终端将不断涌现。可穿戴设备使人体彻底变为双向的"人肉终端"，人体终端化不仅意味着人体向外界发送数据的快速与丰富，也意味着人对信息的获取与处理能力的增强，拓展了人的感知认识能力以及人与物的信息交互能力，人成为一种行走中的移动终端。[3]以谷歌眼镜为例，人们戴上谷歌眼镜后就可以在任何距离内实现几个人不同感官的连接、人与物体相互连

① 周文.后信息过载时代的传播求解和媒介未来[EB/OL].（2019-01-01）[2023-08-08]. http://zhuanlan. Zhihu. com/p/ 63065552.
② 冶进海.当下视听媒体的功能演化与未来建构[J].中国传媒科技，2019（3）：7-9.
③ 钱小聪.当泛在网真正泛在[J].中国电信业，2010（8）：38-40.

接、物体与物体相互连接，最终实现人与人的相互连接。谷歌眼镜的这种连接方式不需要再通过具体的媒体平台实现，而是通过一个媒介实现多面化（多人的）、多层次（视觉、听觉等）的交流。在这种情形下，如果人是传播载体，那么人脑就是人处理信息的虚拟屏幕（内在屏幕），而谷歌眼镜则是及时接收信息的外在屏幕，当二者合二为一时，媒介就成为人体的一部分，人体就变成了媒介的"终端"。"人机合一"的实现是让环境、物体和人这三者形成对话， 在对话过程中人的需求、行为和环境将被全方位信息化、数据化和关联化。"人机合一"的实现将证明万物互联的成熟。人体作为一个传播场域，通过芯片连接外在的一切信息将极大地改变人类的行为习惯和生活方式。"工具和机器的发展过程"是人们试图改造环境，是人的机体得以加强和维系的过程。这种努力给人的机体以原来所没有的能力，或者在人的机体之外创造出一系列有利于自身平衡和生存的条件。[①]

"媒介即人的延伸"是媒介产生的原因，也是未来媒介发展的趋向。未来的视听新媒体或会朝着服务人性化、技术智能化、内容直播常态化和形态人机一体化的方向迈进。

---

① 刘易斯·芒福德. 技术与文明[M]. 陈允明，等. 译. 北京：中国建筑工业出版社，2009：11.

# 参考文献

**著　作:**

[ 1 ]　李幸. 视听传播史论. 北京: 中国社会科学出版社, 2010.

[ 2 ]　王晓红, 等. 视听新传播: 赋能与进阶——中国网络视频年度案例研究 6. 北京: 中国传媒大学出版社, 2021.

[ 3 ]　周勇, 赵璇. 跨屏时代的视听传播. 北京: 中国人民大学出版社, 2021.

[ 4 ]　刘杉. 媒体融合时代的内容生产与信息传播. 北京: 中国传媒大学出版社, 2021.

[ 5 ]　郭小平. 视听新媒体导论. 北京: 北京大学出版社, 2014.

[ 6 ]　中国社会科学院新闻与传播研究所. 中国新媒体发展报告 2020. 北京: 社会科学文献出版社, 2020.

[ 7 ]　国家广电总局网络视听节目管理司, 国家广电总局发展研究中心. 中国视听新媒体发展报告 2021. 北京: 中国广播影视出版社, 2021.

[ 8 ]　冶进海. 视听媒体传播新论. 北京: 中国社会科学出版社, 2019.

[ 9 ]　庞亮. 视听传播: 基于历史视角的考察. 北京: 中国传媒大学出版社, 2021.

[ 10 ]　卢岚兰. 阅听人与日常生活. 台北: 五南图书出版股份有限公司, 2007.

[ 11 ]　樊华, 蔡伦红, 莫小平, 等. 社交媒体营销策划. 成都: 西南财经大学出版社, 2017.

[ 12 ]　戴维·克劳利, 保罗·海尔. 传播的历史: 技术、文化和社会. 6 版. 董璐, 何道宽, 王树国, 译. 北京: 北京大学出版社, 2018.

[ 13 ]　克里斯蒂安·麦茨, 吉尔·德勒兹. 凝视的快感——电影文本的精神分析. 北京: 中国人民大学出版社, 2005.

[ 14 ]　梅利莎·S. 巴克, 唐纳德·I. 巴克, 尼古拉斯·F. 博尔曼, 等. 社交媒体营销: 一种战略方法. 2 版. 北京: 机械工业出版社, 2020.

[ 15 ]　罗伯特·斯考伯, 谢尔·伊斯雷尔. 即将到来的场景时代. 北京: 北京联合出版社, 2014.

[ 16 ]　阿曼达·洛茨. 电视即将被革命. 2 版. 陶冶, 译. 北京: 中国广播影视出版社, 2015.

［17］ 尼葛洛庞帝. 数字化生存. 胡泳，范海燕，译. 海口：海南出版社，1996.

［18］ 斯图尔特·霍尔. 表征：文化表象与意指实践. 徐亮，陆兴华，译. 北京：商务印书馆，2013.

［19］ 拉里·A. 萨默瓦. 跨文化传播. 4 版. 北京：中国人民大学出版社，2010.

［20］ 马歇尔·麦克卢汉. 理解媒介——论人的延伸. 何道宽，译. 北京：商务印书馆，2000.

［21］ 保罗·莱文森. 人类历程回放：媒介进化论. 邬建中，译. 重庆：西南师范大学出版社，2017.

［22］ 保罗·莱文森. 手机：挡不住的呼唤. 何道宽，译. 北京：中国人民大学出版社，2004.

［23］ 保罗·莱文森. 数字麦克卢汉：信息化新纪元指南. 何道宽，译. 北京：社会科学文献出版社，2001.

［24］ 希伦·A. 洛厄里，梅尔文·L. 德弗勒. 大众传播效果研究的里程碑. 刘海龙，译. 北京：中国人民大学出版社，2009.

［25］ 丹尼斯·麦奎尔. 麦奎尔大众传播理论. 崔保国，李琨，译. 北京：清华大学出版社，2010.

［26］ 苏·卡利·詹森. 批判的传播理论：权力、媒介、社会性别和科技. 曹晋，主译. 上海：复旦大学出版社，2007.

［27］ 阿尔弗雷德·格罗塞. 身份认同的困境. 王鲲，译. 北京：社会科学文献出版社，2010.

［28］ 凯文·凯利. 科技想要什么. 熊祥，译. 北京：中信出版社，2011.

［29］ 马尔库塞. 单向度的人. 重庆：重庆出版社，1993.

［30］ 波兹曼. 娱乐至死. 章艳，译. 桂林：广西师范大学出版社，2009.

［31］ 保罗·康纳顿. 社会如何记忆. 纳日碧力戈，译. 上海：上海人民出版社，2000.

［32］ 哈特穆特·罗萨. 加速：现代社会中时间结构的改变. 董璐，译. 北京：北京大学出版社，2015.

［33］ 齐格蒙特·鲍曼. 流动的现代性. 欧阳景根，译. 北京：中国人民大学出版社，2017.

［34］ 莫里斯·哈布瓦赫. 论集体记忆. 毕然，郭金华，译. 上海：上海人民出版社，2002.

［35］ Henry Jenkins. Textual Poachers: Television Fans and Participatory Culture. New York: Routledge，1992.

［36］ Roger Silverstone. Television and Everyday Life. London and New York: Routledge，1994.

## 论　文：

［1］ 沈彦锋. 动画电影《大鱼海棠》中蕴含的中国古典哲学理念. 戏剧之家，2020（35）.

［2］ 脱润萱，方格格. 社会加速理论视阈下的媒介批判研究——以"慢"游戏为例. 中国出版，2021（19）.

［3］ 周勇，黄雅兰. 从"受众"到"使用者"：网络环境下视听信息接收者的变迁. 国际新闻界，2013（2）.

［4］ 孙浩，尹晓佳. 传播仪式观视域下文化类综艺节目创新策略研究——以《典籍里的中国》为例. 电视研究，2021（7）.

［5］ 聂辰席. 坚持创造性转化、创新性发展 用心用情用功做好文化类节目创作播出. 中国广播电视学刊，2021（8）.

［6］ 吴雁，袁瀚. 营造"共同体"意识：论主流媒体话语调适的转向——基于电视文化类节目的思考. 现代传播（中国传媒大学学报），2019（8）.

［7］ 冶进海，马慧茹. 当下视听媒体发展中的传播形态与特征. 中国电视，2019（1）.

［8］ 高宪春，解葳. 媒体融合背景下视听媒体创新途径再分析. 电视研究，2014（1）.

［9］ 余志为. 论新媒介时代的"媒介控制". 编辑之友，2015（9）.

［10］ 李岭涛. 未来图景：虚拟世界与现实社会的融合. 现代传播，2020（6）.

［11］ 王贵斌，斯蒂芬·麦克道威尔. 媒介情境、社会传统与社交媒体集合行为. 现代传播，2013（12）.

［12］ 邵培仁，李梁. 媒介即意识形态——论法兰克福学派的媒介控制思想. 浙江大学学报（人文社会科学版），2001（1）.

［13］ 王一川. 全球性语境中的中国式乡愁. 当代电影，2004（2）.

［14］ 赵婵. 中国元素在跨文化传播中的异化和归化——以电影《功夫熊猫 2》和《战狼 2》为例. 当代电视，2017（11）.

［15］ 王颖吉，时伟. 从书写到影像：文化典籍的媒介转化与影像表达——以《典籍里的中国》为例. 中国编辑，2021（8）.

［16］ 常江. 流媒体与未来的电影业：美学、产业、文化. 当代电影，2020（7）.

［17］ 林静. 5G 技术应用赋能竖屏传播新样态. 中国出版，2021（4）.

［18］ 林静. "胶片时间"与"电影时间"：延宕电影美学的艺术构思与文化记忆再表述. 电影文学，2020（1）.

［19］ 王军. 内地电视综艺节目四十年回眸（1980—2019）. 东南传播，2021（4）.

［20］ 韦路. 媒体融合的定义、层面与研究议题. 新闻记者，2019（3）.

［21］ 陈力丹，廖金英. 我国传媒产业将如何重新洗牌？——2014 年话媒体融合. 广播电视信息，2015（1）.

［22］ 弥建立. 真实性、专业性、艺术性：MGC 视频新闻生产规范建构路径. 编辑之友，2021（2）.

［23］ 吴炜华，龙慧蕊．传播情境的重构与技术赋权——远距家庭微信的使用与信息互动．当代传播，2016（5）．

［24］ 王晓红，王芯蕊．在场、连接、协同：5G 再造视听传播．中国新闻传播研究，2021（6）．

［25］ 长潇．传统电视与视听新媒体融合发展路径的选择与拓展．国际新闻界，2011（12）．

［26］ 关学伟．新媒体环境下的电视新闻节目策划探讨．新闻传播，2019（14）．

［27］ 闫建华．新媒体环境下的媒介融合——探讨传统电视媒体发展途径．中国传媒科技，2019（9）．

［28］ 徐永青．媒体融合引导传统报业发展研究．中国报业，2023（2）．

［29］ 祝燕南．网络视听新媒体的四大亮点与两大趋势．中国传媒科技，2018（10）．

［30］ 徐凡希．网络视听新媒体发展逻辑与产业融合．中国报业，2019（18）．

［31］ 刘德寰，陈斯洛．广告传播新法则：从 AIDMA、AISAS 到 ISMAS．广告大观（综合版），2013（4）．

［32］ 刘忱．社交媒体如何做好场景营销．传媒，2018（14）．

［33］ 朱明洋，张永强．社会化媒体营销研究：概念与实施．北京工商大学学报（社会科学版），2017（6）．

［34］ 朱丽萍．直播产业品牌传播策略．出版广角，2017（17）．

［35］ 2020《中国新媒体发展报告》发布"5G+"新媒体呈现十大趋势．新闻世界，2020（8）．

［36］ 徐舒蕊．网络直播现状与发展趋势概述．经济研究导刊，2021（34）．

［37］ 夏玮婧．泛娱乐直播发展瓶颈原因分析及对策建议．传媒论坛，2020（22）．

［38］ 张雅欣．浅析电商直播视域下的助农公益直播．西部学刊，2021（17）．

［39］ 陈斯华，彭碧玉．在线知识付费的现状、趋势与对策——以"微博问答"为例．新闻爱好者，2022（4）．

［40］ 石姝莉，王嘉灏．知识付费背景下移动阅读用户持续行为升级路径．中国出版，2022（2）．

［41］ 樊丽，林莘宜．"耳朵经济"背景下播客内容新样态探索．中国出版，2021（24）．

［42］ 詹克钰，景茹妍．课程类移动学习平台用户知识付费意愿影响因素研究．现代情报，2021（12）．

［43］ 刘瑞一．驱动因素、功能导向与未来期待——网络视频付费热潮中的用户心理图景．电视研究，2021（10）．

［44］ 李雨轩，赵志安．用户消费视域下的耳朵经济市场现状及前景研究．编辑之友，2021（8）．

［45］ 梁旭艳．耳朵经济兴起的表现及原因探析——兼论互联网经济从眼球经济到耳朵经济．编辑之友，2021（8）．

［46］ 徐韵雯. "耳朵经济"背景下广播剧听觉文化的构建. 科技传播，2022（17）.

［47］ 李一长. 声音时代，耳朵经济进入真正的蓝海. 国际公关，2022（1）.

［48］ 马昌博. 短视频化的知识付费：行业逻辑、内容打造与未来探索. 新闻与写作，2020（9）.

［49］ 陈凡. 视频网站版权付费模式的思考. 传媒，2017（7）.

［50］ 赵天然. 网络视听节目的发展现状及监管策略. 传媒论坛，2021（12）.

［51］ 唐崇维. 网络视听节目的分类及特点研究. 传媒论坛，2020（24）.

［52］ 王研屹，刘永宁. 大众传播视角下网络纪录片发展现状. 艺术科技，2021（20）.

［53］ 杨晓茹. 网络电影产业探析. 当代电影，2011（7）.

［54］ 谭畅，贾桦，杜港，等. 浅析网络直播的定义、特点、发展历程及其商业模式. 现代商业，2018（19）.

［55］ 燕子昂. 竖屏微综艺的发展现状与前景展望. 今传媒（学术版），2021（3）.

［56］ 李思维. 网络视频的传播学解读和分众化探究. 现代远距离教育，2013（2）.

［57］ 孔令融. 网络综艺之于电视综艺的多维度创新策略探析——以《明星大侦探第六季》为例. 新闻研究导刊，2022（2）.

［58］ 戴颖洁. 节目、赞助商、受众：视听内容三位一体的网络营销策略. 中国出版，2018（12）.

［59］ 杨悦，王艾嘉. 网络综艺节目官方微博的传播效果及提升策略分析. 中国新闻传播研究，2021（1）.

［60］ 张鸽萍. "互联网+"背景下网络综艺的融合型营销策略. 科技传播，2020（21）.

［61］ 柳翰晓. 从传播学角度探讨粉丝经济下的网剧营销模式——以网剧《陈情令》《山河令》为例. 上海广播电视研究，2021（3）.

［62］ 李易阳. 论网剧的营销策略——以《传闻中的陈芊芊》为例. 新闻传播，2020（9）.

［63］ 陈虞，柯美静. 新媒体时代网剧的营销策略研究——以网剧《陈情令》为例. 老字号品牌营销，2022（1）.

［64］ 程心愉. 新媒体时代下国产网剧短剧场营销传播分析——以爱奇艺迷雾剧场为例. 传媒论坛，2021（6）.

［65］ 川川. 网络自制节目的沉浸式传播研究——以《乐队的夏天》为例. 传媒，2020（2）.

［66］ 杨伟策. 网络视听节目的现状与发展趋势. 山东农业工程学院学报，2018（4）.

［67］ 黄韧. 国内网络自制综艺节目的发展现状与趋势解析. 新媒体研究，2016（18）.

［68］ 蒋忠中，李坤洋，何娜. 在线视频供应链的模式选择与优化决策研究. 管理工程学报，2022（6）.

[69] 王兰侠. 中国分账网络电影和网络剧的发展. 电影评介，2021（3）.

[70] 曹为鹏，孟琳达，孙丰欣. 探索媒体融合转型中的智能视听传播新路径——以短视频+直播为例. 新闻战线，2021（10）.

[71] 孔彬，何剑辉，孙琳. 基于人工智能的网络视听智慧媒体架构研究. 广播与电视技术，2019（6）.

[72] 郭全中，周硕. 微信生态、传播机制：微信视频号快速崛起的深层次原因. 新闻爱好者，2022（12）.

[73] 顾亚奇，刘超一. "数智化"视听媒体的内容再造与价值融合. 新闻战线，2020（24）.

[74] 蒋晓丽，钟棣冰. 智能传播时代人与算法技术的关系交迭. 新闻界，2022（1）.

[75] 温凤鸣，解学芳. 短视频推荐算法的运行逻辑与伦理隐忧——基于行动者网络理论视角. 西南民族大学学报（人文社会科学版），2022（2）.

[76] 王霜奉. AIGC 带来内容生产方式变革. 上海信息化，2022（11）.

[77] 侯文军，卜瑶华，刘聪林. 虚拟数字人：元宇宙人际交互的技术性介质. 传媒，2023（4）.

[78] 张佳琪. 智媒体范式：人工智能赋能媒体产业的逻辑与趋向. 电视研究，2022（11）.

[79] 孙羽，薛德岳. 探究新媒体环境下人工智能对新闻行业的影响. 传媒论坛，2020（2）.

[80] 张苗苗，赵京文. 国际网络视听发展的主要特点、挑战及治理思路. 传媒，2021（13）.

[81] 赵瑜，张羽帆. 5G 时代的视听传播. 中国编辑，2019（6）.

[82] 李小平，孙清亮，张琳，等. 5G 的发展历程、特点及其对教育理论的延伸. 现代教育技术，2019（9）.

[83] 王宇，郭涵钰. 变革与重塑：5G 时代视听传播的内容生产. 编辑之友，2020（8）.

[84] 梁建胜，谭思敏. 基于分布式禁忌人工蜂群算法的云视频直播优化算法. 计算机应用与软件，2019（12）.

[85] 岳宗胜. 科技创新、时代共情与艺术共鸣——2023 年中央广播电视总台春晚的三重解读. 当代电视，2023（3）.

[86] 兰鑫，王雪梅. 5G 时代视听产业发展的识变、应变与求变. 传媒，2020（15）.

[87] 韦景竹，黄恩姝. 增强现实（AR）技术在智慧公共文化服务中的应用. 图书馆论坛，2022（8）.

[88] 林洪义，常贤，王桂兰. 5G+8K 移动直播技术在广播电视工程中的应用. 电视技术，2023（1）.

[89] 沈燕华，沈荷英. AR 交互技术在数字媒体中的应用. 集成电路应用，2022（8）.

[90] 张洪忠，斗维红，任吴炯. 元宇宙：具身传播的场景想象. 新闻界，2022（1）.

[91] 张蓝姗，史玮珂. 元宇宙概念对影视创作的启示与挑战. 中国电视，2022（2）.

[92] 胡翌霖. 技术的"自然选择"——莱文森媒介进化论批评. 国际新闻界，2013（2）.

[93] 冶进海. 当下视听媒体的功能演化与未来建构. 中国传媒科技，2019（3）.

[94] 崔林. 媒介进化：沉默的双螺旋. 新闻与传播研究，2009（3）.

[95] 操瑞青. 选择媒介：解读媒介进化中的人类需求与技术影响. 新闻界，2014（7）.

[96] 严三九. 沉浸、隐喻与群体强化——网络直播的新景观与文化反思. 学术界，2019（11）.

[97] 李娜. 大众传播时代网络原创视频形态发展演变. 新闻研究导刊，2020（20）.

[98] 常江. 数字时代新闻学的实然、应然和概念体系. 新闻与传播研究，2021（9）.

[99] 黄楚新，许可. 人工智能技术驱动传媒业发展的三个维度. 现代出版，2021（3）.

[100] 朱国玮，高文丽，刘佳惠，等. 人工智能营销：研究述评与展望. 外国经济与管理，2021（7）.

[101] 张佳琪. 智媒体范式：人工智能赋能媒体产业的逻辑与趋向. 电视研究，2022（11）.

[102] 彭兰. 变革与挑战：智能化技术对传媒业的影响. 信息安全研究，2019（11）.

[103] 郭琪. "AI+记者"：智媒时代人机协同写作模式的局限性与可能性. 出版广角，2019（24）.

[104] 彭兰. 智媒趋势下内容生产中的人机关系. 上海交通大学学报（哲学社会科学版），2020（1）.

[105] 曹素贞，沈静. AI嵌入新闻传播：智能转向、伦理考量与价值平衡. 电视研究，2021（4）.

[106] 方兴东，钟祥铭. 中国媒体融合的本质、使命与道路选择——从数字传播理论看中国媒体融合的新思维. 现代出版，2020（4）.

[107] Larose R, Eastin-M.S. A Social cognitive Theory of Internet Uses and Gratifications: Toward a New Model of Media Attendance. Journal of broadcasting & electronic media, 2004（3）.

## 学位论文：

[1] 郑健. 从"乐视模式"看"互联网+"时代我国视听新媒体的发展. 重庆：重庆大学，2015.

[2] 冶进海. 变革中的视听媒体发展格局与传播形态. 西安：陕西师范大学，2016.

[3] 牛朝霞. 爱奇艺自制节目研究. 郑州：河南大学，2017.

[4] 高晶. 社交媒体营销对消费者购买意愿的影响研究. 无锡：江南大学，2022.

[5] 刘程予. 移动传播时代"耳朵经济"的发展路径研究. 北京：首都体育学院，2022.

[6] 孟欣. 文化记忆理论视域下《典籍里的中国》视听传播研究. 保定：河北大学，2022.

［7］ 韩林袁.《大鱼海棠》的文化传统元素呈现研究.大连：东北财经大学，2022.

## 研究报告：

［1］ 每日经济新闻. 中国网络视听发展研究报告（2023），2023.

［2］ 艾媒咨询. 2021年下半年中国在线直播行业发展专题研究报告，2021.

［3］ 微博易. 社交媒体整合营销种草4.0，2021.

［4］ 秒针系统. 中国社交及内容营销趋势报告，2021.

［5］ 巨量算数、易观分析. 中国移动社交营销发展白皮书，2021.

［6］ TDIA. 全球5G/6G产业发展报告（2022—2023），2023.